职业教育 教育理论与实践研究前沿

· 广西教育现代化与质量监测研究中心资助成果

中职学生学习内驱力影响因素及提升策略研究

王　瑜　娄雨璠　何苗苗／著

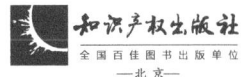

图书在版编目（CIP）数据

中职学生学习内驱力影响因素及提升策略研究 / 王瑜，娄雨璠，何苗苗著. --北京：知识产权出版社，2024.12. --（教育理论与实践研究前沿）. --ISBN 978-7-5130-9648-5

Ⅰ.G718.3

中国国家版本馆 CIP 数据核字第 2024ZY3868 号

责任编辑：邓　莹　　　　　　责任校对：谷　洋
封面设计：杨杨工作室·张冀　　责任印制：孙婷婷

中职学生学习内驱力影响因素及提升策略研究
王　瑜　娄雨璠　何苗苗　著

出版发行： 知识产权出版社 有限责任公司		网　　址：http://www.ipph.cn	
社　　址：北京市海淀区气象路 50 号院		邮　　编：100081	
责编电话：010-82000860 转 8346		责编邮箱：dengying@cnipr.com	
发行电话：010-82000860 转 8101/8102		发行传真：010-82000893/82005070/82000270	
印　　刷：北京建宏印刷有限公司		经　　销：新华书店、各大网上书店及相关专业书店	
开　　本：880mm×1230mm　1/32		印　　张：10	
版　　次：2024 年 12 月第 1 版		印　　次：2024 年 12 月第 1 次印刷	
字　　数：200 千字		定　　价：78.00 元	
ISBN 978-7-5130-9648-5			

出版权专有　侵权必究
如有印装质量问题，本社负责调换。

目 录

第一章 中职学生学习内驱力的理论内涵 ……………… 1
第一节 研究价值与意义 ………………………………… 2
一、政策价值 ……………………………………………… 2
二、实践价值 ……………………………………………… 4
三、学术价值 ……………………………………………… 5
第二节 与主题相关的理论与研究 ……………………… 7
一、学习内驱力方面的理论 ……………………………… 7
二、学校教育与弱势阶层再生产方面的研究 …………… 14
三、家庭背景影响个体发展方面的研究 ………………… 22
四、中职学生学习内驱力发展方面的研究 ……………… 30

第二章 中职学生学习内驱力发展的调查分析 ………… 39
第一节 中职学生学习内驱力发展的现状调查 ………… 40
一、中职学生学习内驱力发展的基本现状 ……………… 40
二、中职学生学习内驱力不足的主要类型 ……………… 47
第二节 中职学生学习内驱力不足的表征分析 ………… 64
一、生活境遇：亲情缺失下非正式群体文化的出现 …… 65
二、学业情况：课堂游离下文化区隔与排斥的形成 …… 77

三、精神状态：网络沉迷中虚拟身份认同的建构 ……… 93
第三节　中职学生学习内驱力的作用机制 …………… 111
一、推力作用：供需失衡降低中职学生学习内驱力 … 115
二、拉力作用：制度赋能提升中职学生学习内驱力 … 119

第三章　中职学生学习内驱力不足的文化归因 …… 125
第一节　资本因素：家庭文化资本较为匮乏 ………… 129
一、冲突的求学逻辑 ………………………………… 129
二、断裂的文化认知 ………………………………… 132
三、错位的生存心态 ………………………………… 137
四、受限的文化资本 ………………………………… 140

第二节　制度因素：学校管理制度存在不足 ………… 144
一、培养定位的功利化趋向 ………………………… 145
二、学校管理的标准化规训 ………………………… 147
三、课程教学的类型化对待 ………………………… 150
四、师生关系的工具性疏离 ………………………… 154

第三节　观念因素：学生读书观念出现异化 ………… 157
一、对"知识改变命运"产生疑问 ………………… 158
二、对"知识代言人"产生轻视 …………………… 162
三、对"中职教育实用价值"产生动摇 …………… 167

第四章　学生学习内驱力不足的他国治理经验 …… 172
第一节　法国提升学生学习内驱力的治理逻辑与机制 … 174
一、以分配正义增强学生求学信心的治理逻辑 …… 175
二、动态精准与内外协同的治理机制 ……………… 180
三、法国提升学生学习内驱力的治理经验 ………… 194

第二节　美国提升学生学习内驱力的治理逻辑与机制 … 201
　一、以承认正义促进文化适应与情感关怀的治理
　　　逻辑 ……………………………………………… 201
　二、社会情感学习和职业劳动力发展融合的治理
　　　机制 ……………………………………………… 210
　三、美国提升学生学习内驱力的治理经验 ………… 226

第五章　提升中职学生学习内驱力的治理策略 …………… 234
第一节　深化中职教育机制改革，推进协同治理 ……… 235
　一、强化体系建设：统筹校际合作中的资源共享 …… 236
　二、加强主体协同：释放校企合作中的育人活力 …… 245
　三、彰显人文关怀：提升校社合作中的情感体验 …… 253
第二节　重视中职学生内生需求，增强多维支持 ……… 258
　一、满足学生情感关爱需要的家庭支持 …………… 259
　二、促进学生心理健康发展的社会支持 …………… 265
　三、改善学生文化不利地位的教育支持 …………… 273

参考文献 ………………………………………………… 289

第一章　中职学生学习内驱力的理论内涵

党的十八大以来，党中央、国务院高度重视现代职业教育的高质量发展，从目标任务、政策供给、软硬件配套等方面对我国职业教育做出新的战略发展规划。其中，作为职业教育的初始阶段，中职教育对职业教育的高质量发展具有基础性、支撑性作用。教育部等九部门印发的《职业教育提质培优行动计划（2020—2023年）》明确指出，要"把发展中职教育作为普及高中阶段教育和建设中国特色现代职业教育体系的重要基础，保持高中阶段教育职普比大体相当"。在此背景下，中职教育在政策支持、财政支持和办学支持等方面都获得较大提升，在专业设置、办学条件等方面也获得较大改善。然而，在中职教育高质量发展过程中，有部分中职学生暴露出"静待毕业""人在心不在"等学习内驱力不足的现象，此现象还呈现区域性蔓延的趋势。目前，已有学者从同伴关系、家庭环境以及办学质量等方面分析影响学生学习内驱力的观念与行为。中职学生的学习内驱力问题已然成为职业教育高质量发展中的重点问题和难点议题，对该问题进行成因分析与对策探讨或将对深化我国

现代职业教育体系改革有所裨益。本章将从政策价值、实践价值、学术价值三个方面探讨中职学生学习内驱力的研究价值与意义，进而对既有研究成果进行梳理，以期为进一步的研究做好理论铺垫。

第一节 研究价值与意义

作为国民教育体系的重要组成部分与人才强国建设的重要支撑，职业教育在我国教育体系与经济体系中的地位愈发凸显。一方面，职业教育与经济社会的发展存在相互制约、相互促进的交互关系，这一关系也得到了社会各界的普遍关注与高度重视。另一方面，中职教育作为职业教育体系的基础阶段和重要组成，制约其高质量发展的一系列问题值得我们深入探讨，如本书所关注的中职学生学习内驱力问题。此问题不仅关乎学生个人人力资本的获得与提升，而且与职业教育体系的高质量发展和经济社会的健康发展密切相关。以下将从政策价值、实践价值、学术价值三个方面探讨研究中职学生学习内驱力的意义所在。

一、政策价值

改革开放以来，国家先后颁布了一系列促进我国职业教育发展的政策法规，旨在实现"面向人人、人人出彩"的职业教育发展目标，如《中华人民共和国职业教育法》《关于中等教育结构改革的报告》《教育部等七部门关于进一步加强职业教育工作的若干意见》《国务院办公厅关于深化产教融合的若干意见》《国家职业教育改革实施方案》。自党的十八大以来，职业教育更是得到了国家的高度重视，特别是加大了对农村地区、民族地区的职业教育支持力度，强调要举办与经济社会发展相适应的职业教育，并提出了职业教育与普通教育不同类型、同等重要的战略定位。在国家政策的保障和市场活力的激发下，我国职业教育政策逐步健全，职业教育质量大幅提升，具有中国特色的现代职业教育体系也不断完善，形成了从中等职业教育到高职专科，再到本科层次的职业教育培养体系。

同时，政府部门也出台了一系列政策法规，以期解决职业教育高质量发展过程中面临的各种问题。例如，建立资助政策体系以提升职业教育吸引力，经过多年的发展，我国中等职业教育已经建立了以免学费、发放国家助学金和国家奖学金为主体，学校资助、顶岗实习、地方政府资助和社会资助等为补充的资助政策体系。近年来，政府部门不断地对这一体系进行完善。2019年，财政部、教育部发布《关于调整职业院校奖助学金政策的通知》（财教〔2019〕25号）；2020年，《教育部办公厅关于印发〈中等职业学校学生资助工作指南〉的通知》（教财厅函〔2020〕8号）发布；2021年，《教育部办公厅关于严格规范中等职业学校招生、学籍和资助管理工作的通知》（教职成厅函〔2021〕19号）；而2022年修订通过的《中华人民共和国职业教育法》更是规范了职业教育的高质量发展。

在党中央和各级人民政府的高度重视下，职业教育的高质量发展得以保障。然而，这种政策层面、经济层面的外部保障难以解决学生的内生问题，如部分中职学生因学习内驱力不足而产生的各种问题。由此，在促进职业教育高质量发展的进程中关注学生的内生发展动力，将职业教育治理的内生性和关怀性特征贯穿其中，或能进一步凸显职业教育发展的政策价值。

二、实践价值

在我国促进教育高质量发展、建设教育强国的进程中，中等职业教育的地位愈发凸显。一方面，中等职业教育以培养初、中级技术技能人才以及高素质劳动者为己任，同时承担着为高职教育输送生源、普及高中阶段教育的重要任务；另一方面，我国职业院校的学生大多来自农村，职业教育将"扶智、扶志、扶技、扶业"四项功能集于一体的特殊属性决定了其在巩固拓展脱贫攻坚成果和全面实施乡村振兴的新征程中大有可为。❶ 由此，理应不断释放中职教育的发展潜能，在保障人民受教育权利、提升学生综合素质、提高劳动者就业质量、提高劳动者尊严等方面发挥其应然价值。❷

在这一逻辑下，部分中职学生学习内驱力不足的问题就影响着其个人人力资本和社会人力资本的提升，由此引发的一系

---

❶ 全国政协委员卢昕：职业教育是脱贫攻坚的重要支撑［EB/OL］．（2021-09-04）．http：//www.chinazy.org/info/1040/6589.htm.

❷ 袁振国，翟博，杨银付．共和国教育公平之路［M］．上海：华东师范大学出版，2019：139.

列问题也成为制约职业教育高质量发展的关键因素。其一，因学习内驱力不足而产生的一系列问题不仅不利于中职学生提升其个人人力资本，而且在一定程度上造成了教育资源的浪费。由于职业教育在我国教育体系中的重要位置以及新征程中助力乡村振兴的美好愿景，党中央和各级人民政府通过一系列措施大力支持职业教育的发展。在政策支持、财政支持和办学支持等方面加大了对职业教育的投入力度，使得当地教育状况有了明显改善，社会经济水平有了显著提升。这一过程不仅拓展了中职教育资源渠道，保障了中职教育资源供给，而且极大地发展了中职学生的职业技能，提升了其个人人力资本，使其更好地融入经济社会发展进程中。但是，中职学生因个体学习内驱力不足所产生的问题则制约了其人力资本的提升和教育资源价值的发挥。其二，中职学生学习内驱力不足的问题具有影响因素的多重性与表现方式的内隐性。影响因素的多重性主要归因于文化层面和教育层面：文化层面主要受到中职学生的家庭文化及其再生产的影响，教育层面主要体现在学校教育与学生个体认知之间的冲突。但是就个体而言，影响学习内驱力的因素不尽相同。同时，影响因素多重性与表现方式内隐性的叠加使得中职学生学习内驱力不足成了一个极为复杂的问题。由此，在职业教育高质量发展进程中关注此问题就显得尤为重要。

三、学术价值

"内驱力"一词自20世纪初被首次引入心理学之后就引起了

学界的广泛关注和讨论，而后这一概念又被应用到各种领域去分析"人"的问题。在教育领域，对"内驱力"的探讨主要集中在以下三个方面。其一，在研究对象上，对"内驱力"的探讨主要聚焦于教师群体和学生群体。前者主要涉及管理内驱力、流动内驱力、写作内驱力、专业发展内驱力、教研内驱力等子集；后者则主要围绕"学习内驱力"展开。其二，在研究内容上，对"内驱力"的探究不断呈现时代性的特征，如关注"双减"政策下学生"内驱力"的培养、结合教育数字化研究内驱力与创新力的关系。其三，在研究范围上，对"内驱力"的探析具有涵盖学科广、涉及体系全的特征。学界将"内驱力"应用于从学前教育到高等教育各学段、多学科的研究中，取得了颇为丰富的研究成果。其中，既有与基础教育具体学科的结合，又有与高等教育相应内容的联系；既有对普通教育体系中学生"内驱力"的研究，也涉及职业教育体系中学生"内驱力"的研究。

不难发现，现今有关"内驱力"的研究涉及范围广、涵盖内容全，尤其是教育领域对学生学习内驱力的研究较为丰富，这些都为本研究提供了极大的参考价值。学界现今有关"内驱力"的研究主要聚焦于普通教育的具体学科，尽管有部分学者涉及职业教育中的"内驱力"研究，但大多侧重于高等职业教育阶段。也就是说，职业教育类型中的内驱力研究还有待拓展和丰富，尤其是中等职业教育作为职业教育体系的基础阶段，中职学生的学习内驱力研究更应该引起关注。这既是社会不断发展对职业教育提出的外在要求，也是职业教育体系实现内部嬗变的基础要求。本研究将先通过田野调查了解中职学生学习内驱力的现状，再借助学习内驱力理论、期望价值理论等理论视角对中职学生学习内驱力的现状进行分析，而后从文化、教育等社会视角剖析中职学生学习内驱力的影响要素，最后提出培养和提升中职学生学习内驱力的策略。由此，或能进一步拓展"内驱力"议题的研究对象、丰富"内驱力"议题的研究理论。

第二节 与主题相关的理论与研究

在与本研究主题相关的理论中，学习内驱力理论和期望价值理论或能为本研究提供理论分析维度的支撑。在文献方面，国内外学者主要聚焦于学校教育与阶层再生产、家庭背景对个体发展影响、中职学生学习内驱力发展等几个方面的研究。本节将对已有的相关理论与文献进行梳理分析，为进一步研究"中职学生学习内驱力"的现状做好理论奠基。

一、学习内驱力方面的理论

（一）学习内驱力理论

学习内驱力理论是教育心理学中研究非智力因素与学生学业成就关系的一个重要理论建构，它是从学习动机理论中逐渐发展而来。学习内驱力与学习动机既相互关联，又相互区别。在早期研究中，二者被视为同义词，用于研究学习情境中个体的内在本质需求，而随着研究的不断深入，学者们认识到二者的区别。我国学者张春兴认为,学习内驱力是指引起学习者学习行为的内在原因或内在动机。❶ 也就是说,学习内驱力不仅可以引起并维持学习者的学习行为,而且可以引导这种学习行为朝向某一目标。在心理学研究中,引起学习者学习行为的内在动机又可分为生理性的和心理性的两种,前者是源于生理需要的先天获得,后者是源于复杂需要的后天习得。由此可见,作为引起学习者学习行为的内在动机,学习内驱力主要源于复杂需要的后天习得,这也使学习内驱力的相关研究变得较为复杂。同时,学习内驱力的相关研究离不开对非智力因素的探讨。我国学者李洪玉等认为,非智力因素是指不直接参与认识过程,但对认识过程起直接制约作用的心理因素,如动机、兴趣、情感、意志、气质、性格等。❷

自美国心理学家伍德沃斯（Woodworth）将"内驱力"一词引入心理学之后,相关研究就引起了学界的广泛关注。在国外,美国认知教育心理学家奥苏贝尔（Ausubel）和美国新行为主义心理学家赫尔（Hull）的研究较具代表性。奥苏贝尔在进行教育心理研究时,从对学业成绩的实际影响出发,提出学习包含三个方面的内驱力,即认知内驱力（cognitive drive）、自我提高内驱力（ego-enhancement drive）和附属内驱力（affiliative drive）。具体而言,认知内驱力是学习者基于对知识的渴求、理解和掌握,以及陈述、解决问题的需要,是个体与生

---

❶ 张春兴. 教育心理学［M］. 杭州：浙江教育出版社,1998：296.
❷ 李洪玉,何一粟. 学习动力［M］. 武汉：湖北教育出版社,1998：24.

第一章　中职学生学习内驱力的理论内涵

俱来的对知识的探究欲所派生的心理因素。自我提高内驱力是学习者基于试图通过自身努力而赢得相应学业成就的需要，是随着个体年龄增长而不断增长的外部动机。附属内驱力是学习者基于想要得到他人肯定的需要，是随着个体年龄增长而逐渐减弱的外部动机。❶赫尔在进行有关条件反射和学习方面的研究时，重视需要和内驱力的重要性。他同意伍德沃斯提出的"S-O-R"联结，即刺激（S）作用于有机体（O），作为结果而产生的反应（R），既取决于刺激（S），又取决于有机体（O）。基于此，赫尔进一步提出了操作成绩与内驱力关系的理论。他认为操作成绩（P）等于内驱力状态（D）与习惯强度（H）的乘积，即 $P = D \times H$。据此可以看出，学生的操作成绩取决于内驱力状态与习惯强度两个变量，仅依靠内驱力或是习惯都无法得出操作成绩的结果。赫尔在分析内驱力时指出，内驱力源于机体需要，又激起机体行为。他进一步地将内驱力分为原始性内驱力和继发性内驱力，其中，前者是基于个体的生物性需要，与个体的生存密切联系；后者是基于原始内驱力形成的一种习得内驱力，与后天的中性刺激密切联系。❷赫尔认为，内驱力具有不指向特定行为的一般化特征，而习惯则是非常具体的，因此他将行为的所有具体性都归因于习惯。赫尔重视后天习得的习惯，并将习惯的形成视为内驱力还原的结果。

---

❶ 皮连生. 学与教的心理学［M］. 上海：华东师范大学出版社，1997：287-291.
❷ 车文博. 心理咨询大百科全书［M］. 杭州：浙江科学技术出版社，2001：37-38.

在对学习内驱力的相关理论进行梳理后发现，该理论可以为研究提升中职学生学习内驱力的策略提供理论支撑。首先，中职学校要为满足学生的探究欲与操作欲提供支持。学生对某一专业或学科的认知内驱力并不是与生俱来的，而是在学习过程中不断得到正向反馈后，其求知欲不断得到巩固。这也说明，认知内驱力与学习的目的性以及学习的趣味性相关，学习的目的性表现为学生通过学习获得专业知识和专业技能，学习的趣味性则表现为学生在学习过程中认知兴趣得以满足。其次，中职学校要提供适当的外部奖励激发学生的学习动机。不同于认知内驱力直接指向学习任务本身，在自我提高内驱力的作用下，学生将学业成就视为赢得一定地位和自尊心的参照，这种外部动机就要求中职学校利用外部奖励机制激发学生自我提高的动机。再次，中职学校要形成多元主体评价机制。不同于认知内驱力指向任务本身和自我提高内驱力指向个体提高，在附属内驱力的作用下，学生想要获得长者的肯定。所以中职学校在评价机制上尤其要重视学生家长的评价主体地位，加强与家庭的信息互通。最后，中职学校要重视学生的学习习惯培养。学习内驱力属于继发性内驱力，它强调后天习得的重要性，所以中职学校在保障学生基于生物性需要的原始内驱力得以满足的基础上，还要以学习习惯的培养为切入点，提升学生的学习内驱力。

（二）期望价值理论

期望价值理论是动机心理学研究成就动机的一个重要理论

建构，其主要观点是：个体对任务的选择性、坚持性以及主动性是由该行为目标的诱因价值与个体的主观期望共同决定的。早期的期望价值理论认为，成就行为是由成就驱力、成功预期以及诱因价值等因素共同决定的。在此基础上，诸多学者深入研究并进一步拓展了期望价值理论，形成了现代期望价值理论。现代期望价值理论将个体的坚持、选择和个体的主观期望、价值信念直接联系在一起，使期望与价值两部分更为具体化，也深化了该理论在教育领域的应用。❶

期望价值理论最早出现在勒温（Lewin）提出的动机模型中，他提出活动效价的概念，认为个体行为动机的强度是由对行为结果或目标产生的主观期望，以及这个结果或目标于个体而言的价值共同决定的。托尔曼（Tolman）则从期望和价值两个维度构想了成功预期，他认为，期望是个体对实现行为目标可能性的预估，价值是个体对行为结果效用性的判定。这些观点对阿特金森（Atkinson）等人进一步研究期望价值理论产生了重要影响。阿特金森认为，成就需要、期望水平以及诱因价值共同影响了成就行为。具体表现为：成就需要（Mach）包括了追求成功的需要（Mas）和避免失败的需要（Maf）；期望水平包括了成功可能性期望（Ps）和失败可能性期望（Pf），并规定了二者的数量关系：$Ps+Pf=1$；诱因价值包括了成功诱因（Is）与失败诱因（If）。同时，阿特金森还用数学表达式将影响成就需要的几个因素串联起来：

---

❶ 姜立利. 期望价值理论的研究进展 [J]. 上海教育科研, 2003（2）：33-35.

Mach=（Mas× Ps × Is）−（Maf × Pf × If）[1]

阿特金森还指出诱因价值与成就需要之间存在反向关系：

Is=1−Ps

If=1−Pf

也就是说，成功的可能性与成功的诱因价值之间存在反比关系。阿特金森从数学视角降低了诱因价值在期望价值理论中的地位，强调了对成功的可能性预期，而这个预期的依据则是具体的任务内容。阿特金森将复杂的动机问题简化为数理模型，为期望价值的理论研究提供了全新的视角与思路。但同时，阿特金森对诱因价值与成功可能性的关系判断也弱化了具体任务的内在价值，忽视了社会生活对个体动机的影响。

在阿特金森的期望价值理论基础上，诸多学者在实践中拓展完善该理论，形成了现代期望价值理论。巴特尔（Battle）[2]将价值分为相对获得价值与绝对获得价值：前者是指相较于完成其他任务，个体对完成给定任务的价值判断；后者则常用于检验个体在任务中的能力获得。瑞诺（Raynor）[3]认为，任务自身的特点、目标、价值以及个人的需求影响着任务自身的价值，而个体从任务中感知到的价值则取决于该任务满足个体需求的

---

[1] ATKINSON J W. An Introduction to Motivation [M]. Princeton, NJ: Van Nostrand, 1964: 214.

[2] BATTLE E S. Motivational determinants of academic competence [J]. Journal of Personality and Social Psychology, 1966（4）: 634−642.

[3] RAYNOR J Q. Future orientation in the study of achievement motivation [M] // J W Atkinson, J Q Raynor（Eds）, Motivation and Achievement. Washington. DC: Winston, 1974: 121−154.

程度、达成目标的难度、体现个人价值的程度等方面。埃克尔斯（Eccles）❶则认为，能力知觉、任务难度知觉、个人目标与自我图示等特定任务信念影响了期望价值。他从成功预期、能力信念与任务价值对该理论进行深入阐释，其中，成功预期是个体对能够完成任务程度的信念；能力信念是个体对自己能力所做出的评价；任务价值由达成价值、内部价值、效用价值与花费共同构成。现代期望价值理论强调动机与行为的理性认知过程，并肯定了期望与价值之间的正向联系，使二者的关系更为具体，同时也为该理论在教育领域的应用奠定了基础。

在对期望价值理论的发展历程及具体内容进行梳理后发现，期望价值理论可以为本研究提供维度划分上的借鉴。造成中职学生学习内驱力较低的原因具有异质性，基于期望价值理论的维度框架，价值信念与期待信念两大维度可以为中职学生的学习内驱力较低的原因提供阐释：价值信念包括中职教育的内在价值、成就价值、效用价值与成本；期待信念则是中职学生对中职教育的教育内容、教育方法、教育环境等的期待。具体而言，在价值信念维度，中职教育的内在价值是推动个体完成中职教育的重要动机，它是中职学生对参与中职教育活动的兴趣程度；中职教育的成就价值是个体对中职教育重要性以及完成中职教育重要性的认知；中职教育的效用价值是个体对完成中职教育有用性的感知；中职教育的成本是个体完成中职教

---

❶ ECCLES J S, WINFIELD A, SCHIEFELE U. Motivation to succeed [C]. Handbook of Child Psychology, 1998 (2): 134-155.

育所付出的各种成本，如机会成本、时间成本、经济成本等。在期待信念维度，中职教育的内容期待是指中职学生对教材内容与课程内容的期待，如对教育内容的时代性、感染性和实用性的期待；中职教育的方法期待是指中职学生对开展教育内容的方式与方法的期待，如校企合作、社会实践等；中职教育的环境期待是指中职学生对中职学校的教育环境与生活环境的期待，如学校管理模式、师生相处方式、生活设施配置等。

二、学校教育与弱势阶层再生产方面的研究

教育作为培养特殊技能以及实现地位流动的重要因素，会维护或影响着阶层不平等，受教育水平（学历及层次）成为决定个人社会阶层地位的重要因素。深入学校教育内部后我们会进一步发现，学校场域通过人际互动和教学过程不断影响弱势阶层家庭学生个体因素的形成，具体包括弱势阶层家庭学生在与教师的互动中因家庭资源或个人能力的匮乏而易受歧视性待遇，同阶层学生间互动形成不利学业的亚文化；在教学过程中，主要是因弱势阶层家庭背景产生的个人符码或文化资本差异影响了学校教育文化的再生产。

（一）学校教育与文化再生产方面的研究

在许多结构主义马克思主义学者看来，学校教育是国家意识形态的机器，其基于再生产经济组织在知识技能、意识观念等方面的标准不断培养符合预期的劳动力以及生产关系。根据

第一章　中职学生学习内驱力的理论内涵

这一筛选标准，不同层级和类型的学校将持续为资本主义经济造就出不同类型的劳动力。❶ 在此基础上，学者塞缪尔·鲍尔斯（Samuel Bowles）与赫伯特·金蒂斯（Herber Gintis）在《美国：经济生活与教育改革》中提出了经济再生产理论，即学校教育结构与社会经济结构存在一种符应关系（correspondence）：统治者将精英社会所需要的劳动力知识、技能以及价值观念通过正式课程与隐性课程的方式灌输给学生，来自劳工阶层的学生会被灌输和培养诸如遵守规定、尊重权威等观念与能力，而对来自精英阶层的学生则会更注重开放思维、解决问题等方面的意识与能力培养，这就使得不同阶层出身的学生在不同类型与层级的教育制度中以一种合法的形式进入各自对应的劳动力阶层，实现社会阶层再生产。❷ 显然，这一理论体系较好地从社会结构的宏观视角对教育的再生产功能做出了笼统概括，但是该理论由于将学校教育视为一个不可见的"黑箱"，难以对不同阶层出身的学生在教育日常情境中如何与统治机制的实践互动做出有效解释。对此，法国社会学家布迪厄（Bourdieu）、英国学者伯恩斯坦（Bernstein）以及扬（Young）分别从文化资本、符码以及知识与控制等方面对学校教育内部的阶层再生产进行解释，并分析出学校教育在知识符码、文化资本等方面占据着绝对的主导地位，而来自不同阶层背景的学生在其个人符码使用与文

---

❶ 阿尔都塞.哲学与政治：阿尔都塞读本［M］.陈越，编译.长春：吉林人民出版社，2004：322-368.
❷ S. 鲍尔斯，H. 金蒂斯. 美国：经济生活与教育改革［M］.王佩雄，等译.上海：上海教育出版社，1990：178-197.

化资本方面的差异对学校教育有着文化再生产的相互作用。[1]

针对教育与社会阶层之间的关系,布迪厄提出了文化资本这一概念。他认为教育的再生产并非一个不可见的"黑箱",而是依赖于文化资本的中介作用而得以实现。学校教育通过主导并实施具有符号暴力的教学行动完成了带有专断性特征的文化再生产,进而实现各阶层之间关系结构的再生产:精英阶层背景学生将有形或无形的文化遗产转换为天赋能力,而劳工阶层背景学生则是在文化资本的缺失中自愿地在能力筛选中被淘汰。[2] 在布迪厄的研究中,社会、文化与教育是相互对应和紧密相连的,教育可以被视为文化与社会再生产的符号化过程。学校教育看似是一个价值中立的场所,但实质上仍然通过课程、知识、规则等各类符码来实现优势阶层的有利地位。这些学校教育中的文化符码并不会直接排斥劳工阶层家庭学生的受教育机会,而是在文化接触与知识传授过程中通过学业动机、自我效能感等个体因素差异而使劳工阶层家庭学生难以获得较高的学业成就,并在各级各类的考试分流中将其淘汰出局。具体而言,学校内部的课程知识与行为规范更具有精英阶层文化资本的特征,这使劳工阶层家庭学生在学习过程中会遭遇来自权力和文化的双重专制,体验着相较于其他阶层学生更为强烈的文化陌生感、被剥离感乃至被排斥感。通过学校教育这一过程,

---

[1] 黄庭康. 批判教育社会学九讲 [M]. 北京: 社会科学文献出版社, 2017: 17-22.

[2] 布尔迪约, 帕斯隆. 再生产: 一种教育系统理论的要点 [M]. 邢克超, 译. 北京: 商务印书馆, 2002: 14-33.

第一章 中职学生学习内驱力的理论内涵

社会中上阶层的学生在自己熟悉的文化世界中保持着先天的优势,而劳工阶层家庭学生则更有可能在抵制与对抗来自学校的符号暴力和文化霸权的过程中承认文化再生产功能的正当性与合法性。

伯恩斯坦(Bernstein)从社会语言学的视角进一步对文化再生产进行了解释,他认为学校场域中的各类知识符码会带有精英阶层的文化特征,原因在于其内容都源于社会主流文化,而这些主流文化又是那些处于支配地位的阶层利用其政治与经济特权建构的文化产物。这种带有支配性意识形态的学校文化会在语言上呈现为一种精致型符码(elaborated code),从而与劳工阶层家庭的学生所使用的限制型符码(restricted code)产生巨大的文化冲突。❶ 伯恩斯坦认为限制型符码与精致型符码并无高低贵贱之分,只是反映和应用于不同类型的劳动分工语境,限制型符码主要用于生产领域语境,而精致型符码则更多地被使用在再生产领域。学校教育强制灌输着以精致型符码为主导的知识与文化,会导致劳工阶层学生在一入校就处于不利地位。与布迪厄的文化资本理论有所差异,伯恩斯坦的符码理论更注重挖掘不同阶层学生在学业上的差异与其接受的课程内容、教学方法之间的存在关系,即学校教育如何通过不同的课程内容与教学活动实现阶层再生产功能。

---

❶ 鲍尔德温. 文化研究导论 [M]. 陶东风,等译. 北京:高等教育出版社,2007:58-70.

(二)"反学校文化"与文化再生产方面的研究

文化资本理论与符码理论虽然在一定程度上对教育的社会流动以及阶层再生产功能做出了解释,但是也因为将学生视为一种被动承受符号暴力与文化霸权的"提线木偶",相对忽视了弱势阶层家庭学生的主体性与自主性,未能呈现这些学生个体在学校场域中的内在文化面向以及主观能动性。大量的学校民族志研究成果发现,弱势阶层家庭的学生在遭遇来自学习文化的冲击甚至冲突时,会在面临文化的孤独感和被剥离感时呈现出抵抗、默认等形态,并努力在这种文化冲突与适应中实现自身的文化认同。其中,较为普遍的一种做法是这些来自弱势阶层家庭的学生会在内部建构出一套专属的群体亚文化来对抗学习文化带来的冲突与被剥离感。❶ 他们通过"瞧不起作为'知识代言者'的农村老师","在课堂中制造各种混乱对学习表达抗拒","组建多类型的同辈群体(兄弟帮、师徒制、亲戚制、情侣制等)采取'计划式'违规范式对关系权威表达抗争"等方式共同构建了"反学校文化"。❷ 在这些研究基础上,有学者提出了"抵制理论"(Resistance Theory)来解释弱势阶层家庭学生如何对抗学校教育中支配阶层文化的压迫。在这种文化冲突中,弱势阶层家庭学生只能以一种看似自主、乐观的姿态合

---

❶ 吕鹏. 生产底层与底层的再生产:从保罗·威利斯的《学做工》说起 [J]. 社会学研究, 2006 (2): 230-242.

❷ 李涛. 底层社会与教育 [D] 长春:东北师范大学, 2014: 5.

法化地陷入阶层再生产的循环。❶这些学生的"反学校文化"行为则被功能主义学者视为一种异常行为或偏差行为,他们认为应当将包括学校规范在内的各种社会控制系统调动起来,来改变这些学生的行为方式,并帮助其重新融入社会。❷

　　显然,作为互动与解释向度的再生产理论,无论是功能主义的再生产理论还是冲突主义的再生产理论,都主要以统计性或哲学思辨为基础,从中观或宏观的社会整体视角对"反学校文化"这种再生产现象进行解释与概括,但也在一定程度上忽视了对个体生活、微观场域的经验性叙事。与此同时,功能主义等研究范式将学校文化视为正当且中立的主流文化,而将弱势阶层家庭学生在文化冲突中形成的亚文化现象视为应当被改造和救赎的从属文化,这忽视了对个体情景化下的教育互动过程的关注与解释。亚文化的形成并非仅仅出于这些学生的异常行为,而与其家庭背景和文化生活有着重要联系,因此应当将"反学校文化"与文化再生产功能进行关联解释。基于此,西方马克思主义文化研究学者尝试对"文化"进行重新定义并展开研究,认为可以将文化的定义扩大为一个社会群体表达自身独特的生活方式。教师与学生等个体都会对教育场域产生影响并赋予意义,其并非"提线木偶",而是具有相对主体性和意义感

---

　　❶ 阿普尔. 教育与权力 [M]. 曲囡囡, 等译. 上海: 华东师范大学出版社, 2008: 104-113.
　　❷ 沃特斯. 现代社会学理论 [M]. 杨善华, 李康, 等译. 北京: 华夏出版社, 2000: 31-42.

的行动者。❶ 不同于文化资本理论和符码理论研究范式，西方马克思主义文化研究学者采用校园民族志的经验叙事对"反学校文化"展开深描，使"反学校文化"作为弱势阶层家庭学生的生活经历、主观意义以及行为模式而得到结构性解释，能较好地对学校教育的社会再生产功能进行补充。❷

要试图解蔽弱势阶层家庭学生在学校生活中形成的文化再生产逻辑，揭示学校微观场域中学生同侪关系、师生关系所隐含的"反学校文化"，就有必要对保罗·威利斯（Paul Willis）所描写的身居工业小城镇的"小子们"以及埃弗哈特（Everhart）研究中的"乖孩子"进行简要梳理。一方面，威利斯的《学做工》一书作为文化再生产理论发展的里程碑，所提出的"反学校文化"较好地呈现并解释了被压迫者在抵制中如何使再生产理论更具有合法性。威利斯在20世纪70年代通过深入英格兰某工业区的综合中学展开民族志研究，揭示了一群劳工阶层家庭学生"小子们"如何在学校教育的各种规训下最终仍然接手了父辈的劳工阶层工作。威利斯在研究中发现，这些学生虽然同处于劳工阶层，但是会呈现为表现截然不同的两类学生：循规生和"小子们"（the lads）。前者能够在学校中刻苦读书、遵守学校纪律、听从教师安排，最终在毕业后找到地位更高的工作，通过教育实现了阶层跃迁；后者则厌倦学习、

---

❶ 黄庭康. 批判教育社会学九讲 [M]. 北京：社会科学文献出版社，2017：17-22.

❷ 鲍尔德温. 文化研究导论 [M]. 陶东风，等译. 北京：高等教育出版社，2007：326-334.

无视学校规则、崇拜"男子汉气概",最终欣然继承父辈的工作,通过教育完成了阶层再生产。显然,这些被称为"小子们"的劳工阶层家庭学生通过抵抗权威、建立非正式群体等行为逐渐构建了"反学校文化"。❶ 通过比较并嘲笑那些被他们称为"耳油"(the ear'oles)的循规生,这些"小子们"不断建立并强化自身劳工阶层的身份认同。可以看到,与传统意义上认为学校为服务于统治阶层利益而不断进行社会劳动力再生产的线性观点不同,威利斯研究中的劳工阶层家庭学生都具有主体意识和防控意识。然而,尽管通过这些"反学校文化"行为对学校教育目的及其再生产机制不断进行文化抵抗,这些劳工阶层家庭的学生突破了被动接受教育驯化的桎梏并部分洞察了教育的真相,但他们仍然在看似自主的"自我放弃"中完成了教育的阶层再生产功能。❷

然而,威利斯将特定群体作为分析单位的方式,不可避免地隐藏或忽略了绝大多数出身于劳工阶层的普通学生以及通过"循规蹈矩"实现阶层跃迁的少数个体的情感面向与个体意义,这使得许多普通家庭学生的日常抵抗行为未能得到充分解释。❸ 对此,有学者开始尝试对劳工阶层家庭出身的普通学生进行民族志研究,探究这些表面上没有公然抵抗行为的"乖孩子"是

---

❶ 威利斯. 学做工:工人阶级子弟为何继承父业 [M]. 秘舒,等译. 南京:译林出版社, 2013:4-15.

❷ 吕鹏. 生产底层与底层的再生产:从保罗·威利斯的《学做工》说起 [J]. 社会学研究, 2006(2):230-242.

❸ 鲍尔德温. 文化研究导论 [M]. 陶东风,等译. 北京:高等教育出版社, 2007:347-359.

如何以一种更为隐蔽的方式对学校的主流文化进行"软抵抗"的。学者埃弗哈特（Everhart）在对美国一所接收劳工阶层学生的初中学校调研时发现，这些被称为"耳油"的学生在表面上会完成学校设定的各项任务，很少出现直接对抗教师权威或违反学校纪律的行为，并在一定程度上表露出了通过教育不断向上流动的观念。但是，通过细致的日常观察，研究者却发现这些现象背后有着另一种强调"生活性"的亚文化：这些学生并不会投入大量的时间去完成学校的任务，而会将这些时间用于闲聊、打闹甚至游手好闲；他们不公然对抗教师权威或违反学校规定也是因为其能够在柔性对抗中实现"快乐"的学校生活。❶ 显然，相较于"小子们"主动且积极的文化抵制，这种安贫乐道的"耳油"是在被动和消极地对学校主流意识形态进行着软抵抗，并同样在这种文化中"快乐地"继承了父辈的职业与阶层。

三、家庭背景影响个体发展方面的研究

在布迪厄的场域理论中，场域、惯习与资本存在相互作用、相互制约的关系。惯习与资本蕴含于场域之中，不仅形塑着场域，也被场域所制约。同时，作为微观场域，家庭在社会场域结构中所处的位置是不平等的，这种不平等直接导致处于该微

---

❶ 阿普尔. 教育与权力［M］. 曲囡囡，等译. 上海：华东师范大学出版社，2008：97-110.

观场域中的个体受到的惯习类型和资本体量存在差异,从而进一步导致个体在社会场域结构中的差异。❶ 具体而言,受资源转化机制和教育选择机制的影响,家庭的场域环境影响着个体的教育获得;抚育功能所表现出来的物质保障和情感保障影响着个体的发展。

(一) 家庭背景与子女教育获得方面的研究

自 1967 年美国社会学家布劳(Blau)和邓肯(Duncan)展开社会分层的代际传递研究以来,许多学者认识到家庭背景对子女教育获得方面存在持续且显著的影响。在布劳看来,家庭因素比学校因素更能决定了子女的教育获得:家长的社会地位、经济水平以及教育水平都分别对其子女的教育获得产生影响。这种社会地位与经济水平并不仅仅意味着一个家庭在整个社会分层结构中所处的位置与角色,更决定着该家庭所潜在拥有的社会资源、经济资源,进而对子女的教育资源获得产生影响。❷弱势阶层家庭在文化、政治与经济资本方面的相对劣势导致其子女在资源转化机制中处于教育获得的不利地位;在教育选择机制中,弱势阶层家庭则会基于现实理性而放弃其子女的教育获得。

在资源转化机制方面,一个家庭的政治资源、经济资源占有量往往决定着该家庭子女在教育机会、教育过程中教育获得

---

❶ 宫留记. 场域、惯习和资本:布迪厄与马克思在实践观上的不同视域 [J]. 河南大学学报(社会科学版), 2007 (3): 76-80.

❷ KEN A. The under class [M]. New York: Vintage Books, 1983: 39-52.

的多寡。在一定区域范围内，教育资源尤其是优质教育资源总是处于相对稀缺的状态，这就决定了在不同的教育资源配置体制中，不同家庭背景的学生必须按照配置规则获得相应的教育机会与对待。例如，在一些教育体制中，家庭政治资源的多寡可能成为家庭子女获得不同教育机会的判定依据；而在以市场为导向的社会中，家庭经济资源的多寡则决定了其子女能否获得优质的教育机会。❶ 就中国的教育实际而言，在过去较长一段时期内，中国社会分层结构的变化很大程度上受到政治与政策的直接影响，而伴随着市场经济体制改革的不断深化，社会分层结构的再生产则主要通过教育这一中介完成代际传递。尤其是在 1992 年以后，中国的教育体制开始受到市场化冲击，家庭阶层背景对家庭子女教育获得的效用不断显现，经济资源转化与文化再生产的双重模式并存于教育资源不平等的转化机制中。❷ 显然，弱势阶层家庭子女无论是在政治资源还是经济资源方面都处于劣势，其在资源转换机制中也就相应地处于不利地位。尤其是当社会各分层间政治与经济资源的占有量差距较大时，优势社会阶层往往在资源配置与资源转换方面都具有更为明显的资源优势与决策优势。

在教育选择机制方面，在共同的教育筛选与社会流动机制下，不同家庭背景的父辈与子女往往会在阶层地位、政治资源、

---

❶ PETER C，PERSELL C. Preparing for power：america's elite boarding schools [M]. New York：Basic Books，1985：11-40.

❷ 李煌. 代际流动的模式：理论理想型与中国现实 [J]. 社会，2009，29（6）：60-84.

经济水平等因素的影响下做出有着显著差异的升学选择。一方面，社会精英的培养与选拔标准往往与这个社会的经济结构紧密相关，教育制度中不同的类型与层次的学校为不同层次的职业培养和提供劳动者。其中，一个社会的精英选拔规则决定了学校教育制度的形态，而学校教育制度又在某种程度上以合法化的规训手段塑造着个人的自我概念、志趣和社会阶层身份，并在受教育者的主动参与和被动接受中完成文化资本的阶层再生产。❶另一方面，基于人力资本理论，教育可以被看作对未来职业收益的一种人力资本投资，而不同家庭做出的教育选择则是其对当前阶段教育投资与未来职业劳动收益预期的理性判断。若劳动力市场中不同地位与收入的职业分配仍然与社会阶层直接相关，导致家庭无法通过教育投资而获得子女的职业提升以及劳动收益的提高，那么许多弱势阶层家庭往往会在经济理性判断中自愿放弃子女继续受教育的机会。❷这种对未来教育机会放弃的背后并非家庭缺少子女进一步受教育的成本，而是这些家庭在未来教育投资中感受到了过大的机会成本和较小的预期回报。

（二）弱势阶层家庭子女抚育功能方面的研究

各种家庭教育活动不仅是文化资本发挥作用的主要途径，

---

❶ 鲍尔斯．美国经济生活与教育改革［M］．上海：上海教育出版社，1990：77-80．

❷ RICHARD B, GOLDTHORPE J H. Explaining educational differentials: Towards a formal rational action theory [J]. Rationality and Society, 1997, 9 (3): 275-305.

还能加深文化资本与学校教育之间的关系。二者的相互影响使得家庭文化资本在很大程度上影响着学生在学校教育中的成绩表现；二者的相互促进使得学生在学校教育行动中获得的文化资本以代际传递的形式实现文化再生产。❶ 正是这种代际传递的非物质资本使得弱势阶层家庭为其子女提供的物质与情感保障要低于其他阶层家庭，由此产生的文化差异则在一定程度上抑制了学校环境中的人际互动与教学过程中的文化再生产。❷对于在教育机会获得方面处于劣势的弱势群体学生而言，个人因素是决定其教育获得的关键。家庭背景对个人因素的形塑主要反映在家庭环境方面，弱势阶层家庭在抚育功能上为子女提供的物质与情感保障低于其他阶层家庭，进而会对子女的教育获得产生不利影响；弱势阶层家庭在文化传递功能上容易产生亚文化的代际传递，不利于其子女接受主流文化教育。具体而言，在家庭的子女抚育功能方面，弱势阶层家庭的家庭结构相较于其他阶层家庭更不稳定，抵御风险的能力会较低。❸ 受物质供给、经济水平、社会交往机会等多方面因素影响，弱势阶层家庭子女更有可能会出现父母在成长过程中缺席的情况，这也进一步导致弱势阶层家庭难以对子女提供足够的情感支持。以往大量的经验研究显示，处于弱势的劳工阶层往往在育儿模式与

---

❶ 徐瑞，郭兴举. 文化资本理论视阈中的教育公平研究：皮埃尔·布迪厄的教育社会学思想撷拾［J］. 教育学报，2011，7（2）：15-20.

❷ 王瑜，叶雨欣. 广西边境地区普通高中优质生源流失的问题、成因与对策：基于贫困文化视角［J］. 民族教育研究，2020，31（6）：52-59.

❸ CHRIS T, ALBELDA R. Family structure and family earnings: The determinants of earnings differences among types［J］. Industrial Relations, 1994, 33（2）：151-167.

亲子沟通方面与中产阶层有着明显差异。在经济压力、职业性质等因素的影响下，弱势阶层家庭中的亲子沟通往往更容易激发消极负面的情绪，采用较为专制和命令的育儿模式，并引发更多的亲子冲突以及情绪、行为问题。❶

对此，基于生态学的解释框架和科尔曼的社会资本理论，霍普金斯大学教授爱普斯坦（Epstein）等人就家庭、学校和社区合作伙伴的关系模式，提出了交叠影响域理论（Overlapping Spheres of Influence）。交叠影响域理论以关爱学生成长为核心，认为学校、家庭和社区的活动单独或共同地影响着学生的学习和发展，学校、家庭和社区这三个背景实际上对孩子以及三者的状况、之间的关系产生了重叠的影响。在学校、家庭和社区之间的合作伙伴关系模式中，通过让学生感受到关心和鼓励，培养学生的自我学习能力并激发他们的潜能，保证学生能够坚持上学而不放弃学业，虽然不能保证学生一定会获得成功，但可以促进学生在参与中取得进步。交叠影响域理论构建了一个外部结构和一个内部结构模型，显示出不同程度的影响效果。交叠影响域理论的外部结构模型表明学生学习和成长的三个主要环境——家庭、学校和社区可以相互结合也可以互相分离。❷在家庭、学校和社区单独或者共同地对学生的学习和发展采用实践活动施加影响时，均受到时间、经验和价值观的影响，该

---

❶ 拉鲁. 不平等的童年：阶级、种族与家庭生活［M］. 宋爽, 张旭, 译. 北京：北京大学出版社, 2018: 10-50.
❷ 吴重涵, 张俊, 王梅雾. 家长参与的力量：家庭资本、家园校合作与儿童成长［J］. 教育学术月刊, 2014（3）：15-27.

结构的重叠度会随着学生的年级、学段和活动的适用对象变化而不断变化。一方面，在发展早期，学生活动的主要场所是家庭，他们直接受到父母教养方式的影响；另一方面，随着年龄的增长，学生步入校园，他们中的大多数在学校开始寄宿式的学习生活，学校成为他们活动的主要阵地，教师成为他们的"家长代理人"。还有研究发现，父母的自主支持和教师的自主支持对于高中生的学业和生涯发展存在交互作用，教师自主支持程度低时，父母自主支持对于学生的学业发展方面发挥更大的作用；当教师自主支持程度高时，父母自主支持在学生的生涯发展方面发挥更大的作用，父母和教师的自主支持对青少年的发展起到相互补充作用。❶

进一步而言，家庭的低社会经济地位与虐待儿童之间存在显著的联系，❷并具有代际传递作用，即子女复制其父母的较低社会阶层地位及由此产生的压力源和生活方式，而这样的处境会增加他们产生易怒情绪和严厉养育其子女的可能性。为探明父母消极养育方式的危害性，分析其原因和作用机制，探索社会经济等处境的不利因素对父母消极养育方式的影响，西蒙（Sinmon）等于1991年提出父母粗暴养育这一概念。研究者把强迫/控制、缺乏说理引导、敌意言语等三个专制型养育的指标纳入父母粗暴养育的范畴，并具体划分为粗暴养育、专制型养

---

❶ 唐芹，方晓义，胡伟，等. 父母和教师自主支持与高中生发展的关系 [J]. 心理发展与教育，2013, 29（6）：12.

❷ BRONFRENBRENNER U. Toward an experimental ecology of human development [J]. American Psychologist, 1977, 52: 513-531.

育和严厉养育、权威型养育。父母粗暴养育对男孩和女孩的学业成绩都有消极和直接的影响，同时通过努力控制和课堂参与来影响学生的学业成绩，形成男孩和女孩共同的间接影响"路径"。粗暴养育对男孩学业成绩的间接消极影响主要通过努力控制中介实现，而对女孩同样的间接影响主要通过课堂参与中介实现。❶ 对此，社会化理论模型指出，当儿童感受到家庭对自己的支持和帮助，体验到更多的家庭幸福和温暖时，会更愿意接受和内化父母传达的信念、行为标准和价值观念。❷ 因此，父母主要发挥着榜样模范作用，他们的一举一动、一言一行都会直接或间接地影响学生个性和社会性发展。踏入校园后，教师成为支持和帮助学生的第二个重要来源，也为学生的发展起到了重要作用，这一作用主要体现在学生的学业发展方面。进入学校后，教师自主支持对学生发展可能会起到更为重要的作用，其对学生的学业发展、生涯发展、个性社会性三个方面的预测能力要高于父母自主支持。❸ 根据社会化理论模型，当学生越多地遭受父母的粗暴养育时，就越可能表现出对父母的叛逆心理和行为，当他们进入学校更多地与教师相处后，若能够感知到更多的教师支持，就越可能将教师传达的思想和信念内化，从

---

❶ 李永占. 父母教养方式对高中生学习投入的影响：一个链式中介效应模型［J］. 心理发展与教育，2018，34（5）：66-75.

❷ GRUSEC J E, GOODNOW J J. Impact of parental discipline methods on the child's internalization of values: A reconceptualization of current points of view. ［J］. Developmental Psychology, 1994, 30（1）：4-19.

❸ 唐芹，方晓义，胡伟，等. 父母和教师自主支持与高中生发展的关系［J］. 心理发展与教育，2013，29（6）：12.

而促进自身成长。

四、中职学生学习内驱力发展方面的研究

根据现有研究可知，学校教育质量、学生心理发展以及家庭背景是影响学生学习内驱力发展的主要原因。在学校教育质量方面，由于受到师源性或校源性因素的限制，学生经常产生跟不上、学不好等学习挫败感，读书无趣的想法逐渐成为学生学习内驱力较低的潜在因素。[1] 许多学校仍然遵循着强制性、灌输性的知识传递方式，不断重复的做题训练也容易加重学生的学习负担和逆反心理。[2] 与此同时，因为学校过于注重升学率而出现的一些学业落后的学生遭遇课堂冷漠对待的现象，也会成为学生学习内驱力不足的催化剂。在学生心理发展方面，学生的学习内驱力表现与其学业倦怠、核心自我评价等心理因素存在显著相关，呈现出一种"厌学→核心自我评价偏低→学业倦怠→逆商指数降低→学习内驱力低下→厌学"的负循环关系。[3] 学生的低自我概念、低成就动机以及较弱的社会交往能力都是造成其学习内驱力不足的影响因素。[4] 在家庭背景方面，家长对

---

[1] 邬志辉. 农村义务教育质量至关重要 [J]. 教育研究, 2008 (3): 31-33.

[2] 李江静. 青少年"隐性辍学"现象探析 [J]. 广西青年干部学院学报, 2009, 19 (2): 32-34.

[3] 李素敏, 杨曙民, 赵鹏燕. 学生学业倦怠、核心自我评价对隐性辍学表现率的影响 [J]. 现代预防医学, 2011, 38 (20): 4199-4201.

[4] 杨慧, 厉丽, 黄若彤. 民族地区困境青少年隐性"辍学"问题的社会工作介入研究：基于云南省N乡的调研 [J]. 民族教育研究, 2019, 30 (6): 41-50.

第一章　中职学生学习内驱力的理论内涵

教育的投资、家庭结构的差异以及家庭养育方式等都会对学生的学习内驱力产生影响。对学生学业状况漠不关心或是具有读书无用观念的家庭往往更容易拉低学生的学习内驱力。❶

（一）中职学生学习内驱力发展现状方面的研究

在教育的纵向流动筛选机制下，不少来自弱势阶层家庭的子女在完成义务教育后会进入中职学校，而这些中职学校学生会因为同伴关系、家庭环境以及办学质量等影响因素而不同程度地产生学习内驱力不足的表现。首先，学生个人的经历与认知直接影响着学习内驱力的高低。有学者在调研中发现，中职学校是部分学生未达到普通高中学校录取分数线时不得已的选择。❷ 基于对普职教育体系的片面理解，学生的整体学习目标以及职业规划相对模糊，甚至其自尊心和自信心也会在一定程度上受到负面影响。这种学习困难、学习成绩不理想直接导致了学生的低学习内驱力。❸ 此外，文森特·汀托（Vincent Tinto）❹认为，学生在学校的学习行为受到学生个体与学校生活整合的影响，这种现象不仅表现在学生的学术系统，还表现在其社交

---

❶ 高建伟. 农村初中生隐性辍学问题及应对策略 [J]. 现代中小学教育，2017，33（2）：6-8.

❷ 王星霞，牛丹丹. 农村初中毕业生的教育选择：基于某省两个县的调查 [J]. 教育发展研究，2020，40（6）：9-16.

❸ 马小强. 国外教育经济学视野内的辍学问题研究：借鉴与启示 [J]. 北大教育经济学研究，2004（6）：10-17.

❹ TINTO V. Dropout from higher education: A theoretical synthesis of recent research [J]. Review of Educational Research, 1975, 45（1）：37-47.

系统中。在同伴集群效应和从众心理的影响下，缺乏客观权威参考标准而又判断力不足的学生更愿意选择与同伴群体保持一致，这一行为不仅是为了获得同伴群体的认同和好感，更在于避免承受与众不同的压力与风险。❶

其次，家庭教育观念深刻影响着学生的认知。有学者从学生家长的文化程度、家长对子女教育投资的态度、教育期望、个体学习认知等维度分析了家庭文化资本对学生的影响，并认为家庭固有的教育观念和文化惯习支配着学生的学业成就和教育获得，从而影响着学生的学习内驱力。❷ 此外，家庭结构也在无形中影响着学生的学习内驱力发展。美国社会学家默多克（Murdoch）认为，现代社会主要的和正常的家庭结构是由父母和未婚子女组成的。在这种家庭中，父母共同负责教育、保护、情感抚育等职能，从而促进子女的身心健康发展。而当这种家庭结构发生错位时，就会对学生的学习成绩、心理发展、人际交往能力、行为养成、性格等方面产生消极影响，从而阻碍学生的社会化发展。❸留守儿童就是一个由家庭结构发生错位而形生的群体。作为农村留守人口的主力军，留守儿童的家庭教育缺失影响着其人生观和价值观的养成，也影响着有过留守经历的农村青年的职业选择与发展。有学者认为留守是社会结构转

---

❶ 李跃雪. 初中生辍学行为的类型学研究［D］. 长春：东北师范大学，2016.

❷ 熊静，单婷，钱梦菊. 农村青少年的辍学行为研究：基于家庭文化资本的视角［J］. 中国青年研究，2016（3）：49-55.

❸ 周雪霞，李艳婷. 独特家庭结构下留守儿童社会化问题探析［J］. 法制与社会，2015（7）：165-166.

型和发展的特定问题,也是农村人口面临维持生计的基本问题。❶ 由此引发的家庭结构错位及其衍生出的家庭教育缺失也是造成中职学生学习内驱力不足的主要原因之一。

再次,教育质量既应该包含教育质量本身的客观结构,同时也应该满足不同利益相关者的主观需求。❷ 而职业教育供给侧的质量、结构与学生、社会需求侧的失衡是造成学生学习内驱力不足的主要因素之一。为了吸引生源,扩大招生规模,完成普职比大体相当的目标,各级人民政府颁布了一系列优惠政策。但有学者通过调查发现,绝大多数农村学生就读中职学校与经济因素无关,而主要是学业(预期)失败等其他非经济原因。❸ 尤其是在我国脱贫攻坚任务圆满完成之后,经济因素不再成为制约学生择校以及留校与否的关键,这就对中职学校的教育与管理提出了更高的要求。学者们对职业教育供给侧的质量以及结构进行了分析,发现主要特征包括:第一,办学力量多样化以及大众倾向于普通教育的趋势加剧了中职学校招生的竞争性。部分学校存在夸大宣传的现象,学生入学后发现学校情况与预期不符,会影响到他们的学习内驱力。❹ 第二,学校的客观环

---

❶ 叶敬忠. 农村留守人口研究:基本立场、认识误区与理论转向 [J]. 人口研究,2019,43(2):21-31.
❷ 苏启敏. 教育现代化进程中教育质量概念的历史、逻辑与结构 [J]. 教育研究,2020,41(7):39-49.
❸ 陈胜祥. 农村中职免费政策失灵:表现、成因与对策:基于浙、赣、青三省的调查 [J]. 教育科学,2011,27(5):13-19.
❹ 林祖彬,陈观寿. 中职生流失严重的原因分析与对策措施 [J]. 职业,2011(35):126-127.

境、人际环境与学生的学习内驱力相关联。不良的学习和生活环境会产生一定的推力作用,❶ 不良的人际关系则阻碍了学生在校园生活中的正常互动。由此产生的负面情绪乃至畏惧心理导致学生的学习内驱力进一步降低,甚至使学生产生厌学情绪。❷ 第三,学生的学习内驱力与中职学校的教育体系密切相关。在职业教育人才培养定位中,部分中职学校侧重于知识教学,学历化与学科化的取向较为凸显,而在以职业技术培养与技能提升为核心的"学力"化方面仍有待加强。❸ 此外,学校场域具体的硬件设施配备、实验场所、课余活动、师资力量等因素也在一定程度上影响着学生的学习内驱力。

最后,社会对职业教育的观念与学生的学习内驱力直接相关。本研究在对广西某地职业教育发展的调查中发现:多数家长甚至教师会鼓励学生选择普通高中,❹ 纵使学生认为职业教育非常重要,也还是会将普通高中作为首选。也有学者从经济学的视角出发,在比较分析普通教育和职业教育的基础上,提出了人们选择的"成本—收益"函数值,论证了接受普通教育是

---

❶ WEHLAGE, RUTTER. Causes of Secondary Vocational School students drop out of school and educational countermeasures [J]. International Education Students, 1987, (5): 56-59.

❷ 巴兰坦. 教育社会学:一种系统研究的方法 [M]. 朱志勇, 译. 南京:江苏教育出版社, 2005:165-176.

❸ 杨小敏. 精准扶贫:职业教育改革新思考 [J]. 教育研究, 2019, 40 (3):126-135.

❹ 中德合作广西行动学习项目执行办公室. 广西职业教育充分发展:理论与实践 [M]. 南宁:广西人民出版社, 2009:27.

最优选择。[1] 在这种社会文化氛围与社会现实的影响下，人们逐渐形成了普通教育意愿而非职业教育意愿。[2] 职业教育成为一种备选，甚至是"被选"（被迫选择），那么职校学生的学习内驱力较低也就不足为奇了。此外，还有学者认为，受即时财富的诱导效应、网络亚文化的侵蚀效应以及消费主义的异化效应的影响，欠发达地区的职校学生更容易被拉向社会，从而产生学习内驱力不足的现象。[3]

（二）中职学生学习内驱力提升策略方面的研究

我国学者对学习内驱力的研究以应用研究为主，研究学段主要集中在中等教育，这就为研究中职学生学习内驱力的提升策略提供了一定的基础。中职学生学习内驱力提升策略的相关研究主要集中在具体学科或专业以及具体教学方面，其中具体学科或专业方面探讨了计算机课程[4]、英语课程[5]等方面的学习内驱力提升策略；具体教学方面探讨了美术教学[6]、数学教学[7]

---

[1] 陈胜祥．中职生源相对减少的经济学分析［J］．职教通讯，2015（9）：10-12.
[2] 庄西真．影响欠发达地区中等职业教育发展的文化分析［J］．职业技术教育，2003（4）：9-12.
[3] 林克松，沈家乐，刘红．脱贫攻坚与控辍保学：贫困地区职校学生"非贫困性辍学"的推拉效应［J］．中国职业技术教育，2020（27）：19-25.
[4] 方葳．激发中职生学习计算机课程的学习动机策略研究［J］．科技风，2020（21）：40.
[5] 王坤．中职生英语学习内驱力激发策略研究［J］．现代农业，2019（1）：111.
[6] 沈国民．中职生学习内驱力的培养：以美术教学为例［J］．教育，2015（43）：49.
[7] 杨依光．中职数学教学模式的探究［J］．新课程（下），2012（9）：46.

等方面的学习内驱力提升策略。具体而言，这些提升策略主要围绕学生自主、教师教学等两个方面展开。

第一，关注非智力因素，引导学生养成自主学习的学习策略。在非智力因素中，兴趣占有重要地位，所以激发学生的学习内驱力必须重视其学习兴趣的养成。学习兴趣是学生在学习过程中所伴有的积极情绪的心理体验，它对于学生的个体活动具有较大的驱动作用。学习兴趣的来源之一是学生本能的活动倾向，因此，要想激发学生的学习兴趣，就需要满足学生基于本能活动倾向的认识需要，尤其是对于专业的认识。[1]只有对所学专业有了充分的认识和了解，学生才能在兴趣的驱动下进行学习和探究，这也是学习作为一种认识活动的本质要求。此外，有学者认为学习内驱力的产生源于学习需要和行为目标。[2]也就是说，要想激发学生的学习内驱力，就需要关注学生的学习需要，引导学生明确学习的目的与意义，增强学生的学习责任感和使命感，进而将其内化为自己的学习动机。更重要的是，学习内驱力的真正形成需要学习者自身的努力，尤其依赖于学习者的学习能力，所以学校需要有意识地培养学生终身学习的能力，使学生掌握一定的学习策略，如自我监控、自我管理、自我评估等，进而使学生形成适合自己的学习策略，提升学生自我调节的学习能力。[3]

---

[1] 丁念金．学习兴趣源之探讨［J］．教育学术月刊，2012（7）：11-13，51．
[2] 郭秀．浅议学生学习动机的激发［J］．教育理论与实践，2004（12）：58-59．
[3] 吴桂敏．中职生英语学习动机激发与培养研究［D］．上海：华东师范大学，2007．

第一章　中职学生学习内驱力的理论内涵

第二，基于学生实际，引导教师树立关怀学生的教学理念。提升中职学生学习内驱力需要教师树立关怀学生的教学理念，关注并满足学生的内在情感需求。根据赫尔的内驱力分类可知，学习内驱力这种继发性内驱力是基于原始内驱力所形成的一种习得内驱力，所以要想激发学生学习内驱力，首先需要关注并满足学生基于生物性需要的原始内驱力。有学者根据马斯洛的需要层次理论对中职学生的学习现状进行分析，提出要关心学生的生活和情感，在教学过程中重视学生的情感态度与价值观的教育。❶ 这就要求中职学校的教师以自身专业能力承担起激发学生学习内驱力的责任。❷ 有学者认为，激发学生的学习内驱力需要教师在教学过程中秉持实用、系统和有趣的教学原则。❸ 具体而言，实用的教学原则要求教师在具体的教学过程中注意以中职学生的学习特点为基础，结合实际教学情况，注重情感教学，从而帮助学生建立情感信任。在此基础上，系统的教学原则要求教师更新教育理念，转变教学模式，创设符合生产生活实际的教学情境。❹ 教师可以以信息化为依托，通过创设问题情

---

❶ 方葳.激发中职生学习计算机课程的学习动机策略研究［J］.科技风，2020（21）：40.

❷ 王玮.利用中职机电专业学生学习内驱力提升教学质量的策略［J］.试题与研究（教学论坛），2020（15）：154.

❸ 高良连.基于内驱力降低理论的中学生自主写作教学策略研究［J］.语文教学与研究，2022（9）：98-103.

❹ 张明炜.中职电子技术应用专业学生学习内驱力激发的策略研究：以Protel99se课程教学为例［J］.农业工程与装备，2022，49（6）：64-66.

境，引发学生的好奇心和求知欲，激发学生的认知内驱力。[1] 同时，有趣的教学原则要求教师在具体的教学过程中注重引导学生将课程学习同实现社会价值结合在一起，帮助学生形成社会责任感，以此强化学生的学习动机，提升学生的学习内驱力。[2]

---

[1] 简泓，黄煜翔.基于学习动机理论的中职课程教学策略研究：以中职PHOTOSHOP课程教学为例［J］.广西农业机械化，2021（6）：55-56.
[2] 王封.中职学生语文学习内驱力激发策略初探［J］.黑龙江工业学院学报（综合版），2022，22（5）：17-20.

第二章　中职学生学习内驱力发展的调查分析

本研究选择了在广西具有较高知名度和影响力的 X 职校作为样本点开展实地调研。在对 X 职校进行调研发现，许多来自农村地区的学生在初中毕业进入中职院校后，仍面临着一定程度的学习内驱力发展问题。这些学生在期待信念与价值信念的交错中表现出不同类型的学习内驱力状态，如体验不良淡化了学生的学习内驱力观念、专业迷茫弱化了学生的学习内驱力情感、意志薄弱钝化了学生的学习内驱力思维、制度反抗减化了学生的学习内驱力表现。调研发现，这些中职学生大多遭遇着学习内驱力不足的问题。同时，此种现象并不能完全归咎于某种单一因素，而通常包含了两种或两种以上的复杂因素。中职学生的学习内驱力不足现象所具有的主体共谋性与交互共谋性不仅制约着学生个体人力资本的获得，而且阻碍着中职教育的优质均衡发展。这种由常态学习转化而来的现象，其背后是学校制度、社会观念、学生心理等不同要素之间相互的博弈：一方面，学校的专业性供给无法满足学生的发展需要，这种供需失衡降低了中职学生的学习内驱力；另一方面，学校管理制度、

考试制度，企业的用人管理制度以及政府的资助制度、就业制度则发挥着拉力作用，提升着中职学生的学习内驱力。

第一节 中职学生学习内驱力发展的现状调查

本研究选取广西 X 职校作为个案具有一定的合理性：一是因为 X 职校的实际情况符合本研究的设计，拥有本研究所需要的研究场域与研究对象；二是因为 X 职校生源的独特性有助于本研究探究提升中职学生学习内驱力的现实意义与政策意义。因此，本研究在文献分析的基础上，以收集到的调查问卷和访谈记录为主要资料，对 X 职校中职学生学习内驱力发展的现状及表征进行分析。研究发现：中职学生期待信念与价值信念之间不同维度的交叉构成了其学习内驱力不足的不同现状。进一步分析后发现，中职学生学习内驱力不足的现象并不能完全归咎于单一因素，而往往是由两种或两种以上因素引发的，包括体验不良淡化了学生的学习内驱力观念、专业迷茫弱化了学生的学习内驱力情感、意志薄弱钝化了学生的学习内驱力思维、制度反抗减化了学生的学习内驱力表现。此外，中职学生的学习内驱力不足现象所具有的主体共谋性与交互共谋性不仅制约着学生个体人力资本的获得，而且阻碍着中职教育的高质量均衡发展。

一、中职学生学习内驱力发展的基本现状

广西 X 职校是 Y 市人民政府开办的一所国家级重点公办综

合性院校，历经四十余年的发展，现有六个系共四十多个专业，专业类型较为齐全，办学经验丰富，获得了广西壮族自治区职业教育先进单位、国家职业技能鉴定所等殊荣。该校生源大部分来自农村，且在调研过程中发现，学生在不同程度上存在学习内驱力不足的问题。这较为符合本研究的设计需要，样本具有代表性和典型性。

在生源方面，2019年，X职校招收中职学生1433人，其中农业户口占比为98.1%，贫困家庭占比为68.3%；2020年，X职校招收中职学生1328人，其中农业户口占比为98.2%，脱贫家庭占比为98.5%；2021年，X职校招收中职学生1100人，其中农业户口占比为96.4%，脱贫家庭占比为60.2%。在学业完成方面，X职校在2016年招收中职学生3182人，完成学制规定年限教育且于2019年毕业的学生有2349人，学业完成率为73.8%；2017年招收中职学生1968人，完成学制规定年限教育且于2020年毕业的学生有1607人，学业完成率为81.7%；2018年招收中职学生1753人，完成学制规定年限教育且于2021年毕业的学生有1421人，学业完成率为81.1%。❶

与此同时，学生群体中存在较为突出的学习内驱力不足问题。在调研过程中，X职校老师将学习内驱力不足的学生形容为"混日子的学生"，并将其看作"被普通高中选剩下的学生"，老师对此类学生的处理态度是"没办法"，期望他们"顺利毕业，不惹事就行了"。X职校学生凭初中毕业证即可入学，部分专业

---

❶ 数据来源：2022年对广西X职校的调研。

对成绩有一定要求，即中考成绩需要达到 C 或 C+以上。在学生知识基础较为薄弱与教师整体期望较低的相互作用下，尽管这些学生的受教育权与教育需要得到了保障，但是他们在受教育的过程中仍然面临着诸如学习内驱力不足等内生发展问题。

本次调研主要采取了观察法、访谈法和问卷法，并以学校各系学生科、教务科为中心，围绕课堂以及学生生活展开，以求全面了解学生的学习状态。调查问卷是在大量观察并与多位教师、学生、学校管理人员进行访谈的基础上编制的，反映了 X 职校学生的学习状态以及存在的问题。利用学生晚自习时间共收集来自学生的问卷 421 份，剔除无效问卷 20 份，有效率为95.25%。以下将选取调研问卷中的部分题目，对中职学生的学习内驱力现状进行数据化说明。

对于问卷第 24 题"您有过放弃学业的想法吗"，回答从未有过放弃学业想法的学生占比为 39.90%，回答偶尔有与经常有该想法的学生占比为 60.10%，说明超过半数的学生曾经产生过放弃学业的想法。虽然学生会产生放弃学业的想法并不必然是由学习内驱力不足导致的，但仍可以反映出学生在学习内驱力方面存在一定问题。所以在数据处理时，以下将产生过放弃学业想法的学生选定为学习内驱力不足的样本进行研究。

如图 2-1 所示，对于问卷第 5 题"您选择中职学校的原因"，只有 16.96%的学生回答因为喜欢职业教育，该占比数量在择校原因中位列第三。排在前两位的是：学技术方便就业、没有可选的高中，其余依次为：拿毕业证方便就业、受他人影响、免学费可减轻家庭负担以及其他。而如图 2-2 所示，在产生过放弃学业想法的学生中,对于择校原因回答喜欢职业教育的学生占比数量位列第五,只有10.79%。排在前四位的为:学技术方便就业、没有可选的高中、拿毕业证方便就业、受他人影响,其余依次为:免学费可减轻家庭负担以及其他。也就是说,X职校学生的择校原因更多地倾向于以就业为导向的技术学习,"被动分流"与学历导向也占据较大比例,而真正喜欢职业教育的学生占比较少。这一表现在产生过放弃学业想法的学生群体中更甚。

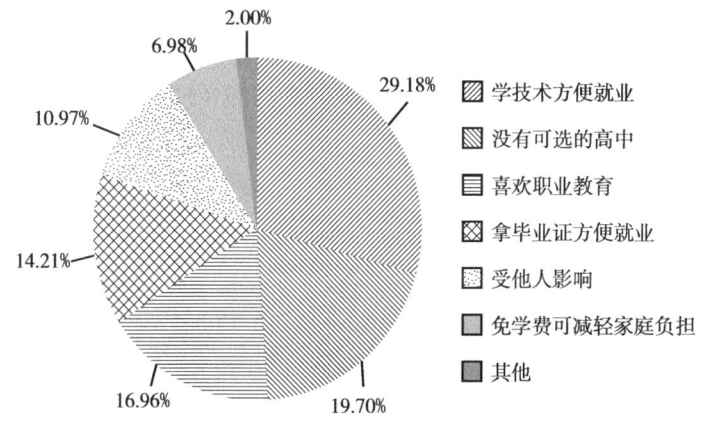

图 2-1 学生的择校原因

如图2-3所示,对于问卷第6题"您选择这个专业的原因",回答喜欢这个专业的学生占比最大,为34.16%;其余依次为:认为专业就业前景好、受他人影响、随便选的、受专业名字影响以及其他。同样地,如图2-4所示,在产生过放弃学业想法的学生中,喜欢这个专业的占比为20.33%,位列第四;

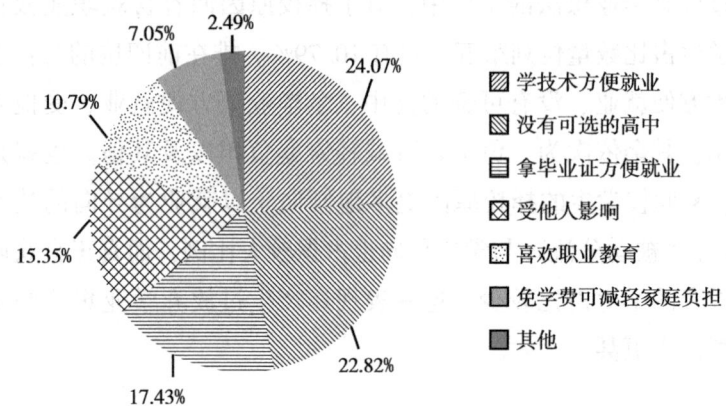

图 2-2 产生过放弃学业想法学生的择校原因

注：过滤掉从未产生过放弃学业想法的学生，有效样本人数为 241 人。

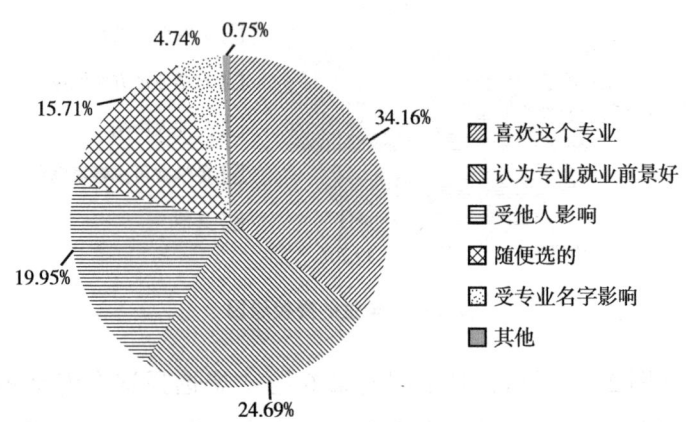

图 2-3 学生选择专业的原因

前三位依次为：认为专业就业前景好、受他人影响、随便选的，其余依次为：受专业名字影响以及其他。也就是说，X 职校学生中真正出于喜欢而选择专业的占比较少，在选择专业时具有一定的随意性。在产生或曾经产生放弃学业想法的学生中这种随意性更加突出。问卷第7题或能进一步说明此问题。

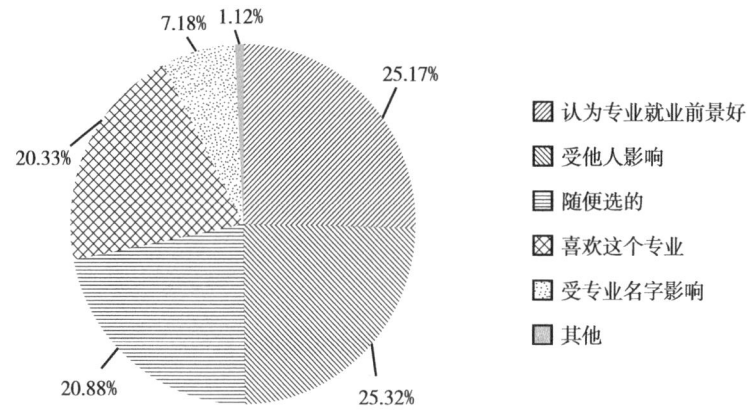

图 2-4 产生过放弃学业想法学生选择专业的原因

注：过滤掉从未产生过放弃学业想法的学生，有效样本人数为241人。

如图2-5所示，对于问卷第7题"您在选择专业前是否作过充分的了解"，只有11.72%的学生回答在选择专业前作了充分的了解，而20.20%的学生则回答完全没有了解。在产生过放弃学业想法的学生中表现为：作了充分的了解的学生占比为4.56%，而27.39%的学生完全没有了解。也就是说，X职校学生在选择专业前作了充分的了解的学生占比较小，甚至小于完全没有了解的学生占比。产生过放弃学业想法的学生表现得尤为明显（见图2-6）。

通过上述问题对学生入学前的择校情况进行初步了解之后，

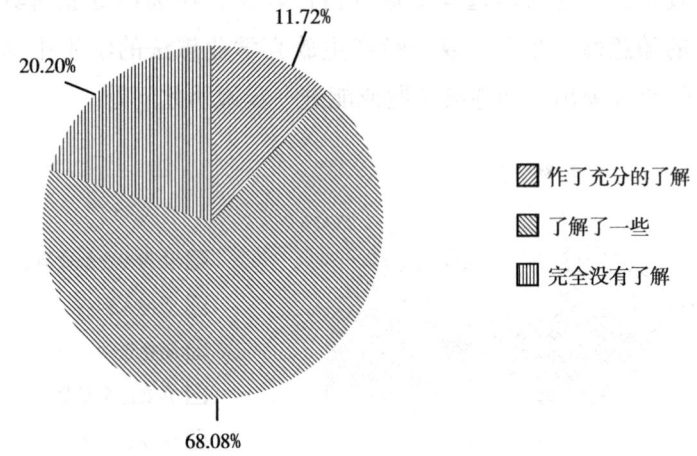

图 2-5　学生选择专业前对专业的了解情况

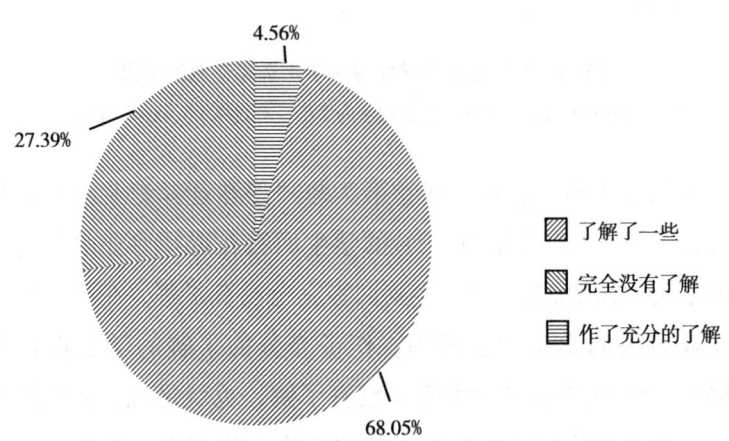

图 2-6　产生过放弃学业想法的学生选择专业前对专业的了解情况

注：过滤掉从未产生过放弃学业想法的学生，有效样本人数为 241 人。

不难发现：第一，学生的知识基础较为薄弱，这是 X 职校需要面对的既定事实;第二,产生过放弃学业想法的学生占比较大,即学生的学习内驱力问题较为突出;第三,学历导向对学生择校的影响较为明显,真正喜欢职业教育的学生不多;第四,学生选择专业具有一定的随意性,了解不深与充分了解的学生占少数。

二、中职学生学习内驱力不足的主要类型

结合前人的实证研究,同时基于期望价值理论的视角对X职校中职学生基本学习情况进行分析后可以发现,中职学生的学习内驱力不足问题是由其价值信念与期待信念之间的相互作用而引起的。价值信念与期待信念维度的交叉也使中职学生学习内驱力不足产生了不同的几个类型。具体而言,中职学生对中职教育的环境期待与实际环境之间的差距导致了中职学生从主观上降低了中职教育的内在价值,从而产生了体验不良;专业迷茫是中职学生在教育实践过程中降低了对中职教育的内容期待,这也使得中职学生无法认识到中职教育的成就价值;意志薄弱是中职学生在成本的引诱下,对中职教育的效用价值认识不足;制度反抗是中职学生原有的管理期待与实际管理之间的差距而引起的。以下将结合调研资料,对由不同原因引起的中职学生学习内驱力不足问题进行分析。

(一)体验不良型
学生因体验不良而产生的学习内驱力不足多源自开学之初,

其根源在于中职学生对中职学校的教育环境与生活环境的期待同现实之间的差距，降低了学生对中职教育内在价值的认可，也丧失了参与中职教育活动的兴趣。其表征为学生未能处理好对新的校园生活、人际关系以及学习方式的适应性问题，可以从以下两个角度对这种现象进行分析：一是通过对退学学生群体的退学申请表进行文本分析，为进一步分析在校学生的学习内驱力不足问题提供参考；二是通过对在校学生群体的一年级新生进行观察与深度访谈，进一步了解新环境与其学习状态之间的关联，其中要特别关注学习内驱力不足的学生。

体验不良能较为轻易地影响到学生的学习内驱力观念，其发生时间早、显露周期短，往往在开学之初就显现出来。其主要表现在学生对学校管理、学校生活、人际交往以及专业学习等几个方面的适应上，分别对应学校的后勤保障、由家庭距离而产生的分离焦虑和情绪焦虑、朋辈交往、学生管理制度与学习模式的变化等方面。

在 2021 年该校学生科收到的 128 份退学申请表中，有 53 份在申请原因中提及对学校的适应问题，其中涉及住宿环境、离家较远、学生管理、专业适应等方面。部分学生的反馈如下：

> 由于自我适应的原因，我感觉不到学习氛围，学生（习）环境不好，学生坏习惯很多，我怕我在 X 职校读书的几年里会把这些坏习惯染上。（学生 GJR，2021 年 9 月 4 日，文本资料）

> 想转回家乡学校就读，那边的朋友熟人比较多。（学生

LX，2021年9月3日，文本资料)

由于不适应学校环境，要回之前的学校读；之前已经读至高二年级了。(学生WCK，2021年8月31日，文本资料)

体验不良影响着中职学生在学校场域的学习内驱力，主要包括管理适应不良与学习适应不良两种情形，这两种情形分别对应学校管理制度的变化与学习模式的变化。如图2-7所示，产生过放弃学业想法的学生群体对学校的满意情况从高到低依次为实习实训、校园生活、专业学习、校园文化与社团活动、校园安全、人际关系、理论学习、学生管理以及其他；而该学生群体对学校的不满意情况从高到低依次为学

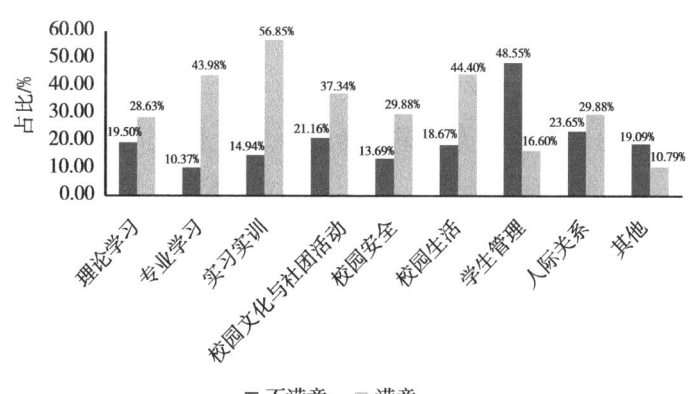

图2-7 产生过放弃学业想法的学生对学校的满意情况

注：过滤掉从未产生过放弃学业想法的学生，有效样本人数为241人。

生管理、人际关系、校园文化与社团活动、理论学习、其他、校园生活、实习实训、校园安全、专业学习。通过整体横向的比较可知,"学生管理"是产生过放弃学业想法的学生最不满意的一项;通过单项纵向的比较可知,该学生群体满意与不满意的比例相差较小的,即具有争议的项目为理论学习与人际关系。

学生对开放问题的回答以及部分学生的访谈反馈进一步证实了学习体验与学校生活体验对于学生学习内驱力观念的影响。例如,有同学反馈:

> 劳动最积极,不管学习成绩,想要我们20分钟之内又拖又扫又捡,还经常占用学生休息时间,睡觉都睡不安稳。(81号学生,问卷第23题"最令您不满意的是"其他选项,文本资料)
>
> 扫地任务真多啊,连学习都不管了?(92号学生,问卷第23题"最令您不满意的是"其他选项,文本资料)
>
> 之前学的是地理、生物、语文、数学,这里就是学的专项的。其实我成绩挺好的,尤其是语文和英语,但面对这些职业的课程我又不喜欢。(学生CD,2021年10月12日,访谈资料)

综上所述,体验不良的产生主要受学生个人经历与认知的直接影响,同时也与学校的管理制度密切相关。一方面,由体验不良而形成的学习内驱力不足是学生在与学校物质条件、文化条件进行交互作用之后,依据个人生活经验而对这种主观体验所做出的判断与抉择。生活环境与学习环境、学校管理、人际交往氛围是学生体验的对象,学生的个人经历是判断的标准,学校客观条件与学生主观体验的匹配度是学生抉择的依据。另一方面,学校的管理制度也是体验不良产生的诱因。学校管理制度是制度本身的客观结构,同时也需要顾及不同利益相关者的主观需求。作为直接利益相关者,学生对学校管理制度的体验与评价成为衡量管理制度有效性的关键指标,也与学生的学习内驱力发展直接相关。

(二)专业迷茫型

专业迷茫是指在具体的教育实践中,教育内容与中职学生对中职教育的内容期待之间存在差距,这种差距使得学生重新思考专业的成就价值,形成对专业价值以及完成专业重要性的认知。因专业迷茫而产生的学习内驱力不足可追溯到学生选择专业之时,如图 2-5 所示,X 职校学生在选择专业前对专业作了充分的了解的学生只占 11.72%,同时仍有 20.20% 的学生完全不了解所选专业。如图 2-6 所示,这一现象在产生过放弃学业想法的学生中表现得更为突出。此外,在调研过程中我们了解到,学生所谓的"对专业进行了解"大多也只停留在接触学校招生宣传内容的表层方面,少有学生会进一步了解所选专业的深层方面。其中也存在学生通过其他途径去了解所选专业以提升其选择的合理性,这种带着目的去验证的了解鲜能真正全面了解该专业。例如,有同学认为:

那时有（招生）老师去我们学校叫我们报名（X 职校），我通过手机看这个专业的相关视频，看到学的是哪些课程，就报了。（学生 XXZ，2021 年 10 月 20 日，访谈资料）

随便选的，这个学校的专业太少了，就随便选了一个，感觉这个专业有趣吧。（学生 WDZ，2021 年 10 月 27 日，访谈资料）

之前我以为这个专业好像是学计算机的，然后来了才知道是电工，都读职校了，学什么都无所谓，到时候还不是进厂打螺丝。我的想法就是混过这两年，读中专就是想混个毕业证。（学生 NDZ，2021 年 10 月 27 日，访谈资料）

表 2-1 与表 2-2 示出了对选择专业原因、选择专业前对专业的了解程度、是否产生过放弃学业的想法三个层面的交叉分析，以探析三项之间的相互关系，尤其是前两项的综合作用对学生学习内驱力的影响。如表 2-1 所示，在从未有过放弃学业想法的学生中，"喜欢这个专业"的占比最多，其次为"认为专业就业前景好"；在偶尔有放弃学业想法的学生中，"认为专业就业前景好"的占比最多，其次为"受他人影响"；在经常有放弃学业想法的学生中，"随便选的"占比最多。由此可知，选择专业原因与放弃学业的想法之间存在一定关联，即因为喜欢而选择专业的学生，其学习内驱力往往较高。而对于学生所理解的"认为专业就业前景好"，需要衡量此说法是学生在充分了解基础上的考量，还是根据自身经验得出的见

解,前者不易产生学习内驱力不足的情况,而后者存在一定的可能性。

表 2-1 选择专业原因与是否产生过放弃学业想法的交叉分析

您选择这个专业的原因?	24. 您有过放弃学业的想法吗?			总计
	从未有过	偶尔有	经常有	
喜欢这个专业	88	45	4	137
受他人影响	21	55	4	80
认为专业就业前景好	38	57	4	99
随便选的	10	43	10	63
受专业名字影响	2	12	5	19
其他	1	2	0	3
总计	160	214	27	401

如表 2-2 所示,在选择专业前对专业作了充分了解的学生群体中,从未有过放弃学业想法的学生有 36 人,占比 76.60%,偶尔有放弃学业想法的学生有 11 人,占比 23.40%,不存在经常有放弃学业想法的学生;在对专业有一些了解的学生群体中,从未有过放弃学业想法的学生有 109 人,占比 39.93%,偶尔有放弃学业想法的学生有 150 人,占比 54.93%,经常有放弃学业想法的学生有 14 人,占比 5.13%;在对专业完全没有了解的学生群体中,从未有过放弃学业想法的学生有 15 人,占比 18.52%,偶尔有放弃学业想法的学生有 53 人,占比 65.43%,经常有放弃学业想法的学生有 13 人,占比 16.05%。也就是说,在选择专业前对专业的了解程度与学生是否产生过放弃学业想

法直接相关,在选择专业前作过充分了解的学生,其学习内驱力往往较高,不易产生放弃学业的想法。

表2-2 选择专业前对专业了解程度与是否产生过放弃学业想法的交叉分析

您在选择专业前是否作过充分的了解?	24. 您有过放弃学业的想法吗?			总计
	从未有过 占比(%)	偶尔有 占比(%)	经常有 占比(%)	
作了充分的了解	36(76.60)	11(23.40)	0	47
了解了一些	109(39.93)	150(54.93)	14(5.13)	273
完全没有了解	15(18.52)	53(65.43)	13(16.05)	81
总计	160	214	27	401

综上所述,专业迷茫主要受学生个人经历与认知的直接影响,同时也与学校的教育质量、社会观念密切相关。其一,学生对专业的了解程度以及选择专业的原因是学生个人经历与认知的表征,充分了解专业以及喜欢所选专业的学生不易产生专业迷茫,学习内驱力自然也较高。而对专业了解不深或是完全没有了解的学生以及受其他因素影响而选择专业的学生较为容易产生专业迷茫,若这种迷茫感在之后的学习过程中没有消解,那么学生便可能产生学习内驱力不足的问题。其二,学校的教育质量不仅应该包含教育质量本身的客观结构,同时还应该满足不同利益相关者的主观需求。作为直接利益相关者,学生对专业的深入了解是建立专业认同感的基础,这也是学生规范自身学习行为的重要前提。而专业认同感的建立并非一蹴而就,它贯穿于准备适应阶段与学习融入阶段,这就对学校的教育质量提出了一定的要求。其三,社会观念对专业迷茫的影响主要

体现在专业前景上。学生在选择专业时寄托着一定的目的与期望,这种目的与期望与其将会实现的程度影响着学生当下的学习内驱力。所谓实现的程度就取决于社会观念与社会现实,社会观念对某一专业的评价以及此专业的社会发展现状影响着此专业的学生。进一步说,专业迷茫的产生是因为社会观念与社会现实降低了学生对专业所寄托的目的与期望。

(三) 意志薄弱型

意志薄弱是指中职学生在缺乏较为成熟判断力的前提下,对各种成本的衡量尚不成熟,从而容易受到外界事物的引诱。同时,这种引诱在一定程度上也降低了学生对中职教育效用价值的认可。意志薄弱在 X 职校中职学生群体中较为常见。同时,意志薄弱也是导致学生内驱力不足的重要原因之一,这与 X 职校学生当下的发展阶段密不可分。X 职校中职学生年龄普遍在 16 岁左右,这个阶段正是学生的自我同一性不断进化的完形阶段,其价值体系与目标定位尚不成熟。学生抵抗诱惑的能力与自我约束的意志仍较为薄弱,不合理使用手机以及同伴间的"反学校文化"都会成为其学习内驱力不足的影响因素。

X 职校学生因意志薄弱而引起的学习内驱力不足主要围绕手机这一客体展开。可以说,手机成为学习内驱力不足的学生的行动载体之一,也为学生从产生学习内驱力不足的思想到实际行动的转变提供了便捷的途径。在访谈中常常会出现这样的话语:

感觉自己现在浑浑噩噩，就这样混日子，我知道这样是不对的，我试着改变自己，但是我失败了，不知道为什么，可能是网络游戏改变了我，我希望能戒掉，唉，就这样吧。(52号学生，问卷第50题"您如何评价您现在的学习和生活"，文本资料)

就一般般，上课认真听（有时候玩手机），下课玩手机，放学就回宿舍玩手机，上实训课绝对认真，语文课啊、数学课啊之类的，不太喜欢听，相当于混日子吧，感觉前途很迷茫。(11号学生，问卷第50题"您如何评价您现在的学习和生活"，文本资料)

如图2-8所示，手机娱乐成为X职校学生度过课余时间的

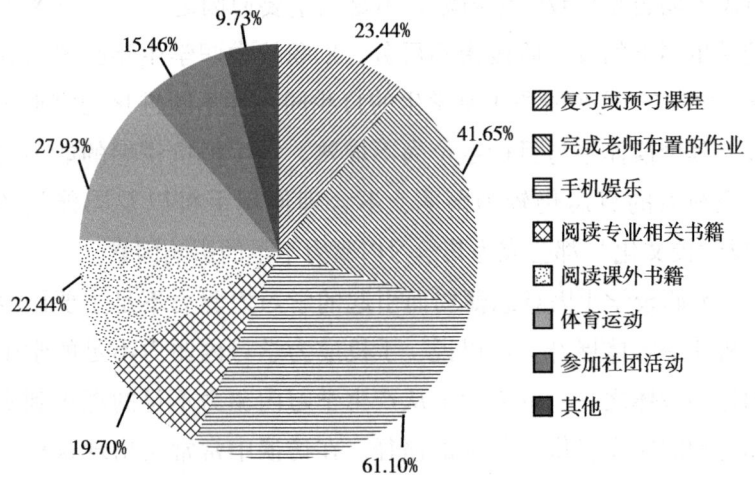

图2-8　X职校学生度过课余时间的方式

主要方式。在一些手机管理执行不严格的课堂上依然可见玩手机的现象,甚至还出现了"补觉"的学生。

事实上,X 职校学生对于学习是有一定正确认识的。如图 2-9 至图 2-13 所示,大多数学生对遵守校纪校规、遵守课堂纪律等学生应尽的义务持赞同态度,并认可上课玩手机、睡觉等行为是不正确的。但是若将这种思想深化为"无手机校园""无手机课堂"的行动,学生的态度就会偏消极。这一现象也反映出学生在知识乃至情感层面可以认识到学习的重要性,但是若从意志与行为层面对造成学生学习内驱力不足的客体进行管控与隔离,学生就会持否定态度。

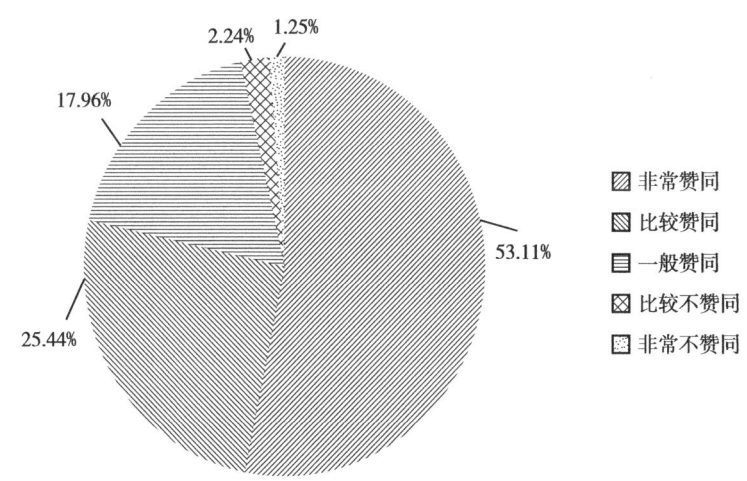

图 2-9　X 职校学生对"学生应该遵守校纪校规"的态度

综上所述,意志薄弱表现主要受学生个体的直接影响,同时也与学校管理、家庭文化资本密切相关。其一,由意志

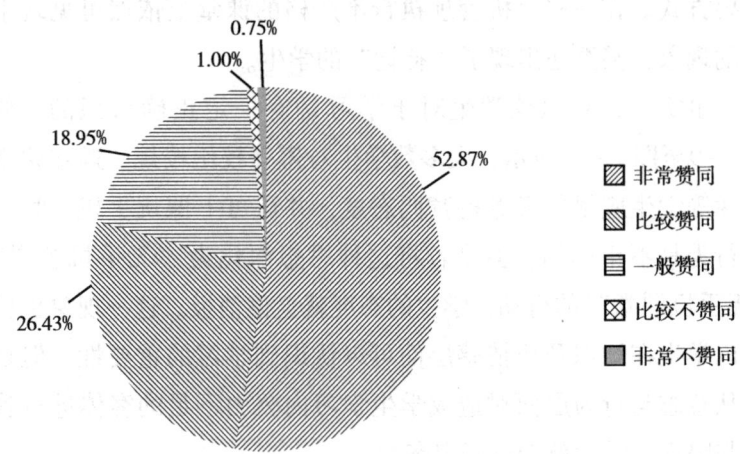

图 2-10 X 职校学生对"学生应该认真听讲、遵守课堂纪律"的态度

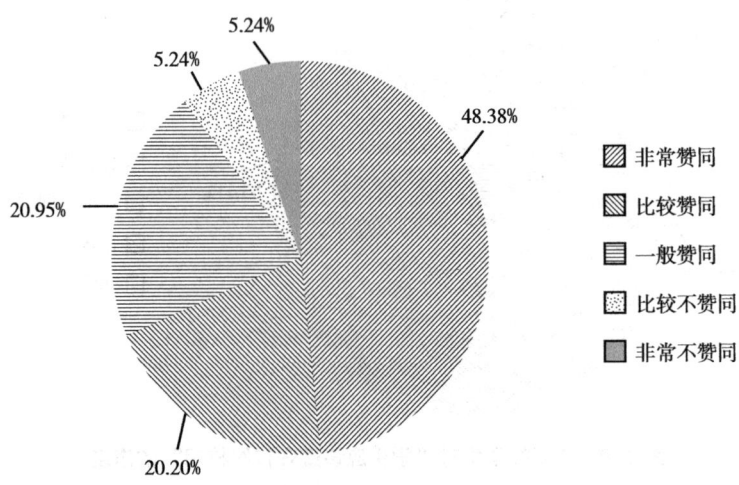

图 2-11 X 职校学生对"学生上课玩手机、睡觉等
行为是不正确的"的态度

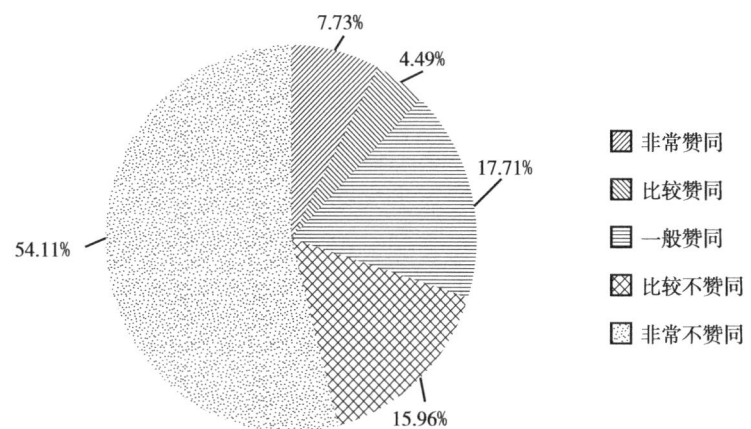

图 2-12 X 职校学生对"可以接受进学校不带手机"的态度

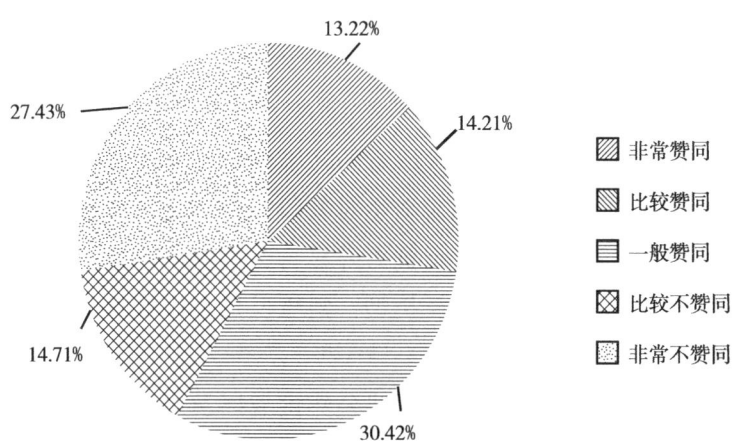

图 2-13 X 职校学生对"可以接受进课堂不带手机"的态度

薄弱而引发的学习内驱力不足与学生的自我能力直接相关，如自我监控能力、自我管理能力、自我调节能力。在中职阶

段,学生的价值体系与目标定位尚不成熟,这是由学生的心理发展阶段所决定的。其二,学生的意志薄弱与学校管理密切相关,主要表现在教师对学生管理的参与度、对学校政策的执行度,以及学校对政策的完善与监管。调研发现,意志薄弱型学习内驱力不足的学生大多有过积极学习的意向,也有一些学生主动做了自我尝试,但是往往以失败而告终。这就亟须外界管理手段的干预与调节,以避免这类学生学习内驱力持续低下。其三,因意志薄弱而引发的学习内驱力不足与学生的家庭文化资本紧密相关。家长的受教育程度及家长对子女的教育观念、教育期望、教育方式等家庭文化资本输出的教育理念塑造着学生对教育的认知,同时也影响着学生的学习行为与教育获得。

(四) 制度反抗型

制度反抗是由中职学生原有的环境期待与实际环境之间的差距而引起的,主要表现为学生对教师管理制度以及学校管理制度进行反抗。根据学生反抗力外显行为的强弱程度,可以将学生的制度反抗分为主动反抗型、消极反抗型以及逃避反抗型三种。

主动反抗型是指对教师权威公然挑战以及对学校制度公然违抗的一类学生,他们对学校管理制度持漠视心态,对于反抗所带来的后果也不甚关心,其行为也较为激烈。出现了学生行为与学校制度之间的冲突,以及学生行为背后的学习内驱力不足情况。

第二章 中职学生学习内驱力发展的调查分析

违反学校管理制度的学生往往面临着一系列处分,例如:

>……WYK 自入学以来,无视校纪校规,纪律散漫,我行我素,累计旷课达 50 节,2 次因校内抽烟被抓,曾于 9 月份因给同学起外号而引起打架事件……LW 自入学以来,无视校纪校规,纪律散漫,我行我素,累计旷课 17 节,夜不归宿 1 次,3 次因校内抽烟被抓。该生在课堂上有睡觉、玩手机、不完成学习任务、擅自离开课堂、不服从老师管理等违纪行为……经研究,决定给予 LW 同学记大过处分;决定给予 WYK、HYK、LHX、LZH 同学留校察看处分。[《关于给予 WYK 等 6 名同学纪律处分的决定(学〔2021〕29 号)》,2021 年 11 月 1 日,文本资料]

消极反抗型是指学生遵守教师管理以及学校的时间管理制度,但是对时间框架下的内容要求却是一种消极的逃离状态。X 职校学生对制度的消极反抗主要表现为"人在心不在",玩手机与睡觉现象在课堂上仍然随处可见,这便是消极反抗的一种体现。

对学生的个体访谈及课堂观察也明确了这种类型的存在。一位受访同学提道:

>现在我们班也有一部分(学生)准备被劝退了,因为我们班有一部分同学真的好懒散,旷课、逃课、早退,早排也不去那种。最近好了,因为辅导员这次真生气了,所

以他们就老实去做操。但是去做操只是站着也会被扣分，他们动都不愿意动一下。(学生 XSH，2021 年 10 月 27 日，访谈资料)

这是一节历史课，上课内容是"太平天国运动"。与老师的精彩讲解相比，学生的状态可以概括为静态的游离与动态的私语：(以 10 分钟为一间隔观测点对学生的学习状态进行记录) 第一个观测点时，玩手机者 6 人，睡觉、发呆者 13 人；第二个观测点时，玩手机者 3 人，睡觉、发呆者 12 人，聊天者 4 人；第三个观测点时，玩手机者 11 人，睡觉、发呆者 10 人，聊天者 7 人。最后十分钟，老师让学生做习题，有 5 个学生直接抄了答案，仍有玩手机者 9 人，睡觉、发呆者 13 人，在老师逐一拍醒他们并喊他们做练习后，依然有 9 人继续睡觉、发呆。(2021 年 10 月 12 日，观察笔记)

逃避反抗型的学生表现为对教师管理以及学校管理制度的暗中违抗。也就是说，学生不想因公然触及管理制度红线而遭到惩罚，但是在意志薄弱、同伴效应或猎奇心理等因素的影响下，学生主动避开管理的监视，暗中对学校管理制度进行违抗。例如，X 职校推行《禁烟管理暂行规定》《"校园禁烟"专项活动治理方案》对学生的抽烟行为实施管控，此项工作也成为辅导员工作安排与主题黑板报宣传的主要内容。在这样的部署与管控下，厕所、寝室成为学生躲避管理，"吞云吐雾"的主要场所。

在一次查寝时，从男生某宿舍发现两个盛满烟头的"烟灰缸"：一个空易拉罐和一个空矿泉水瓶。(2021年10月11日，调研笔记)

该校的辅导员老师也就该问题反馈：学生之前都从一个小铁门那里偷偷买烟，被我们发现之后，现在那里有人守着，但不知他们又转移到哪里了。(D老师，2021年10月11日，访谈资料)

表面上看，制度反抗是因学生与学校管理制度之间的不适应而引起的，但其实学生的个人经历、家庭教育观念、社会观念以及学校管理制度都是制度反抗的深层次诱因。在制度反抗的三种类型中，积极反抗型的学生对使其产生束缚感的学校制度采取公然对抗的方式，全然不顾由此产生的后果，其学习内驱力更为低下；消极反抗型的学生遵守时间管理框架，但是对内容管理却采取一种游离的态度，即静态的反抗；逃避反抗型的学生对学校的管理制度有一定的遵守，但是受意志薄弱、同伴效应等因素的影响，会暗地里采取反抗。首先，反抗方式的选择直接取决于反抗主体，而这就与学生的个人经历密不可分。其次，如何处理与学校制度之间的不适应也受到学生家庭教育观念的影响。具体来说，处理这类不适应的方式体现了学生的性格，而学生性格是在家庭教育中养成的。再次，社会中存在网络亚文化、消费主义异化等良莠不齐的观念，中职阶段的学生判断力尚未成熟，在缺乏客观权威的参考标准下，容易受到同伴集群效应和从众心理的影响，产生对制度的反抗行为。最

后,学校管理制度的设立初衷是规范和约束学生行为,所以,学生既是学校管理制度的对象,同时也理应成为学校管理制度的主体。也就是说,学校应该从学生的角度制定学校管理制度,充分体现学生的主体地位。

第二节 中职学生学习内驱力不足的表征分析

要试图解蔽这些来自弱势阶层家庭的学生如何在中职学校生活中形成文化再生产的逻辑,需要观察学校微观场域中学生同侪关系、师生关系所隐含的"反学校文化":许多中职学生与威利斯笔下的"小子们"有所不同,他们的许多抵制行为并非基于对教育结构真相的"洞察",而更多是在高度管控的寄宿制学校规训中对个体自由权利的一种争取,是这些个体在教室场域中不断确证自我的身份认同、形成不同的学习体验、趋向不同的群体聚合、内化不同的行为塑造,进而使学校在教育层面上达成关于不同学生个体职业选择的主体性分流和机制性筛选。从一定意义上说,大部分中职学生更多地体现出一种"软抵抗"。和被学者埃弗哈特称为"耳油"的学生们一样,许多中职学生在表面上通常还是会努力去完成学校设定的各项任务,很少出现直接对抗教师权威或破坏学校纪律的行为,并在一定程度上表露出通过教育不断向上流动的观念。但是,在细致的日常观察中能够发现其背后是另一种强调"生活性"的亚文化:这些学生并不会投入大量时间去完成学校的任务,而是将这些时间用于闲聊、打闹甚至游手好闲;他们不公然地对抗教师权威或违反学校规定也是因为能够在柔性对抗中实现"快乐"的学校生活。❶ 显然,相较于威利斯笔下"小子们"主动且积极的文化抵制,这些安贫乐道的"耳油"是在被动和消极地对学校主流意识形态进行着软抵抗,并同样在这种文化中"快乐地"延续着父辈的职业与阶层。

一、生活境遇:亲情缺失下非正式群体文化的出现

(一) 遭受着亲情缺失

X职校是半寄宿制学校,学生回家的频次通常分为两种情况。第一种情况是对于离家近的学生,家长可在周末将他们接回家洗澡和换衣服,顺便改善伙食。第二种情况是对于离家较远的学生,家长通常是一个月甚至一个学期才将他们接回家一次。除了在规定时间内可以回家,中职学生的其他时间都是在学校度过,寄宿期间每天三点一线的生活对于这些学生来说是漫长而枯燥的。对于那些一个学期才回家一次的学生来说,看到别人在周末回家,他们自己也特别想回家,思家思亲的情绪一直萦绕在心头。由于缺少对父母的依赖和来自父母的关心,寄宿生普遍会呈现出一种缺乏安全感的状态,这往往是同伴间的友谊和老师的关注在短时间内难以取代的。相关的对话记录如下。

---

❶ 阿普尔. 教育与权力[M]. 曲囡囡,等译. 上海:华东师范大学出版社,2008:97-110.

研究者：你多久回一次家？

学生 LJ：我家离学校比较远，爸妈也都在县城打工，所以只有学期末才回家。

研究者：你平时在学校的时候想家吗？

学生 LJ：想，想家里的妹妹和弟弟，还有爷爷和奶奶。我奶奶对我可好了，以前在村里上学的时候，每天早上她都会在烧火煮猪食的时候给我放几个红薯进去烤，等我中午放学回家就有烤红薯吃了。我爷爷每天去山上放牛，看到好吃的野果都会带给我，我一放学就喜欢去村头等爷爷回家，放学回家后我还会和我弟我妹一起玩游戏，我们玩得很开心。回到家我感觉很快乐，很开心，我可以和我妹妹玩，又可以吃到爷爷奶奶煮的可口饭菜。（学生 LJ，2020 年 4 月 13 日，访谈资料）

X 职校的各种教学基础设施是比较健全的，有宽敞明亮的教室，有崭新的体育运动场，也有新建的漂亮宿舍楼，但是与之相配套的生活设施却没有发挥出应然作用，导致学生在"上课、吃饭、睡觉"三点一线的学习生活中感受不到乐趣，情感与精神滋养方面较为匮乏。该校配有图书馆并购置了种类丰富的图书，为 2019 年度省级中等职业学校办学条件达标项目。但是据图书管理员反映，前来借阅书籍的学生较少，且在学生借阅的书籍中，小说占据较大的比例。课外活动设施的"闲置"与"被闲置"导致学生的课外生活需求难以被满足。

中职学生的心理和生理都还未发育成熟,感情较为脆弱和敏感,特别在意同学还有老师的评价,受到了消极评价的学生可能会被孤立,从而觉得自己格格不入。中职学生的心理承受能力较弱,久而久之就会变得孤僻。在住校期间,老师是寄宿学生最能依靠的对象,也是最能"替代"父母的长辈,但是学生遇到不愉快的事情一般不会主动向老师提起,只等老师发现自己表现不对劲了才会作出回应,等老师充分了解情况之后,才能给他们情感上的关怀或者物质上的帮助。如果老师没有及时注意到学生反常的举动,该学生也没有向同伴倾诉或者向老师说明情况,那么学生内心的压抑和痛苦就不能及时得到消解,这会使心智尚不成熟的学生会倍感压力和烦恼。

> 在平时的生活中,同伴之间有点小摩擦或者老师不经意的批评都会让学生情绪有很大的波动,有时候还会连续几天闷闷不乐,更有甚者会躲在被窝里偷偷哭泣。(Y老师,2020年3月13日,访谈资料)

与此同时,这些中职学生在校内所积累的不安全感和孤独感并不能在返家期间得以缓解,因为许多家长显然并未意识到孩子对于亲情的缺失及其可能造成的深层后果。在很多家长的观念中,"教育是学校的事",这些家长认为"孩子上了学,自己就轻松了,可以不管了,孩子在学校由老师照顾就一定能成人成才了",这实际上是夸大了学校的作用,没有意识到只有家庭教育和学校教育密切配合,相辅相成,才能为孩子提供一个健康的学习和成长环境。在 X 职校，受访教师总结出家长最经常说的话就是"老师，孩子交给你我就放心了，你们替我们好好教育他，不听话直接揍就行了""老师，你帮我想想办法""老师，在教育的过程中该怎么办就怎么办""老师，你费心了"。从这些话中可以看出，家长认为把孩子送到学校来，教育孩子的责任自然就落在了学校和老师身上了，但是这种想法忽略了孩子的情感引导以及心理发展。不少中职学生的家长在进行家庭教育和亲子沟通时容易陷入两种极端：一部分家长专制、简单粗暴、不尊重孩子的选择；另一部分家长则正好相反，对孩子不闻不问，任其自由地发展，只有当孩子生病或者是做出了与其年龄不符的行为时，才会去关心。相关访谈内容如下：

研究者：你觉得父母跟孩子之间的关系是什么样的？

家长 C：父母就是父母，孩子就是孩子，作为孩子就要听从父母的教导，父母的经验比孩子丰富多了，而且对孩子所做的一切都是为了孩子好。孩子那么小，什么社会经验都没有，做什么事情肯定都要听父母的了，读书的时候孩子只管认真学习就行，学习成绩好就是对我们最大的回报，他们学习成绩好，我们也很开心。

研究者：你们平时在为孩子做决定时，有跟孩子进行过沟通，听听孩子的想法吗？

家长 C：孩子还小，什么都不懂，没有必要问他们，问了他们也不懂。反正我们让他们怎么做，他们就应该怎么做，我们是父母，做什么事情也都是为了他们好。

研究者：平时除关心孩子的学习成绩和在校的生活状态外，你会关注孩子的情感发展吗？

家长C：情感嘛，这种东西是看不见摸不着的，只有吃好了穿好了，整个人才会开开心心的。作为一个家长我确实不知道孩子的情感发展是什么样的，但是我觉得孩子学习成绩能令人满意就够了。（家长C，2020年4月21日，访谈资料）

研究者：你和孩子的母亲最近几年都在广东打工呀？

家长E：对啊，没办法，两个小孩寄宿之后，家里的开销就大了很多，我们在家也没什么工作，生活压力很大。现在小孩都去学校住了，也不需要家里很多的照顾，趁现在家务还可以由老人家帮衬点，我们两个就去外面多攒些钱。

研究者：你们一般多久回一次家呀，平时会跟两个小孩交流吗？

家长E：我们一年回来一次，也就是春节过年厂里放假了才能回来。平时跟两个小孩不怎么交流，我们有时候周末晚上往家里打电话，问问家里的情况还有小孩在校读书的情况，每次叫两个小孩跟我们讲话，他们都不怎么愿意，说了几句后就没话可聊了。

研究者：春节在家的期间指导过孩子的学习吗？跟孩子的交流多吗？

家长E：春节回来后都挺忙，而且我们在家待的时间也就十来天，有时候十天都不到，腊月二十八到家，初六就又出去上班了,这几天都忙着走亲戚,也没有时间来陪伴孩子,更不用说指导他们的学习了,我们初中都还没有毕业,自身的知识水平不够,也不懂怎么指导孩子。在家的时候,孩子们也都是自己玩自己的,不怎么跟我们玩,有时候跟他们讲话,还对我们还爱答不理呢。

研究者:那这样长期发展下去的话,你们不怕孩子以后跟你们不亲了,有距离感了吗?

家长 E:我们也不想一整年都在外漂泊,也想陪在孩子身边,但是没办法,生活所迫,现在只能偶尔给他们打电话,保持联系,鼓励他们努力学习。学习方面的话就交给学校的老师,也要靠孩子自身的努力。(家长 E,2020 年 4 月 23 日,访谈资料)

(二) 产生非正式群体文化

从学校时间表紧凑的安排中可以看出,学校作为一个制度化的小型社会场域,其各项规训不断地将每一个具体的学生抽象化,以此达到最大程度的科学管理。而在这种过于抽象化、机械化的管控中,中职学生在情感需求的驱动下会因为不同的"缘分""巧合"而形成"干部制""兄弟制""亲戚制"等不同类型的非正式群体。通过这种小规模的同伴群体,这些学生为确保自身主体性的存在而不断抵制着学校各类规训,共同形塑了"反学校文化"的行为主体。

第二章　中职学生学习内驱力发展的调查分析

1. "干部制"

在高度管控的寄宿制学校场域中，教师与学生、学生与学生之间时刻处在各种社会交往与互动中，在这样的权力流动中，许多隐性的价值观念、权力结构不断得以形成。"干部制"可以说是学生群体中最具有合法性和稳定性的半正式群体，由现任和离任的学生会成员组成。学生会是许多寄宿制学校中不可或缺的重要团体，体现出了学生的自主组织与自主管理。X职校同样设置了学生会，以期通过学生会成员在晚自习、宿舍等多个方面的协助管理来弥补学校在管理方面的人手不足。X职校学生会的组织架构呈金字塔形，最顶端的是学生会主席，下设两名副主席，以及若干名学生会成员。每一届学生会主席与副主席都是由高年级学生担任，而其他学生会成员则是在一年级的每个班级中选择1~2名同学组成。一般而言，学生会作为学生自我管理和自我服务的组织，其设立与运行的目的在于维护学生自身的权益。在各级各类学校中，学生会所具有的科层制特征以及明确的金字塔式分工体系会不可避免地出现权力的分配与使用。X职校也不例外，其学生会成员的遴选往往都是在每一学年开学的班会中，由一年级各班学生以投票的方式选出负责本班各项学生事务的学生会成员。而事实上，被选出的学生会成员往往都是班里最具话语权和影响力的人，也被称为"干部"。这个被选出的带头人会因为进入学校学生会而成为班级中的权力"代言人"，并拥有与其他学生不一样的"影响力"。然而，作为一种非正式群体，进入学生会的成员并不单纯是以服务学生为唯一目的，他们同时也可能会被其他学生赋予了"干部"这一身份符号,并在成员之间的相互"照顾"下获得学校规定之外的特权。这些特权甚至并不会在学生离开学生会后消失,而仍然隐性地存在于"干部制"这个松散的组织中。这种依托于学生会组织而出现的"干部制",成为一个独具特色的非正式群体。相关访谈内容如下:

> 某日午餐时,研究者发现许多学生都在排队打饭,但有几个学生很自然地插入前排,被插队的学生也并未有太多意见。
>
> 研究者:刚才有几个学生插队,他们是哪个班的啊?
>
> 学生LQC:老师,他们都是学生会的。其中一个还是副主席,另外两个今年才退下来(退出学生会),都是学校的"名人"了,也犯不着为这点儿事和他们起冲突。否则下次遇到他们检查宿舍,还有可能会扣我们宿舍的分数。
>
> 研究者:都退出学生会了,还这么有影响力吗?
>
> 学生LQC:这不是刚刚退出嘛,他们和老师都很熟,都是红人。再说了,新进干部也还需要他们的指点呢。
>
> 研究者:但是插队这件事总感觉有点儿滥用职权啊。
>
> 学生LQC:他们有的人仗着自己是干部,啥都敢做,干部之间也会相互关照。(学生LQC,2020年3月29日,访谈资料)

在开学之初,当高年级的学生会成员会将职位传递给低一年级的学生后,有些曾经为学生会辛勤付出的"老干部"就变

第二章 中职学生学习内驱力发展的调查分析

成了"反学校文化"的主体。他们有着管理其他同学的职能"经验",熟知什么学生对他们是什么反应;熟悉各项管理规则背后的"盲区",知道哪些区域或时段不会遭遇检查;一些"老干部"还与现任学生会主席保持密切"联系",可以借着一些理由对其他同学呼来喝去。这种干部制的出现并没有整顿一些学校无法兼顾管理的违纪行为:有"干部"背景的学生在熄灯后可以有更长的聊天时间,在宿舍中玩手机等行为更是得到了其他轮值干部的"允许"。

2. "兄弟制"

"兄弟制"是 X 职校学生内部更为常见的一种非正式群体关系,其往往是由具有共同兴趣爱好的同性别个体组成,男生小团体中学生互相称为"兄弟",女生小团体中学生则互相称为"姐妹"。这些学生之间并不存在真正意义上的紧密关系,而更多的是一种在同类兴趣爱好的经验共享上的同辈关系。这里所说的兴趣爱好除了足球、篮球、八卦新闻,也指手机游戏、网络视频、打牌、逃课等不被学校允许的行为,而所谓的经验共享则多是指玩游戏的经验、违反规定的经验等。这种被称为"兄弟制"的"反学校文化"群体往往具有以下几种特征:一是具有排他性,每一个加入该群体的成员往往都是这个小团体朝夕相处的伙伴,这类看似仅仅是因为兴趣爱好而组成的小团队,其内部较为稳定,不会轻易接纳新成员,注重内部成员有福同享,有难同当。二是具有专制性,该团体往往会以其中 1~2 个学生为中心,其他学生成为各种违纪行为的具体执行者,而这些中心学生会对团体内部其他学生提供保护。在这样的保护中，其他学生也会有意识地模仿这些中心学生的言行举止，进而加深团体的同质性。三是具有团结性，这种小团体往往具有强调"自己人"的抱团观念，严守内部秘密是每一个成员的基本任务，而这些秘密往往都涉及学校所反对的行为。成员若是将内部的秘密泄露，就会成为众矢之的，被认为是出卖兄弟的不义之人。与"兄弟制"有所不同，一些由女生组成的"姐妹制"往往不具有这样的稳定性、团结性和专制性，其内部表现得较为松散和平等，成员可以随时加入和退出。尽管这两种不同的小群体有性别差异，但是都具有类似的"反学校文化"特征：同质性。这些群体成员之间都有着相似或相近的话语体系，对事物的认识较为一致，且都对学校的各项规章制度有所不满，需要从相互的支持中获得认同。女生团体中虽然少见男生中会出现的打网游、作弊等行为，但是翘课、抄作业和上网直播等违规行为也时有发生。

3. "亲戚制"

除了"干部制""兄弟制"，学生群体中较为常见的还有"亲戚制"。"亲戚制"顾名思义，就是在群体内部以彼此互认为"姐弟""兄妹""祖孙"等类亲属关系来实现群体间互惠互利的网络关系建构，这也是寄宿制学生在遭遇亲情缺失问题时普遍采取的一种相互安慰的方式。不同于因兴趣爱好或是学生会工作等理由组成的群体，"亲戚制"更具中国乡村差序格局下的生态关系特征，该群体成员具有较强的异质性、稳定性和长期性。他们往往来自不同年级、班级、性别，在"家人"这一联想性类比称谓中，类血缘关系和情感在日常的朝夕相处中得到形塑与培养。"亲戚制"也是 X 职校中最为常见的一种形态，正如差序格局关系所呈现的特征，其在相互交往上往往会以一个核心成员为中心进行秩序关系的远近扩散，这个核心成员往往是学生会干部或是在班里"混"得比较好的学生。这一群体内部具有以下几种特征，一是体现出对情感强烈的需求。在该群体中，担任长辈这一核心角色的学生往往都是比较有能力的男生，他们往往是晚辈所依靠的，会提供保护的一方，而担任晚辈角色的多数为女生，她们有着更强烈的被保护的需要。二是具有较为明显的互惠性。群体内部的"大哥""爷爷"等称谓并不仅仅是一个代表身份的符号，背后还暗含着该角色所需承担的义务与权利。担任长辈的男生往往需要为"妹妹"提供保护，体现出其具有更强的"英雄气概"或"爷们儿气质"，而相应地，"妹妹"需要义务地不定期为"哥哥"买零食、做作业。比较有意思的是，这一现象本质上与威利斯笔下对"小子们"的描述相似，"哥哥"都充满着"男性气概"，需要不时以挑战老师权威、对抗学校规定等"反学校文化"行为来彰显自己的英雄气概和生存能力。同时，或许是受当前主流媒体中"无性别化"文化特征的影响，许多学生会将自己塑造成类似于"小鲜肉"那样的角色，以得到女生的青睐。

此外，"亲戚制"的另一种形态是"情侣制"，这也是 X 职校内部经常会出现的群体关系。在 X 职校这种几乎封闭的寄宿制学校中，校内有过半学生都来自附近村落的留守家庭。亲情的缺失、枯燥的学校生活与准军事化的管理会让这些进入青春期的学生中发展出不少"情侣"。X 职校的一位班主任老师

(S老师)告诉研究者：

> 学校当然是禁止他们早恋的。如果确定是早恋的情况，学校都会通知家长，对这种事情是持严格禁止的态度。但是，你也知道，（早恋）这个问题不好把握，尤其是这些学生往往会比较低调和隐蔽，如果只是手拉手地散散步，你也很难去管。(S老师，2020年4月15日，访谈资料)

可以看到，一方面是一直以来父辈对男女性别之间保守关系与观念的前喻文化影响，另一方面则是网络、视频、电视剧等各类媒体中呈现的男女交往关系的开放与自由，两种截然不同的性别意识与性观念对X职校学生的冲击是巨大且深刻的。正是在这种情感需要、好奇心驱使以及理性抑制的复杂心态下，不少学生创造性地发展出了一种"类亲缘"式的兄妹群体，并因为其本质的"非亲缘"性转变为情侣关系。研究者调查发现，这种从兄妹关系转化成情侣关系的情况在二年级学生中特别常见。显然，以"亲戚"角色作为掩护，可以让情侣这种特殊的关系得以在明令禁止早恋的校园环境中合理地隐藏与表达（即便是教师也找不到明确干涉的理由，同时较好地回避了可能来自同伴的非议）。这种托生于兄妹角色的情侣关系显然与威利斯笔下的"小子们"以及"女生"明目张胆的行为有着明显的区别，其并非单纯地与异性交往，而更多是一种带着亲情、友情以及爱情的复合形式产生的交往。

二、学业情况：课堂游离下文化区隔与排斥的形成

(一) 游离于课堂教学

从再生产的相关理论与已有研究中可以得知，相较于学校教育质量不高、自身学业成就偏低等问题，中职学生对于读书、学习所表现出的漠视态度和主观上的自我放弃才是造成其难以摆脱再生产循环的文化陷阱。在 X 职校的课堂观察中，常常会在每个班里看到有一批处于学业自我放弃状态的学生。教师也反映这些学生学业成绩较差、课堂参与度较低、学习积极性不高，对读书有较强的惰性和较低的期望。相关访谈内容如下：

> 班上也就那么十来个学生是愿意听课的，大部分学生都不怎么认真听课。我在这里当老师感觉最没意思的就是教他们得不到任何成就感。我之前还曾经尝试过去找那几个成绩最差的学生交流，给他们补课。但你再努力也没有用，他们根本学不进去，真的！他们用各种借口去拖欠作业和回避学习，甚至在考试的时候，有个学生竟然直接给我写了三个字"不会写"，就一直趴桌子睡到交卷。(Y3 老师，2020 年 4 月 22 日，访谈资料)

> 读书当然是有用啊，不过我对这个没啥兴趣，成绩一直不行。而且现在在学校太无聊了，一天就是上课、作业和考试，我这成绩也没啥希望，学不学有什么区别？还不

如赶紧毕业了去拉货打工。(学生 DY，2020 年 4 月 10 日，访谈资料)

除少部分师生还在共同努力，希望通过"学习技术/考取高职—迈向成功"这条教育阶梯实现人生跃迁外，有的学生已经在对学校教育质量和自身学习水平的模糊感知中被动或主观地放弃了学习，并尝试将学校当成一段不得不暂居的生活住所而不是求学场所。尽管学校的各项任务每天都在有序地开展，但是这些学生与学校教育核心是疏离的，他们并未感受到学校为自己带来的特殊体验或赋予的特殊意义。然而，"不来上学我又能去哪里？"这句话表达出这些中职学生内心的无奈，他们只能被动地让自己待在学校直到毕业。这就导致不少处于学业落后或放弃学习状态的学生呈现出一种学习内驱力不足的样态。

在理想的教育中，课堂教学是师生共同参与、共同建构，在情感、态度和价值观等方面充分交流的交互过程。然而，X 职校的一些中职学生会在课堂中处于一种游离的、冷漠的甚至是带有些许排斥的样态，很少能积极地与教师共同完成教学任务。在 X 职校的课堂教学中常常出现如下所述的课堂沉默场景：

> 教师站在讲台上认真地讲解，学生看似在台下安安静静地听着。当教师提出一个问题让几位同学回答时，他们无一例外地表现出吞吞吐吐的吃力模样，即使该教师很努力地做出提示，有的同学仍然回答不出来。在语文、英语、数学等学科课堂上，教师通常是以一种自问自答的形式完

成整个课程的教学。

中职学生在课堂上集体失语的场景,事实上也是学生在整个教育体系中无法发出声音的一个缩影。反映在课堂中,就是学生将自身视为一个游离于以主流知识为代表的课程内容之外,被动地承受或主动地逃离以这些知识为标准的各项教学活动和考试选拔。在这种游离状态下,学生不会按照教师的知识讲解、活动设计来参与到教学活动中,而会在课堂上以一种相对"静默"的姿态远离教学,例如在课上传递纸条、趴桌子睡觉、对窗发呆等。这些学生虽然身处课堂之中,但是可以明显地看出他们的心思完全不在课堂教学内容上,对于教师的课堂管理或教学形式呈现出了一种漠视的、无声的抗议状态。由此,学生"坐不住、听不进、学不会"成为X职校许多课堂中的常态,这种对课程教学的漠视和游离让学生将课程视为一个漫长且枯燥乏味的活动过程,而违反课堂纪律其实并不是大多数学生的初衷。以下是某一堂课的观察记录,简要记下了课堂教学的开展情况。

14:30~15:10 语文课:Y1老师20级D班,应到50人,实到47人。

14:45 趴桌子16人。这是下午第一节课,开课10分钟后,每个组后排学生就都趴下了,有部分睡觉的,有低头交头接耳的,还有偷偷传递纸条的,教师则正常授课。

15:00 趴桌子21人。说话的学生都开始趴桌子,窃窃私语声逐渐消失,只有中间两组前四排的学生还在抬头听课,教师仍在讲解。

15:10 下课铃响,所有学生立即抬起头来等待下课。(2020年4月20日,课堂观察记录)

威利斯笔下的"小子们"是一群对社会和教育有所洞察的消极同辈文化群体,他们基于自身的主动选择而放弃向上流动的机会,要"子承父业"地继续劳工阶层生活。与这些"小子们"不同,X职校的学生表露出的这种课堂游离状态更多地反映出一种对教育现实与自身现状的被迫选择,一种部分"洞察"了中职教育质量和自身学业水平后对所谓"知识改变命运"这一教育跃迁流动路径的无奈放弃,他们只能以自我放弃学业的形式来表达对学校教育制度的不满。与这类中职学生更为相似的,是学者埃弗哈特描写的那些"耳油们",他们以一种软抵抗的方式同样默默对抗着学校教育制度,并延续着一种文化再生产。调研发现,X职校不少学生在表面上会根据各项规定进入各项教学任务或环节,很少出现直接对抗教师权威或破坏学校纪律的行为,并偶尔表露出对"读书有用"观念的认同。但是,在这些学生细致的日常行为背后,又呈现出另一种强调"生活性"的抵制文化,他们在行动中时刻表露或践行着"我不是读书的料","对我而言,读不读也没多大区别"等自我放弃的观念。这些学生并不会真正参与到学校的教学活动或课程任务中,而仅仅是所谓的"肉身打卡",他们将更多的精力和注意力投入彼此的闲谈八卦、手机网络甚至游手好闲中;大部分学生不会

选择公然对抗教师权威或违反学校规定,但那并不代表他们对这些规则或权威表示认同,而是他们希望以一种缄默的柔性对抗来度过乏味无聊的学校生活。由于学习氛围难以改变,且这些学生也未违反课堂纪律,所以教师往往采取所谓"中心—边缘"的差别化对待方式来展开教学和管理,即对于想学的好学生进行重点关注,而对于处于自我放弃状态的学困生采取放任自流的态度。相关访谈内容如下:

> 许多学生乍一看好像是在安安静静地上课,但是实际上你稍微观察就会发现,他们的眼神都是很空洞的。对,是空洞而不是迷茫,他们对你讲解的内容完全是一种无视的状态,根本没有什么求知欲。有些学生是明确不想来上课的。(E2 老师,2020 年 6 月 23 日,访谈资料)

可以说,相较于威利斯笔下的那些"小子们"主动且积极地抵制和对抗学校文化,"游离于课堂"这一学习内驱力不足行为只能作为一种无奈的权宜之计在教育场域中被默许。而这些"安贫乐道"的学生也通过这些游离行为,被动和消极地对学校主流意识形态进行着软抵抗,以一种"混混沌沌""无奈放弃"的姿态进行着自己的学习生活,进而逐渐接受和认同自身将在毕业后延续父辈的职业与阶层的事实。

(二)遭遇课堂知识的文化排斥

法国学者布迪厄提出了文化资本的概念,认为文化资本有很多与经济资本等资本相类似的特性,文化资本结构与社会结构之间存在相互一致的对应关系。这意味着文化资本具有区隔和固化阶层边界的作用,具体包括了不同社会阶层群体在语言类型、思维模式、艺术审美等身体化文化资本上的区隔,也包括了不同阶层群体在学历文凭、物质性文化财富等制度化和客观化文化资本上的差异。[1] 尤其是在教育场域,文化资本由家庭环境与学校教育产生,通过身体化过程积累直接经验或间接经验,并最终体现在特定个体身上。作为文化筛选、文化传递和文化交互的重要机构,学校也因此成为不同社会阶层在价值观念、语言偏好、思维认知等文化资本要素上产生接触、碰撞甚至冲突的场所。学校教育场域始终推行的是以现代化、科技化、标准化等为特征的国家主流文化,每门课程都会紧紧围绕国家的教育方针、课程标准来开展教学活动。很显然,这些主流文化和教学活动的背后代表着国家发展与社会发展的方向与需求,而许多来自农村家庭的中职学生在接触和学习相应语言、知识的时候具有先天的资本劣势:受原生家庭、出生环境等方面的影响,他们自身具有的语言类型、思维习惯等文化资本要素与学校课程传递的知识符码大相径庭。

学者伯恩斯坦从社会语言学的视角对文化再生产进行过解释,他认为学校场域中的各类知识符码会带有社会中上阶层的文化特征,这是由于在学校教育的课程内容中,政策制定者与

---

[1] 薛晓源,曹荣湘.全球化与文化资本[M].北京:社会科学文献出版社,2005:3-22.

第二章　中职学生学习内驱力发展的调查分析

专家学者对主流知识形态进行了语境重构（recontextualization，也被译为"再脉络化"），而这些主流知识形态又源自处于支配地位阶层利用其政治与经济特权建构的文化产物。这种带有支配阶层意识形态的学校文化会在语言上呈现为一种精致型符码（elaborated code），而这就与来自农村家庭的学生所使用的限制型符码（restricted code）产生巨大的文化冲突。❶ 对这一现象进行借鉴参考后可以发现，各阶层群体之间在语言类型、思维模式、艺术审美等文化资本方面存在显著边界。对于经济、文化资本贫乏的职校生而言，这种在知识符码方面的劣势处境早在经历普职分流之前已然存在，并进一步在职校的知识空间中被延续甚至是强化。从调查中可以看到，职校课堂仍是以现代化、标准化、科技化为特征的语文、数学、英语、政治、历史等理论课为主，其背后的知识建构方式基本上与职校生的原生文化相脱离。这些课程经历了专家学者对主流知识形态的语境重构，致使学校课程在语言文化上呈现为一种精致型符码并附着社会精英阶层的文化特征，从而容易与劳工家庭学生所使用的限制型符码形成文化冲突。这些限制型符码会对职校生阅读、理解、表述学校的课程知识带来极大困难，并使职校生在经历普职分流后继续感受着课堂知识空间里的学业挫败感。

换言之，基于知识符码的课堂教学往往借助于抽象的、无形的知识、编码、术语、符号等介质传递着学科概念与原理，

---

❶ 鲍尔德温. 文化研究导论［M］. 陶东风，等译. 北京：高等教育出版社，2007：58-70.

而来自农村家庭的学生在接触和学习这些知识的时候具有先天的资本劣势，其自身已形成的语言类型、思维习惯等文化资本要素都与学校课程传递的知识符码大相径庭。这就使本就因为学业基础薄弱而无奈就读职校的学生不得不继续承受那些限制型符码带来的学业挫败，进而加剧其在日常教学中边缘化、游离性的学习内驱力不足行为。这些在知识符码的学习上存在劣势的职校生普遍具有学业成绩较差、课堂参与度较低、学习积极性较弱等"困学"特征，他们在课堂教学中往往处于一种游离的、冷漠的甚至排斥知识符码的样态，一些教师也因为有限的时间与教育资源而会以自问自答的形式维持着沉默的回避态度。

具体而言，许多 X 职校的学生在语言类型和思维习惯这两方面与学校课程教授的知识之间呈现出明显的区隔和冲突。在学习语文、英语、政治、历史等课程时，习惯使用地方方言的中职学生更容易遭遇语音、语调、语法、用词以及表达习惯等方面对其原生家庭话语体系的隐蔽排斥。而在数学、信息技术、物理、化学等含有大量抽象符号和概念的课程中，中职学生难以将这些知识与其原生的乡土生活经验建立关联，从而更容易表现出公式记诵不熟、做题习惯错误、抽象思维缺乏等学习困难。

在定义上，语言是一个包括了语音、语调、语义和语法等多重要素的复杂概念，其在显性的、经验性的口头表达体系和隐性的、规则性的书面表达体系两方面都会对来自弱势阶层家庭的学生形成潜在的符号抑制或冲突。以英语课为例，尽管早

第二章　中职学生学习内驱力发展的调查分析

在2001年教育部印发的《义务教育课程设置实验方案》就明确了我国从小学三年级开始设置外语课，但是由于外语教师不足、师资水平低下等各方面原因，农村学校小学阶段的英语课质量通常较低，往往是由语文或其他学科教师代课完成。加之生活环境中没有接触外语的机会，甚至在一些地区还存在方言使用频次高于国家通用语言使用频次的现象，造成了对不少来自农村家庭的中职学生来说，英语是学习起来最困难也是学业成就最薄弱的一门科目。而根据课程标准的要求以及重要考试的筛选标准，外语学科应培养和考查学生的综合外文素养，这就涉及外语的听说读写能力、跨文化交际能力以及对西方文化的认识等。这一教育培养目标与考试筛选标准对于外语基础较为薄弱的中职学生而言，是一道难以逾越的鸿沟。相关访谈内容如下：

> 嗯，英语学习就是要学生多听多读。目前这些学生光靠课堂上的听力训练和早上那点儿晨读，真的没办法达标。
> 有的学生英语基础真的很差，一个单词抄了几十上百遍还是能写错，更别提语音和语法了，你告诉他疑问句读升调，他听懂了，结果每次读的时候还是读成降调。
> 这还说的是一些想认真学好的学生，有的学生直接放弃了，连读都不读，更有几个学生还会故意搞怪，读一些乱七八糟的语调来哗众取宠。（E2老师，2020年9月11日，访谈资料）

可以看到,当这些中职学生开始接触其原有认知基础与心智结构之外的语言时,会大概率产生一种有意识或无意识的错误。这样的错误在以"赶超、晋升、努力"等话语为核心的求学环境中往往会被归咎于学习态度不佳、学习方法不科学或学习能力较弱等因素。这就使得教师只能用一种较为粗暴的激励方式,即"罚抄单词",来实现"端正学习态度、打牢学习基础"的教育目的。然而,教师往往会忽视一个社会公平问题,那就是这些中职学生单词和语法屡次错误的背后并不完全是学习态度或学习方法的问题,而实际上也涉及不同语音规则对其原生家庭话语体系的隐蔽排斥。

与英语学习相似的问题也较为明显地体现在语文课中。由于被外出务工的父母交由祖辈抚养,不少学生从小生活在当地的方言环境下,基本上都是在进入学校接受教育后才正式学习和使用国家通用语言。这些学生在学习语文时总是会因课程知识与文化方面同其原有认知的差异而感到困难。课程中的课文往往都采用了精致型符码进行呈现,涉及的话语、内容甚至是课文插图都与这些学生原生家庭中已经结构化的语言编码、思维方式以及认知基础有着巨大差异,从而在无形中形生了一种知识与文化层面的区隔和排斥。这也在一定程度上导致了不少学生因为学业成就较差而逐渐显现出学习内驱力不足的行为。相关访谈内容如下:

> 我觉得学英语完全没用,最好能从课表中删除。我们平时根本用不上英语,以后也是。如果真的需要,现

在百度直接就可以进行翻译了。嗯，语文的文言文也是，一天到晚之乎者也的，学这些真是莫名其妙，我们会用它来交流吗？（学生ZH，2020年10月8日，访谈资料）

此外，数学课是英语课之外最让中职学生感到头痛的课程。一方面，数学的语言表达相较于语文与英语等科目更强调精确性、结构化和概念化；另一方面，数学对于学生的逻辑思维、抽象思维和演绎思维等方面有非常高的训练要求。从语言学角度来看，数学语言中的每一个抽象概念或符号都必须是指向准确和界定清晰的，每一条判断或结论都必须有着明确的依据或前提条件。数学的每一次解题就意味着在普遍认同的公设前提下展开一环扣一环紧密的逻辑推论。由于许多符号和概念是完全抽象的，所以这种远离日常生活经验的抽象符号与逻辑思维让学生在学习过程中遭遇了极大困难。不少学生的数学成绩不断下滑，并且因为学习过程中大量难以理解的知识以及考试成绩带来的挫败感而对整体教育产生出强烈的排斥感，或对自己产生出自暴自弃感。相关访谈内容如下：

自己看书完全看不懂，什么函数、数列这些实在难以理解。我们数学老师也不行，讲得模模糊糊的，我也听得稀里糊涂的。顺口溜我也都背熟了，但还是做不出题啊。反正全班同学水平都挺差的，大家作业互抄，最后也都是错的。（学生ZN，2020年10月12日，访谈

资料)

在数学老师看来,学生总是计算错误或没有解题思路,主要是因为对公式记诵不熟练、做题习惯不正确或是学习不用心等,这就导致教师往往用同类型的题目一遍又一遍地让学生练习,用同类型的公式一遍又一遍地让学生默写,希望通过大量的计算练习将公式运用内化到学生的认知与思维中。然而,与英语语法规则一样,对数学语言的符号性与法则性进行考查的背后是要求学生能将数字符号、公式法则进行逻辑推演和抽象表达。这种基于抽象思维的课程符码与中职学生的日常生活经验之间横亘着认知与思维的巨大鸿沟:鸿沟的一侧是由抽象思维支配的知识组织分类模式与教师的课程讲授模式等教育论述;另一侧是由日常推理组织起来的学生的既有社会经验与日常知识库存。[1] 在实践调研中可以较为明显地看到,这种文化鸿沟让不少中职学生在尝试融入学校文化(如刻苦拼搏、努力学习、遵守纪律等话语特征)的过程中遭遇挫折与失败,他们的原生家庭环境所形成的文化资本(如地方方言等归为限制型符码)并未在他们接受学校教育(课程知识以精致型符码为主)时发挥作用。这一巨大的隐形文化鸿沟也让中职学校的学生与教师对于教育教学活动中双方的角色定位与理解产生了较大的偏差:学生认为教师的讲解难以听懂,教师提出的要求或

---

[1] 沃特斯. 现代社会学理论 [M]. 杨善华, 李康, 等译. 北京: 华夏出版社, 2000: 41-47.

第二章 中职学生学习内驱力发展的调查分析

给出的题目基本不会做；后者则是不断提出"他们不够认真"，"他们就是太懒"等学习态度方面的价值判断或是"也许是我的水平不够，教不会他们"等无奈感慨。在这种学生和教师的低效努力和教学挫败中，教师不得不将有限的时间和精力投注在一些学习态度较好的学生身上，而一些在学业上不断遭遇挫败的学生也逐渐在边缘化的过程中产生了自我放弃的念头。

（三）面临课堂空间的制度区隔

在教育资源与教师精力相对有限的情况下，学校和教师往往会通过正式制度或非正式制度（如分班制度、座位安排）的形式将学业成就较好、学习基础较扎实的学生视为重点关注和教育的对象。具体观察 X 职校的课堂教学活动后能够发现，教学管理制度在一定程度上被虚化，教师往往只针对其关注的"好学生"的行为表现，上课时通常不会在整个教室内走动，而仅仅将注意力分配在了距离讲台较近的一个小范围内；师生课堂互动也采用了教师点名回答的形式，互动对象也相对固定在几个临近座次的学生范围内，这些教育现象的背后是学校和教师对少部分"好学生"的教育期望以及为其构建良好学习环境的意图。尽管学校并没有做出相关规定与安排，但是在调研中可以明显发现班级中的座位分布与学生的学习状态、学业成就有直接关联。相关访谈内容如下：

> 一般我们在一年级的时候对那些"学困生"的学习还有一定要求，不过到了二年级下学期就基本不会关注了，

只要不出什么乱子，安安稳稳毕业就很好了。你也知道，我们学校的生源本来就普遍较差，现在每个年级的学生里面也就几个是能读得了书的，如果稍微松懈，他们就可能被其他人带坏了。（Y3老师，2020年9月22日，访谈资料）

高利害考试（如中考、高考）的背后是高度功利化的教育环境，X职校的教师与学生也都认识到了教育筛选路径所带来的淘汰压力。在残酷的现实中，教师不得不提前对自己的学生做出"读不读得出去""是不是读书的料"等判断，并在各自现实诉求的相互妥协中达成"默契"：对于已经筋疲力尽却又希望做出一些成绩的教师而言，大部分"读不出去"的学生只要能"好好做人，不违反纪律"，就达到了最低限度的教育目的；而对于那些被判定或自主认定为"学困生"的学生来说，如何在不实质性与学校产生冲突的情况下获得更自由的校园生活是他们"混""弃"学业的唯一考虑。学生被有意或无意地按照学业成绩而划分成"学优生"和"学困生"两类群体，这两类群体在课堂中都有自己的位置，也就形成了学校中较为常见的"中心—边缘"的课堂座位分布。对于"学优生"而言，他们会认真听课、记笔记、写作业，只要后排的"学困生"不干扰到他们学习，那么"走自己的路"，"好好学习"等信念将不断激励其努力前行。而对于学业薄弱的"学困生"来说，为了不被教师过分关注，他们会优先选择甚至是争夺处于教室边缘的位置。通过主动或被动地选择教室的外围区域，龟缩在远离教师视线的角落位置,这些学生获得了持续抵抗学校各项规则、教师权威以及课程文化排斥的喘息空间,但同时也让他们在隐形的空间区隔中形成自己被忽视与不在场的自弃感受。

为了能更好地关注和培养部分"学优生",只要不影响到正常的课堂教学秩序,教师会对身处边缘位置学生的课堂行为采取"三不管"(不管听课状态、不管作业对错、不管考试成绩)的默认态度,以一种相对无视的隐性管理制度开展课堂教学。这也就导致了两类学生群体与教师在每一次的课堂场域中"有共识地"呈现出两种截然不同的教育样态:距离讲台比较近的处于核心区域的学生时刻保持着高度集中的注意力,随时准备应对教师的突然提问;而处于非中心区域的学生则普遍呈现出沉默、失言现象,在课堂上或是趴倒一大片,或是低声交头接耳、左顾右盼。由此可以看出,这些身处边缘的中职学生从座位分布和制度安排中已经感受到了学校和教师差别化的教育和区隔化的对待,也逐渐意识到这种差别与区隔隐含的不公平待遇,从而通过各种有意识或无意识的"隐性抵制"行为来表达对这种文化排斥、空间边缘和制度区隔的不满。相关访谈内容如下:

> 研究者:你觉得他们(后排学生)上课会影响你们吗?
> 学生 XM:会有点吵,但是一般不太在意他们。他们都是不学习的,大家各做各的。
> 研究者:那他们吵闹的时候怎么办?老师会管吗?
> 学生 XM:上课的时候他们一般不会太过分,也就是有

时在晚自习课上会比较吵。嗯,老师上课的时候肯定是要管的。只要一管,他们就没声音了。然后过一阵子不管了,可能又开始有小话声传出,感觉挺浪费时间的。(学生XM,2020年9月23日,访谈资料)

可以说,教学课堂上"中心—边缘"的座位安排背后是学校在现实环境下的教育价值选择:首先要确保学生在校最基本的安全、稳定(包括身体和心理两方面);其次才是尽可能地确保有更多的学生学到知识与技能。这种暗含着"功能性区隔"的座位安排显示出学校和教师在教育竞争主义逻辑下的一种隐性策略:通过座位空间分布的区隔将学生群体简单地形塑为"中心与边缘"的认同意识结构,这使得学生在长期的座次区隔中逐渐对自身是"学优生"还是"学困生"的身份形成认同,并提前"明悟"自身未来毕业后应匹配的职业阶层。正是这种基于空间区隔和差别对待的教育体验,X职校的不少学生预见到他们最终会"命中注定"地被考试淘汰并筛出主流教育流动通道,于是干脆放弃自己的学业,不再相信"教育可以改变命运",只希望能早点毕业,出去打工赚钱。

对于来自农村的学生而言,这种课堂空间的"中心—边缘"安排成为他们构建和巩固"反学校文化"非正式群体的制度土壤和组织资源,这些被教师忽视的群体可以在教师管理的外围地带通过趴桌子、交头接耳以及各种"乐子"来实现一种内部的相互认同与情感支持。这使得表面上处于空间边缘,行动上沉默、态度上顺从的"学困生"迫切需要通过诸如成为直播红人、游戏大神、带头大哥等行为新的文化与话语来抵抗官方评判标准中给他们附着的边缘、薄弱等身份标签,这也进一步加剧了建立非正式群体、沉迷于手机网络等"反学校文化"问题的蔓延。同时,在不断促成个体社会化的学校微观内部,座位分布是师生相互妥协后的产物,通过座次空间的筛选与分流,事实上提早将教育轨道内部的筛选与学生个体身份认同、职业选择相互勾连,从而使隐藏在学校中的教育再生产逻辑得以舒展,个体在具象化的空间、标签化的捆绑和群体性的聚合中得以更清晰地完成自我复杂的社会化塑形。❶

三、精神状态:网络沉迷中虚拟身份认同的建构

(一)沉迷于网络世界

近年来,网络游戏与网络直播以其便利的操作性、高黏度的互动性以及虚拟世界带来的平等性为不同阶层的人群提供了一个看似公平且充满机遇的舞台,每个人都可以在网络世界中找到自己新的身份,手机上网也因此成为 X 职校学生群体中屡见不鲜的现象。以网络游戏或网络直播为主要内容的手机上网活动已经彻底改变了当前中职学生的游戏活动形式,几乎占据了他们的其他日常活动,成为他们主要讨论的内容。随着传统游戏在"祛熟人化社会"中的渐次退场,学生"对于个体安

---

❶ 李涛,邬志辉. 座次、身份认同与职业选择:中国西部底层乡校再生产的日常研究[J]. 社会科学,2017(9):77-90.

全、家庭距离、亲疏程度、玩伴能力和集体化的公共闲暇要求越来越高,传统游戏不得不越来越变得具有偶发性、表演性和节日感。网络游戏通过弹性的互动规则和极致的自我体验改变了传统游戏的性质和形式,中职学生的游戏生态则在日益强化的网络媒介作用力支配下不断肢解与重构"[1]。在 X 职校可以看到,尽管学校对于学生课堂上手机一直处于严令禁止的态势,甚至在每个班级都配置了手机袋以营造"无手机课堂"的良好教学生态,但问题却一直难以得到根治,学生在课堂上使用手机仍然是一种较为常见的现象。外部的管控似乎难以让学生远离对网络的沉迷,这些学生在课下讨论得最多的往往是抖音视频或是《王者荣耀》《英雄联盟》等网络游戏。尽管学校为学生实行了精密的时间安排以及井然有序的课程安排,但依然无法阻止学生对于校外世界的好奇、对于管理规定的抵制以及对于释放学习压力的渴望,而这些内在需求都可以在一个更隐蔽、公平且自由的虚拟社交世界内得以充分满足。相关访谈内容如下:

> 我们平时闲着没事就会玩游戏,晚上一般可以打到很晚,困的话第二天上课时候补觉。有时候一整天玩"王者"也没意思,那就玩玩消消乐这种小程序,时间很快就过去了。(学生 ZL,2020 年 5 月 9 日,访谈

---

[1] 李涛. 网络游戏为何流行于乡童世界:中国西部底层乡校再生产的日常研究[J]. 探索与争鸣,2020(2):91-98,159,161.

资料)

　　玩游戏主要是可以和室友培养感情,自己玩其实没啥意思。前段时间我把游戏都删掉了,后来五一放假回家看到有人玩,又重新安装了。和朋友一起组队玩才有意思呢。(学生LYF,2020年5月16日,访谈资料)

　　在调研中发现,手机的网络游戏与网络直播已经成为影响中职学生学习生活的主要因素之一。他们的手机上网行为是一个内驱沉浸和外部管理之间不断博弈和反复斗争的过程,在外部管理规则的高压下挣扎着进入虚拟的网络空间,成为大多数中职学生的日常。一部手机成为他们将现实生活与虚拟世界连接起来的媒介,经过同伴群体在虚拟世界中的切身示范、组队探险,许多学生在"想玩却不能玩""学业荒废与释放压力"等多重内心矛盾中挣扎和徘徊,并呈现出"因为可以交朋友""因为生活太无聊""因为外部世界太精彩"等多重原因组成的手机沉迷图景。无论是男生喜欢的手机游戏还是女生热衷的网络直播,其背后都在极大程度上为这些学习内驱力不足的中职学生提供了一个看似更为平等和多样的平台,让他们通过看似廉价的上网成本获取了更多新奇多元的知识和发声的机会。不同于承载着社会主流价值观念的学校文化或是灌输着核心意识形态的教材知识,网络文化(如直播、网游)显然更能吸引这些学习内驱力不足的学生的兴趣,满足他们的需求。对于这些学生来说,直播或网游已经不再只是一种开阔眼界或寻求刺激的手段，还成为这些学生获取同辈关注和实现自我价值的重要方式。他们要么通过直播的方式获得观众的点赞或打赏，进而形成一种存在感、参与感和荣耀感；要么在一次次游戏的获胜经验、段位提升或是领队经历中重拾自我的认同感、承认感和归属感。正如有学者提出的"游戏生态学"概念所述，数码时代的游戏角色让玩家、科技、故事等不同符号共同产生出一种"拟-生命"样态。这些网络世界中的"拟-生命"共同在游戏中不断被学生构筑和编织着带有自身个性特质的角色，并通过这些游戏角色的生存状况将现实玩家的生存状况与游戏世界进一步连接，让人们再也难以将游戏中的人生与其现实的人生简单地割裂或切除开。❶但显然，这些生发于虚拟世界的探险体验、价值理想与团队情感等要素与以安全、升学等为主导话语的中职学校文化是格格不入的，甚至是冲突的。相关访谈内容如下：

S3老师：你知道吗？之前我班上有个女生，二年级的时候就说不想上学了，我还专门去做了好几次家访。她一门心思就是想搞什么网络直播赚钱。

E2老师：现在这种直播啊什么的，真是毁了他们这一代啊。总是想着走捷径，怕吃苦怕学习，总想着用一些投机取巧的方式挣钱，其实是把自己一辈子都毁了。（两位老

---

❶ 蓝江. 数码身体、拟-生命与游戏生态学：游戏中的玩家—角色辩证法［J］. 探索与争鸣, 2019（4）：75-83, 158.

师的交谈，2020年5月16日，访谈资料）

沉迷于各种网络游戏、视频或直播的行为背后是这些学习内驱力不足的学生逐渐对未来生活有所"洞察"，对未来职业与生活的迷茫感以及对寄宿制学校的无意义感不断地构筑着他们对于当前现实生活的身份无奈与认同危机。在意识到中职学校在教育资源与考试竞争力方面的劣势难以通过个人努力而改变时，不少学生开始"洞察"努力求学与严格管理背后的意义，并在网络世界中寻求一种更为平等、包容的虚拟舞台来实行对现实身份的自我欺骗。可以说，大部分沉迷于网络的学生会形成对中职学校教育质量的不认可，对自身学业成就的自我放弃，以及在追求升学率时对教育通道的被动放弃。从学校管理方面来看，因为缺少足够的教师队伍而采取的超负荷工作模式让教师在班级管理上手段较为单一，为了安全而全封闭的半军事化学校管理、因缺少活动与教育资源而显得有名无实的学生社团以及在一定程度上被滥用的学生会"权力"等各个方面、多个主体共同形成了一场中职学生"读书无望"或"教育无用"的文化再生产。因优质教育资源的分配不均衡和外部管理的非科学化使得这些学习内驱力不足的学生不得不面临着发展的天花板效应，"努力读书"和"读书的料"等关于教育与未来发展的部分"洞察"也成为他们对自身身份认同危机的文化根源。

正如学者李涛2013—2018年通过对西部的一个农业样本县"荞县"的多轮回访调查发现，网络游戏对于乡校中的"差生"而言，已经不仅仅显现出由休闲娱乐或探险体验带来的本来价值,而更像是给那些在教室场域中辛苦度日的云乡少年们一个"自我救赎"的平台。正如其中的"差生"杨彦(化名)所说:"我们从周一到周五的主要任务就是研究游戏战术,处于蛰伏状态,到周末的时候才开始真正的工作(玩游戏),他们(好学生)从周一到周五都在工作(学习),周末则蛰伏。"❶这一调研数据与本研究在 X 职校捕捉到的一些场景与话语相类似,不少自嘲不是"读书的料"的学生往往将手机直播、网游视为自己的主业,而上课、考试等学业则被他们视为一种被动承受的无奈。

可以看到,随着国家对职业教育越发重视,中职学校直面的教育改革难题已经逐渐从学校硬件设备配套、教师队伍配齐等外部资源配置问题转到了学生关爱、文化再生产等内生发展动力议题。尤其是伴随着"中等职业教育改革创新行动计划""中等职业教育改革发展示范学校建设计划"等几个重大专项计划的落实,中职学校也被卷入优质教育发展的教育改革浪潮中。而在以"升学率""就业率"等指标来判断教育是否优质的主要标准甚至是唯一标准的地方实践中,中职学生不得不接受这样的一个客观教育现状:中职学校中注重高效、经济、实用的讲授式课堂教学与半军事化寄宿管理,加之各种社团游戏活动资源的缺乏,让他们不得不过早且单一地接受着"抽象思维"和"理论性知识"的训练与获取,缺少了本应在游戏世界中优

---

❶ 李涛.网络游戏为何流行于乡童世界:中国西部底层乡校再生产的日常研究[J].探索与争鸣,2020(2):91-98,159,161.

先获取的学习兴趣和想象力,更无法在各类社交活动中学会沟通、合作、协商与领导。在这种客观背景下,网络游戏很自然地弥补了学生对游戏的潜在需要,成为他们对抗学校和实现自我认同的重要工具。通过不同类型的手机游戏和短视频中看似开放、平等且智能的识别与筛选机制,学生可以在与手机上网相关的交流中全方位地感知和判断他人是否具有与自己相同的"特质",由此与其他拥有不同爱好(不同类型视频或不同游戏)的学生群体进行区分,形成自己所属群体的自我身份与群内信仰。当学生进入因各自爱好而组成的社交群体(网络世界)中时,一直附着于他们身上的"混日子的学生/差生""薄弱群体"等污名化标签消失了,学业挫败和升学压力所带来的各种心理束缚由此得到缓解。通过在社交网络中与同辈群体共建,并经历各种言语互动、游戏探险等过程,使他们不断缔结出一种介乎于虚拟与现实世界的仿真情感和归属感,最终实现对自我价值以及社会价值的认同重塑。简而言之,虚拟世界给学生带来的社会网络系统、信念系统以及虚拟化的阶层流动感都在积极地塑造着他们在虚拟世界中的社会认同,但也让他们对现实的学校生活产生了更为消极的抵制。

(二)建构虚拟世界的身份认同

如今,"香烟"在成年人的世界中早已经脱离了单纯的"抗疲劳、提神、镇静"等功效价值,而是作为一种社交中最普遍的公共礼物被交换和传递,让交流者之间可以在这种礼物的共同使用与相互交换中实现即时的经验分享以及愉悦的体验传递，从而让"吸烟"这一活动的参与者迅速地从个体的"我"的使用体验价值转变为群体的"我们"的符号意义价值。对于中职学校里那些沉迷于手机网络活动的学生而言，网络游戏也如"香烟"一般，已经在有意或无意之间成为学生们相互交往和交流的重要载体。游戏或直播中诸如"家人们""老铁"等带有排他性边界的社交语言为这些沉迷于网络的学生提供了内部群体的话语基础。这些有着共同上网经历与偏好的内部群体的话语体系让学生能够快速地建构出属于"我们"的共同体归属感，并不断地接纳吸收或排斥隔离着其他外来个体。通过这些不同偏好下的网络社群或游戏社群而建构的私密语言体系，由不同行话形成的"灰色文化"团体在彼此相互安慰的交流过程中共同对抗和抵制着现实中因亲情缺失产生的孤独感，以及严苛校规形成的压迫感。于是，隐蔽地流传于校园内部的各种网络用语、流行称呼不断在各式各样的网络偏好群体中被复制、传播和再造，网络世界成为这些学生对抗学校权威的一种正当性资源，中职学生也由此在虚拟世界中获得身份认同、提升自我价值以及实现情感归属。

1. 在符号分类中建构身份

相较于对现实世界进行符号化理解，网络世界中各种角色的象征符号能更直观地在中职学生的观念中形成意义，并让他们通过在虚拟世界中的相似话语与行动将自身归入某一个或多个由虚拟符号建构的群体中。正是通过是否直播、是否玩游戏、关注什么视频以及擅长哪款游戏，学生可以清晰地感知并判断其交流对象是否拥有与自己相似的特征，并自然而然地将玩网络游戏的"我们"和只会学习的"他们"区隔开来。网络世界的平等参与机制向学生描绘了一幅自由平等的虚拟画面：在这个世界中，每一个人都有可能成为被关注的主角，每一个人都有可能成为游戏的赢家，而这些成就不会与现实生活中的家庭经济水平、文化资本以及教育竞赛中的各种艰苦奋斗、残酷淘汰形成关联。在网络世界中，学生不用再对抗根据考试分数而被设定的身份"标签"，只需努力、勤奋地提升游戏技术，他们就可以在较短的时间内享受到成功的滋味（如角色级别的晋升、游戏段位的提升等）。例如，在学生中很受欢迎的一款名为《王者荣耀》的游戏中，基于高段位玩家不会与低段位玩家匹配的游戏规则，处于不同段位的游戏者总能在自身所处段位中很快找到一种"天赋与努力不断被认可与提升"的建构性体验与动力。相关访谈内容如下：

"王者"（《王者荣耀》的简称）这个游戏是分很多个段位的，低段位的选手肯定不会遇到25星以上的最强王者，一般也不会让相差了好几个段位的选手对决，也不会因为网速、手机档次而影响到游戏的公平性。这个游戏的输赢设计让我很满意。（学生ZN，2020年6月5日，访谈资料）

正是这种贴近大众的使用门槛、平等的参与机制，让许多学生在网络世界中获得了一种全新的存在体验，并迅速将自己视为网络爱好者这一概念群体的成员。每一位进入网络游戏或直播的个体可以通过线上线下的各种交流迅速找到自己与网络内群的相似性，并不断识别和放大自身与非网络群体（如不看直播或不玩手游）的群体差异性。根据英国社会心理学家泰弗尔（Tajfel）在20世纪70年代提出的社会身份认同理论，个体为了获得群体认同感，会通过夸大群体内部的同质性来对应内群偏好，并通过放大与其他群体之间的差异性来实现外群敌意，进而在明确的分类中实现群体认同。通过这种基于话语体系而形成的群体内部与外部的符号边界，学生群体内部自然而然地在其社会认知、身份比较等心理过程中形成了"我们"和"他们"的群体符号标签，并构成了具备各自社会符号特征的身份认同与群体认同。尤其是身处于亲情缺失、各类群体划分明显的寄宿制学校生活中，玩手游与不玩手游、做直播与不做直播似乎成为学生群体中最容易被区分与分类的符号属性。学生通过网络世界中自己游戏角色的级别、技术、装备、成绩等阶层符号要素，可以从主观上产生自己在虚拟世界中的身份与地位认知，这构成了虚拟世界中身份认知的基础部分。而当这些学生与线上的虚拟伙伴以及现实中的同学交流后，会进一步在比较中对各类同伴关系与身份进行识别和分类，即识别对方是否是同一游戏爱好群体的成员，以及对方在该游戏世界中拥有怎样的身份地位。正是在这种线上线下的互动交流中，沉迷于网络世界的学生将虚拟世界的身份地位与现实世界的身份地位在认知、价值等层面不断进行关联，并在一系列的选择、强化和冲突中建构并认同着自己的新身份。相关访谈内容如下：

第二章 中职学生学习内驱力发展的调查分析

别看班上那几个所谓的好学生成绩不错,但是实际上他们笨得很,只是刷题死学罢了。大家一起"吃鸡"(指一款名为《和平精英》的战术竞技型射击类沙盒游戏)的时候你就会发现,我们有几个哥们才是真的聪明绝顶。再说了,反正在我们这种学校,不管学习努不努力,结果也都差不多。(学生 ZL,2020 年 6 月 2 日,访谈资料)

与此同时,当一位新生入学后,他与刚结识的新同学和之前的伙伴会在全新的学校环境中通过一种"抱团取暖"的心态形成各式各样的非正式群体。群体内的同侪交流活动往往最能强化相互之间的情感认同,而身处于教育资源相对匮乏的学校中,在严苛的作息安排下,这种情感交流的强烈需求更容易在共同进行的手机游戏中得到充分满足。在依靠团队协作而获得胜利的各类游戏冒险中,学生不仅体验着获胜的喜悦,也在不断地增进相互情感、收获彼此认同以及实现自我价值。[1] 换言之,通过与舍友、同学、老乡等来自不同群体的同侪进行初步的情感联结后,许多学生会依靠网络直播、网络游戏或其他兴趣爱好进一步完善自身的社交网络系统,以此来填补其在寄宿制学校生活中因想家、孤独或无聊而形成的情感缺失。基于此,因手机网络这一兴趣爱好而形成的群体与学生中的"干部制""兄弟制"等群体并不冲突,反而会在相互带动影响下进一步稳

---

[1] 王轶伟. 手机游戏社交化传播及问题探析:以腾讯游戏《王者荣耀》为例[J]. 传播力研究,2017,1(5):53.

固和加剧群体的形成与划分。学生在线下会频繁传递、互动和分享各种网络信息（如游戏玩法、网络用语等），让"亲戚制"等隐匿的群体关系得以在日常生活中不断被维系、维护和加固。而共同通过游戏或直播获得物质上的奖励、情感上的支持也成为一个个小群体关系不断紧密牢固的潜在推动力。相关访谈内容如下：

> 大家都在玩游戏，只是有的女生更喜欢直播或看视频，男生基本上都是在玩游戏。我们一个村里玩得好的或者是同学中玩得特别好的，都会建一个游戏群。我们老大就打得特别好，他很早就是王者了，后来他带上我们兄弟几个一起也都慢慢升到了王者，现在我们经常一起合作挣钱。（学生 ZN，2020 年 6 月 3 日，访谈资料）
>
> 《王者荣耀》是一个很神奇的游戏。我的几个宿舍兄弟刚开始都陌生得很，大家一起玩游戏啊一起组队，后来有什么事我们都是一起行动，非常团结。（学生 ZL，2020 年 6 月 3 日，访谈资料）

2. 在成功体验中找寻价值

从媒体、学校和家庭等不同渠道传递出的声音不断让中职学校学生逐渐认识到他们与普通学校学生存在差距，这使他们意识到并不得不去接受外部支配地位者所给予的各种诸如"落后者""不利地位者"等范畴定位以及价值角色。这种由外部支配群体不断赋予的社会角色对于这些学生而言是一种消极的评价性自我感知，让他们形成了较低的自尊感与社会认同。而当这些学生摆脱了附着于自身的各种消极性、污名化标签进入一个全新的虚拟世界时，对各种新知识的学习与信息的获取很容易会让他们产生一种成就感和获得感。这种成就感或获得感的产生，更多是因为网络世界中无限的虚拟资源使学生不再需要经历残酷的社会竞争，而是以一种"社会创造"的方式来实现自我的社会认同，同时"转让装备""代打挣钱"等方式也让网络中的创造在现实中得以一定程度的显现。这就使得手机上网成为学生无声地摆脱现实规训、对抗权威的方式。例如，在男生最喜欢的《王者荣耀》这款游戏中，每一场游戏的胜利都会带来"胜利""击败"等语音提示，而每一次在游戏世界中创造出的奇迹都能让这些学生获得自信和优越感。而相比于平时他们谈论起学业成就时流露出的那种绝望和无奈，网络游戏似乎能让他们建立更多积极的自我认可。相关访谈内容如下：

> 我玩王者时感觉自己很有天赋，几乎没花什么时间就入门了。当然，后来为了升为王者，我也花了不少时间去熟悉技术和战术，可以在网上找到很多小视频，跟着学就好了。（学生 ZL，2020 年 5 月 22 日，访谈资料）
>
> 我一般不喜欢和别人交流什么技术，更多的是自己去看一些直播来摸索，后来我觉得自己也挺厉害了，也开始上传自己玩游戏的视频，也有不少点击和一些粉丝。（学生 ZN，2020 年 6 月 2 日，访谈资料）

根据情感激励理论可知，当个体的某一个身份对其很重要时，该个体就会产生出要保持与该身份相符合的行为动机，并以此引导或激励其行为去增强这一身份。这就好像一个学生若相信自己是个成绩优异的学生，那么他会按照其理想中优秀学生的身份去引导自己，这种身份的显要性也会进一步增强。❶ 而对于沉迷于网络世界的中职学生而言，他们在现实世界中不得不痛苦且无奈地承受着"学困生""不是读书的料"等外部身份，在虚拟世界中却更有可能通过不断晋升的游戏设计而成为一个不断获胜的"高手""专家"。相比于现实世界教育筛选机制下的残酷淘汰压力，虚拟世界中持续且直观的等级提升与角色升级无疑可以让参与者快速建立起一种打破现实束缚的优越感。网络世界中的互动设定、组队规则为参与者带来了以每一个个体为中心的用户体验，这也显然打破了现实学校生活中官方规则之下每个学生被动服从、被动决定的被动性感受。从这个意义上看，中职学生沉迷于手机网络活动也是因为他们更希望通过网络世界中的成功来向那些现实中给予他们污名化标签的声音或观点宣战，以此表达他们对积极社会认同的渴望。相关访谈内容如下：

> 越是成绩差的（学生）越玩得厉害。他们玩这个也是一种心理平衡，有一种自豪感。我班上有个学生和我说：

---

❶ 特纳. 社会学理论的结构 [M]. 邱泽奇, 张茂元, 译. 北京：华夏出版社, 2006：356-370.

"虽然我学习不好,但是我在电子竞技方面很厉害。"唉,实际上他是在学习上废了,没动力了,给自己找点儿心理平衡。(S1老师,2020年5月11日,访谈资料)

在高度约束的半军事化学校管理下,网络世界也成为学生渴望在时间与空间上获得自由的主要场域或宣泄空间。网络世界中无限的时间概念和无尽的空间感可以短暂地让进入者产生一种无限自由的愉悦体验。虚拟世界的整个空间往往是由所有玩家在隐藏的各类设定中共同建构的,这就让学生在玩游戏时会短暂地感受到一种令他们迷醉的自主感觉和自由感受。他们不再被动卷入残酷教育竞争,肩负巨大压力,而是能够与一批"志同道合"的同伴共同战胜一个又一个虚拟世界中的困难与挑战,在努力与合作中于游戏世界获得全新身份。显然,手机上网为中职学生提供了一种对抗学校"空间权威"的途径与可能。寄宿制学校用边界清晰且对外隔离的高墙(部分学校甚至配置了防止翻墙的铁丝网)、内部各角度且持续开启的摄像头以及学生内部带有相互监督和团体分化目的的监查沟通机制等一系列空间管控手段,不断尝试对学生的个人空间进行压缩并实现控制。这让中职学生迫切地想要找到一个便利、隐蔽且即时的私密空间去进行同伴群体的交互关怀,而手机网络恰恰成为他们默默抵制学校空间权威的重要途径与资源。相关访谈内容如下:

我最喜欢"吃鸡"(指电子竞技游戏《和平精英》)游戏,每次都会发现新的地图和新的冒险。当玩家进入游戏完成选手匹配后，我们会进入一个巨大的世界，一共会有将近100人在里面。在不同的地图中，你可以体验到大海、沙漠、天空等不同场景。在飞机上向下跳，然后打开降落伞，这些环节实在太逼真了，为此我还特意买了一款不错的耳机。（学生HY，2020年5月8日，访谈资料）

除了可以从学校的空间管控中短暂逃离，网络世界也在一定程度上帮助学生争夺着时间上的主控。由于学校基本采用的是寄宿制管理，以上课和自习为主要内容的时间安排是对中职学生的硬性要求。近乎严苛的时间表在理想的情况下可以让中职学生通过更多的努力与时间投入去提升个人资本，从而增加社会竞争或教育竞争的砝码。这既可以说是对学生努力攀登社会阶层阶梯的一种制度激励，也可以说是学校对学生思想与行为的一种间接控制。这种带有半军事化色彩的作息时间表背后意味着学生每一天庞杂的学习与生活要素都会以规定性的方式被压缩在每一个时间段中，以确保中职学生的行为、观念都能在学校管理者可预控的合理范围内。换言之，学校的课程表从来都是自上而下的单向设计结果，其背后更多体现的是权威者用最科学化、精细化的时间安排来实现或选择这些学生未来发展的教育目的或人生走向。通过每天各个分割精准的时间段以及不同阶段的考试安排，学校希望通过教育能够最高效地帮助孩子更快的成长，并且希望在不断精细化的设计中实现其成长速度的不断加快。然而，结合家长的期待、教师的激励以及手机中获取的外界信息，不少中职学生开始"洞察"并发出质疑：

第二章　中职学生学习内驱力发展的调查分析

"我是读书的料吗？"高密度就业压力下单向度的时间投入让这些学生不得不在盲从或对抗的两种教育路径中做出选择，这也使得他们内心迫切地渴望着对生命的体验感与意义感。由此，作为即时性、体验性的活动，手机上网帮助这些被精细化编排的学生获得了非预设性的、非价值性的生活意义感。这也使得无论玩得好坏、无论学业是否优秀，几乎所有学生都对手机上网充满期待与向往。相关访谈内容如下：

> 我爸妈知道我玩游戏，不过他们目前都还没有反对，只要我的成绩不掉队（就不会干涉）。（学生 WL，成绩优秀，2020 年 5 月 22 日，访谈资料）

除了对现实生活空间和时间的潜在对抗，学生热衷于手机网络活动的另一个主要原因还在于虚拟世界中的阶层跃迁会带来无与伦比的成就感。相较于学业中的竞争压力，沉迷于网络的学生通过勤修苦练自己的游戏技术，能够在不花钱或充钱很少的情况下在游戏中达到比较高的段位，甚至依靠游戏技术替人代打或是上传视频求打赏等方式赚取收入，这也让他们成为团体中的佼佼者（也被称为"大神"）。相比于未来只能沦为打工一族（包括教师等职业都被许多学生视为打工人），这些中职学生更加相信通过不断的练习，可以在网络世界中实现迅速的跃迁。尤其是自 2000 年世界电子竞技大赛举办以来，网络游戏群体中时不时就会出现并广泛流传开一些玩家成功改变命运的传奇故事，让许多沉迷于网络游戏的学生坚定不移地信奉着

"技术就是一切"的胜利信条。而通过不断强化"游戏技术至上"的信念,学生中的一些游戏"大神"会迅速凭借其天赋与技巧在一次次胜利中获得成就感,并进一步对这一信念产生"实证性偏见"。事实上,这些所谓的"大神"往往建立了多个游戏账号(被称为大号或小号),他们在大号中遭遇到的失败可以通过小号得到补偿,进而保持着持续胜利的成就感。正是这种多重虚拟角色的游戏机制,让参与者在遭遇游戏失败时几乎不会产生挫败感与竞争压力,而每一次胜利却能让其获得虚拟社群的赞誉以及虚拟阶层跃迁的喜悦。对于少部分"天赋异禀"的大神而言,通过网络游戏代打或是视频直播赚取的收入更是让这些中职学生感受到自己的自理能力与现实价值。相关访谈内容如下:

> 大号有的时候会遇到一些高段位的对手,万一你又配到了坑友,那神仙都救不了你。这股火气只能通过小号去发泄了。小号里面的都是菜鸟,除非运气不好,刚好遇到也开小号的,否则打他们很舒心。(学生 WH,2020 年 6 月 2 日,访谈资料)

> 有很多种方式赚钱的,例如刚开始可以帮熟人代打,让他们给你账户充点值。后面升到高段位了(指的是"王者"以上),就可以在代打平台接单了。不过代打是需要交押金的,最好是有熟悉的队友一起组队代打,否则就亏大了。(学生 PL,2020 年 6 月 2 日,访谈资料)

第二章 中职学生学习内驱力发展的调查分析

综上，当中职学生在生活中遭受着亲情缺失的苦楚、在学业中又面临着文化排斥与空间隔离的不公时，手机网络这一看似平等的进入与参与机制让他们在虚拟世界中重获"新生"。他们在各种类型的网络游戏和直播交流中不断对身边的群体进行再次归类（圈内的和圈外的），并不断通过游戏代打、网络直播、社交互动等形式在其加入的社群中重新建立起自己的身份认同和重塑自我价值。从这个层面上看，中职学生并不是主动地沉迷于手机网络，而是一个主动与被动、进入与退出的反复实践过程。他们往往是在以分数、规则等话语为核心的现实世界中遭受着污名化的身份标签、区隔性的制度对待以及可预见的职业天花板等带来的压迫、无奈、痛苦与迷茫，进而主动或被动地进入虚拟世界中找寻和体验各种社群带来的喜悦感、成就感和被重视感，以此在网络内群中不断获得相互的情感联结与身份认同。他们沉迷于手机网络，并在其中不断展示自我价值与建立身份归属，而现实世界中半军事化管理的寄宿制规定、教师的区别对待以及家长的不闻不问也进一步成为他们沉迷于虚拟世界的间接推力，加速了他们文化再生产的进程。

第三节 中职学生学习内驱力的作用机制

由上述分析可知，价值信念与期待信念之间的相互作用使学生学习内驱力不足呈现出不同现状，这也决定了学生学习内驱力不足的发生因素及问题表征各不相同。但在大多数情况下，学生的学习内驱力不足是由两种或两种以上的原因诱发的，这使学生学习内驱力不足的四种主要类型之间存在内在共谋性。这种内在共谋性源于期望信念与价值信念两大维度，主要表现为主体共谋性与交互共谋性，其中，主体共谋性是学习内驱力不足在发生因素上的主体相似性，交互共谋性则表现为学习内驱力不足在实际作用中的交互影响性。具体而言，主体共谋性是指学生的学习内驱力不足主要是由学生主体与学校主体之间的不适应引起的，其中学生起到了决定性作用。以体验不良为例，体验不良是指学生的环境期待与学校实际环境的差距引起了学生从主观上降低中职教育的内在价值，而由此引发的学习内驱力不足是学生依据主观判断而做出的抉择。可以说，不同的类型学习内驱力不足反映着学生与学校主体共谋性上的区别。此外，这种共谋性还表现在不同类型之间的交互共谋上。调研发现，因体验不良而产生的学习内驱力不足观念、因专业迷茫而产生的学习内驱力不足情感、因意志薄弱而产生的学习内驱力不足思维、因制度反抗而产生的学习内驱力不足表现与学生就读过程存在时间线上的延展。这一关系主要体现在：入学伊始对客观环境的体验影响着学生始对专业的融入，二者的相互作用为学生的学习行为奠定了基调。而后，学生在学习过程中的意志力、个人能力以及如何处理个人与学校管理制度之间的关系深化了既有的学习行为。除时间上的交互共谋外，群体间也存在交互共谋，而由这种群体间的交互共谋产生的学习内驱力不足体现在同年级群体与跨年级群体之间。前者多表现在意志薄弱与制度反抗上，这是学生社交系统中同伴集群效应和从众心理在发挥作用，其目的是获得同伴群体的认同和好感，更

第二章 中职学生学习内驱力发展的调查分析

是为了避免承受与众不同的压力与风险；后者多体现在高年级群体对低年级群体的经验传授与行为示范上，高年级群体对学校的体验、对专业的感悟、对制度的适应以及学习行为等方面可以直接影响着低年级群体，尤其影响着对学校情况知之甚少的新生群体。

学生学习内驱力不足的两种特性不仅制约着学生人力资本的获得，还阻碍着中职教育的优质均衡发展。学生根据个体经验建立起了对中职教育的期望信念，不仅囊括了对中职教育本身的内部期望，如教育内容、教育目的，也包含着实现这种内部期望的途径，如教育手段、教育方法，更包含了与中职教育密切相关的外部期望，如学校管理、学校环境。然而，具体教育实践与学生的期望信念之间的差距使学生逐渐降低对中职教育的价值信念。例如，因体验不良而产生的学习内驱力不足是由学生的环境期待与实际环境之间的差距而引发的，这种差距降低了学生对中职教育内在价值的判断；因专业迷茫而产生的学习内驱力不足则是学生对中职教育的内容期待与教育实践之间的差距引发的，这种差距降低了学生对中职教育的成就价值；因意志薄弱而引发的学习内驱力不足反映了学生面对机会成本、时间成本、经济成本时的抉择，也反映了学校政策的完善程度与执行度；因制度反抗而引发的学习内驱力不足则反映了学校制度在处理学生的期望信念与教育实践产生差距时发挥的作用。学生的期望信念与教育实践之间的差距降低了学生对中职教育的价值信念，在期望信念与价值信念的相互作用下，学生的期望信念会在低价值信念的调节下得以重构，重新指引着学生的

教育实践，不同类型的学习内驱力不足也随之发生。而在时间的水平交互共谋以及群体的垂直交互共谋影响下，学生的学习内驱力不足存在存续影响与相互影响的可能。由此，学习内驱力不足不仅使学生从主观上降低了中职教育的内在价值，也使得学生个人人力资本的提升受到约束。若要消除中职教育的这种价值遮蔽，就需要对中职学生学习内驱力不足的作用机制进行深入剖析。

推拉理论可以为中职学生学习内驱力不足的作用机制提供理论阐释。该理论认为，人口的迁移与流动行为是在迁入地的拉力与流出地的推力相互作用下产生的。迁入地与流出地都存在拉力作用与推力作用，二者的相互博弈促进了人口的迁移行为。此外，在迁入地与流出地之间还存在中间障碍因素，如风俗习惯、文化差异、价值判断等。在实际生活环境中，之所以会产生相同环境下迁移与流动行为的差异性，是因为个人的主观看法贯穿于推拉全过程，并决定着推拉作用的结果。中职学生的学习内驱力不足也是在多重因素的交互影响下发生的，主体共谋性使得学生的学习内驱力不足具有个人特质，交互共谋性使得学生的学习内驱力不足带有群体烙印，也就是说，这种学习内驱力的转变存在宏观上的共性。这种共性就是推拉因素相互博弈的过程，主要体现在：学校的专业性供给无法满足学生的成长需要，这种供需失衡促使学生学习内驱力降低；学校管理制度和考试制度、企业的用人管理制度以及政府的资助制度和就业制度则发挥着拉力作用，提升中职学生的学习内驱力。

一、推力作用：供需失衡降低中职学生学习内驱力

中职学生在学习过程中感知到的矛盾与冲突是其学习内驱力降低的推力因素，这种转变是学生结合自身经历所做出的主观抉择，从而使学生感知到的推力作用以及作用程度不尽相同。但归结起来，学校供给侧在学校管理模式、培养方式等方面与学生需求侧之间的不协调，以及学校供给侧的教育属性与企业需求侧的经济属性之间的不配适等矛盾，产生了中职学生学习内驱力降低的推力作用。

中职学校的职业性和专业性特征并不凸显，不能满足学生职业发展的需求，由此产生的体验不良成为学生学习内驱力降低的推力之一。中职教育的专业性是针对中职教育的目标定位而言的，在"科学—技术—生产"这一价值链条❶中，中职教育的"生产"定位决定了其实践性和基础性的特征，也决定了其为社会经济发展培养初级技术技能人才与中级技术技能人才的目标。❷ 职业教育与普通教育在教育类型和培养目标等方面存在明显的差异，然而，在具体的教育场景中，这种差异的弱化会对学生的学习内驱力降低产生推力作用。中职教育的教学理念、教学方法乃至教学过程是其职业性与专业性的内容体现。

---

❶ 赵家祥.科学、技术、生产的关系［J］.贵州师范大学学报（社会科学版），2005（4）：40-46.

❷ 鄂甜.中职、专科高职和应用技术本科教育人才培养目标分层解析［J］.职业技术教育，2015，36（1）：13-17.

由于我国职业教育缺乏课程目标层面的框架结构,❶ 并且教学实践的规范样式没有职业教育教学的理论支撑,这就导致其在课堂教学改革中简单模仿普通教育的目标框架,中职的课堂教学变成了以普通教育的教学形式为参照,同时掺杂了短期职业技能的培训形式。❷ 这种嫁接式的职业教育并不能真正体现出职业教育的职业性与专业性,而中职学生在义务教育阶段学业成绩不理想的原因与普通教育的教学方法、授课模式是分不开的,相似的学习体验使他们难以唤起对学习的热情,进而使其学习内驱力持续降低。此外,座位排布是中职教育职业性与专业性较为直观的空间体现。X职校采取的是与普通学校相同的秧田型座位排布,由此而营造出的物理场与意义场都对场内的学生产生着不同程度的影响。❸ 笔者在调研过程中发现,学习内驱力不足的学生在座位上大多处于班级中的左右两侧及后排,呈U型分布,这一现象的产生与班级授课制模式下的座位排布不无关系。作为课程体验的一种空间形式,座位也成为文化的产物,涵盖着学生与周围环境的整体体验。❹ 所以,普通教育中占主导的秧田型座位排布方式就不能在职业教育环境中发挥学生与周

---

❶ 乔为. 职业教育课程目标:二维结构框架 [J]. 职业技术教育,2016,37(22):25-31.

❷ 乔为. 学徒课堂:职业教育课堂教学的基本样式 [J]. 职业技术教育,2019,40(1):23-30.

❸ 宋立华. 社会学视野下的课堂座位分析 [J]. 中国教育学刊,2013(8):58-61.

❹ 朱光明. 座位的潜课程意义:中小学生座位体验研究 [J]. 教育学报,2006(6):22-28.

第二章 中职学生学习内驱力发展的调查分析

围环境的交互作用。U 型座位位置的"边缘性"为学生学习内驱力的降低提供了空间条件的便捷性,也正是这样的排布方式弱化了中职教育的空间职业性。

中职学校的教育发展对于企业需求而言具有一定的滞后性,由此产生的脱节与配适问题成为学生学习内驱力降低的推力。就业导向决定了中职教育不仅要遵循教育链与产业链相互衔接的规律,而且还要遵循教育供给与就业需求之间相互作用的规律。❶ 然而在实际运行过程中,学生的培养质量受中职学校与企业合作的积极性与合作深度的影响,这种人才供给与企业需求之间的矛盾就成为学生学习内驱力降低的一种推力。校企关系体中企业和学校双方主体的主导利益影响着校企合作的积极性,对于经济属性占据主导地位的企业方来说,其决策的基本依据是对成本与收益之间关系的考量;而教育属性占据主导地位的学校方却承担着知识再生产、文化再创造、人才培养等任务。由此,在企业与学校的利益矩阵中,企业主体与学校主体之间交叉融合的目标便成为校企合作的立足点。❷ 但是学校和企业在社会领域的归属终究不同,这也影响二者合作的深度。二者利益不对等与不均衡的事实容易使学校和企业形成不充分、不完全的联结,从而使校企合作形成偏利共生的格局。❸ 也就是说,

---

❶ 姜大源. 为什么强调职教是一种教育类型 [N]. 光明日报,2019-03-12 (13).

❷ 聂劲松,万伟平,聂挺,等. 校企合作:从利益共同体到治理新格局 [J]. 职教论坛,2018 (12):6-11.

❸ 王松. 从利益共同体到情感共同体:职业教育校企深度合作的着力点分析 [J]. 中国职业技术教育,2021 (1):64-68.

校企合作共同体在利益共同点上实行"利益点"的联结与结合，但如果这种结合无法兼顾隐性利益的发挥，就导致校企合作囿于利益表层，从而无法真正实现学校与企业在"利益链"上的深度融合。如此，校企合作便不能培养出企业乃至社会真正需要的人才。对于以就业为导向的中职学生而言，这无疑就成为一种推力。例如，在 X 职校与 JL 企业的校企合作中，合作方面主要倾向于校企共建、教师培养、学生培养等方面。相关访谈内容如下：

> 第一个合作针对整个学校来说，就是共建。所谓共建，一个是学生的实训场地应满足学校日常上课的需求；另一个是在学校的一些项目上，由企业工程师带队与学校老师一起完成……第二个合作就是教师培养这一块。可以邀请学校的老师扎根到我们公司，跟着我们的工程师体验一下这里的工作内容，做一些项目案例的分析研讨，老师有了这样的经验以后，回到学校后会更好地跟学生做一个传道。这个一般是四十天左右，可以利用暑假时间……第三个合作就是对学生群体。我们希望把企业的一些文化、一些体系甚至是技能融入学生上课的过程中，让学生在学校就了解到企业是什么样子，了解一下工作定位。同时，我们也可以设置一些奖学金来激励学生主动地学，因为这些知识对于现在的教育大纲来说可能是额外的知识。我们还会举办一些与企业相关的活动，如学生组的比赛、教师组的比赛，甚至是一些文化周，期望这个过程可以让学生在没有

第二章 中职学生学习内驱力发展的调查分析

离开学校之前就了解到公司的情况是什么样子的。（JL经理，2021年10月25日，访谈资料）

这种合作倾向就属于利益共同点上的合作，但无论是提供硬件设施，增强教师培养的体验性，还是注重学生培养的文化融入与活动体验，都只是囿于合作表层。这种基于利益点的合作滋生了校企合作的偏好协商机制，导致了学校供给侧与企业需求侧之间的配适问题，进而引发了中职学生学习内驱力降低的推力作用。

二、拉力作用：制度赋能提升中职学生学习内驱力

在推力作用下，中职学生的学习内驱力持续降低，这不仅不利于学生的技能获得与人力资本提升，同时还会引发教育场域内生生之间、师生之间、家校之间等各主体间的矛盾与冲突。为预防和解决因学生学习内驱力降低而产生的教育问题与管理问题，学校、企业、政府制定了一系列的制度，如学校的管理制度和考试制度、企业的用人管理制度以及政府的资助制度和就业制度，以形成拉力作用来抗衡学生学习内驱力降低的推力作用。

学校管理制度是用以规范学生在校期间的学习、生活等行为的一系列准则和规范的总称，它是学校管理者实施学生管理的重要依据，也是学生一切行为活动的准绳。《X职校学生管理手册》中明确规定了处分的适用条件以及"勒令退学或开除学

籍"的情况及处理流程，同时对学生请假、学习考核等方面的要求也做了详细说明。这些管理制度从作息时间、学习内容、行为规范等方面规范并约束着学生的在校行为，阻止学生的学习内驱力持续降低。考试制度是对学生学习情况进行评价的一种手段，在一定程度上也可以防止学生的学习内驱力降低。根据实施主体的不同，考试制度可以分为两种类型：一种是由学校组织实施的考试，主要包括日常学习考核、期中考试以及期末考试。另一种是由国家相关部门组织实施的职业资格考试，而取得职业资格证书是学生未来就业必不可少的条件。若想取得相应的职业资格证书与学历证书，学生必须不断规范自己的学习行为，使自己的学习能力达到学校人才培养方案与职业技能的要求。企业的用人管理制度是企业内部对员工实施的选拔、配置、开发、考核与培养等一系列规范性制度的总称，同时，该制度也是为员工定职定薪的依据，学生只有在符合企业选拔标准、达到企业晋升机制要求的前提下，才可能获得相应的职位与薪资。由此，校企合作的企业方会在进行宣讲时将企业的晋升流程进行简单介绍，以提升学生的学习内驱力。由于就业后的薪资与职位直接关乎学生的切身利益，而这又是学生在校学习行为的结果，所以宣传相关内容对学生在校期间的学习行为具有一定的规范作用。相关访谈内容如下：

> 我们希望学生至少是常常规规的，就是不能出现挂科、毕不了业的情况。对于学生来讲，我们鼓励他们考取一些相关的职业资格证书，这个证书到了公司可以帮助他们拿

第二章 中职学生学习内驱力发展的调查分析

到更高的薪资,对于他们的未来发展也很有好处。所以我们配合学校,学生想来我们这儿上班实习,那就希望他们把这个证考到。前期我们把标准设立好,设定好了标准,那有的学生没有考到证书,就不能进来。(JL经理,2021年10月25日,访谈资料)

我们公司是分等级的,如普工、技术员、资深技术员、工程师等。因为我们的任务也不是很难做,都是简单易学的,所以普工就比较广泛,初中学历就能胜任。X职校学生过去之后,可以先从技术员做起,因为我们已经投放了相关专业的知识。(SL经理,2021年10月25日,访谈资料)

此外,政府也会通过制度手段施加拉力作用,使学生及家长更多地关注教育意义本身,从而削弱教育的功利性,发挥教育的育人本质,这就是拉力作用的核心所在。政府主要通过一系列的资助政策发挥拉力作用,提升职业教育的吸引力。经过多年的发展,我国中等职业教育已经建立了以免学费,发放国家助学金、国家奖学金为主体,学校资助、顶岗实习、地方政府资助和社会资助等为补充的资助政策体系。[1] 近年来,政府相关部门不断地对这一资助体系进行完善。例如,2019年财政部、教育部发布了《关于调整职业院校奖助学金政策的通知》(财

---

[1] 范先佐,唐斌,郭清扬.70年学生资助工作的系统回顾与经验总结[J].华中师范大学学报(人文社会科学版),2019,58(5):1-15.

教〔2019〕25号）；2020年教育部办公厅发布了《关于印发〈中等职业学校学生资助工作指南〉的通知》（教财厅函〔2020〕8号）；2021年教育部办公厅发布了《关于严格规范中等职业学校招生、学籍和资助管理工作的通知》（教职成厅函〕〔2021〕19号）。在政策的扶持下，2019年，全国共资助中等职业教育学生1592.86万人次，资助金额305亿元；❶ 2020年，全国共资助中等职业教育学生1708.46万人次，资助金额318.45亿元；2021年，全国共资助中等职业教育学生1796.69万人次，资助金额332.70亿元。❷ 资助政策体系释放出的优惠免除了部分学生及家长的经济顾虑，对中职学生的学习内驱力提升而言也发挥着推动作用，因为学生只有通过不断努力达到一定要求，才可以获得相应的奖励及资助。如图2-14所示，X职校的资助政策体系涵盖了国家资助、自治区资助、市人民政府资助以及学校资助几个层面，包括了免学费、助学金、奖学金、专项生活补助以及勤工助学资助等内容。这些政策为提升中职学生的学习内驱力发挥了拉力作用。

同时，政府还发布一系列的政策来保障中职学生的培养与就业，以增加学生人力资本，进而发挥政策的拉力作用，提升中职学生的学习内驱力。例如，2015年财政部、教育部、人力资源和社会保障部联合印发《关于建立完善中等职业学校生均拨款制度的指导意见》（财教〔2015〕448号），该文件明确提

---

❶ 自2019年开始，学生资助发展报告中等职业教育阶段不再加入顶岗实习相关数据。

❷ 数据来源：全国学生资助管理中心，网址：www.xszz.cee.edu.cn。

第二章　中职学生学习内驱力发展的调查分析

资助政策

1. 中职免学费：全日制正式学籍一、二、三年级在校学生免除学费。
2. 国家助学金：全日制正式学籍一、二年级，属广西建档立卡贫困户、国家集中连片特殊困难县农村学生（不含县城户籍）、城乡低保家庭学生、城乡特困救助供养学生、家庭经济困难残疾学生、孤儿全部直接纳入享受国家助学金范围。我区属于国家集中连片特殊困难县的共29个，其中包括南宁市3个县：马山县、隆安县、上林县。
   助学金资助标准为平均2000元/生/年，按等级资助，其中一等为3000元/生/年，用于资助建档立卡贫困家庭学生、城乡低保家庭学生、城乡特困救助供养学生、家庭经济困难残疾学生、孤儿等家庭经济特别困难学生；二等为1000元/生/年，用于资助集中连片困难县农村学生和家庭经济比较困难的学生。
3. 南宁市师范类生活补助：具有全日制正式学籍的一、二年级在校生，并就读师范类专业（学前教育）的学生，可享受南宁市师范类学生生活补助1500元/生/年。
4. 国家、自治区、南宁市人民政府奖学金：品学兼优的学生，有望获得国家奖学金6000元/学年、自治区人民政府奖学金2000元/学年、南宁市人民政府中等职业教育奖学金1000元/学年。
5. 求职创业补贴：毕业年度的广西区内高等教育全日制毕业生，符合身患残疾、获得过国家助学贷款、贫困残疾人家庭、建档立卡贫困家庭、城乡居民最低生活保障家庭、特困人员（孤儿）条件之一的学生，可享受按上年度自治区一类地区月最低工资标准的80%一次性发放。
6. 勤工助学：全日制正式学籍一、二、三、四年级，属广西建档立卡贫困户、国家集中连片特殊困难县农村学生（不含县城户籍）、城乡低保家庭学生、城乡特困救助供养学生、家庭经济困难残疾学生、孤儿、品学兼优的，可优先申请校内勤工助学工作岗位，被学校正式聘用上岗的可获800元/人/月勤工助学金。

以上资助指标均以上级业务部门当年下达的文件为准。

图2-14　X职校的资助政策体系

出"建立完善中职学校生均拨款机制要与推进人才培养模式创新相结合，坚持产教融合、校企合作，形成激励相容、奖优扶优的机制，不断提高人才培养质量"。2016年教育部等五部门联合发布了《关于印发〈职业学校学生实习管理规定〉的通知》（教职成〔2016〕3号），该文件旨在规范职业学校学生实习工作，维护学生、学校和实习单位的合法权益，提高技术技能人才培养质量。2019年国务院印发《国家职业教育改革实施方案》（国发〔2019〕4号），该文件也提出要"推动校企全面加强深度合作""打造一批高水平实训基地""推动企业和社会力量举办高质量职业教育",以推动职业院校和行业企业形成命运共同体。技术提升与就业保障的政策增加了中等职业教育的吸引力,其与企业、行业以及社会力量的合作更加凸显了职业教育的就业导向。由此,毕业与就业相衔接的职业教育链条缓解了教育供需失衡引发的推力作用,从而提升了中职学生的学习内驱力。

综上所述,中职学生学习内驱力的降低是在多种因素的推拉作用下发生的一种学习状态的转变,这种转变是学生将这些因素与自身的经验相结合的主观抉择。由此,相同因素对各学生产生的作用以及作用的程度并不完全相同。其发生主要受学校供给侧在学校管理模式、培养方式、课程设置等内容与学生专业成长需求侧以及企业人才需求侧的失衡引发的推力作用影响。同时,学校管理制度、考试制度、企业的用人管理制度以及政府的资助政策、培养政策、就业政策也产生了拉力作用,从而贯通了中职学生毕业与就业相衔接的链条。学生就是在这样一种推力与拉力相互博弈的过程中做出了教育抉择。可以说,具体抉择的产生与学生个人的生活经历密切相关,而为了充分理解这一动态推拉机制下学生的教育抉择何以形成,需要对学生个人的生活经历进行解析,并在此基础上进行文化重构,从而了解学生学习内驱力不足的深层次原因。

第三章 中职学生学习内驱力不足的文化归因

  X 职校学生所呈现的亲情缺失、课堂游离以及手机沉迷等问题都是当前职业教育为实现高质量发展而必须面对和解决的内生性、根源性问题。这些"反学校文化"现象与问题的滋生也正不断地以文化再生产的方式使学生陷入代际困境中。一些学习内驱力不足的学生显然已经部分"洞察"出了关于"教育水平差距、社会结构分层、考试分流机制"等现实背后可能隐蔽存在的不平等;他们因原生家庭文化资本的不足而难以通过国家知识标准化的学校教育获得更多向上流动的教育可能。而在以就业为导向的职业教育体系中,学生教育期望与学校教育实际之间的差距,以及学校与企业、学生之间的供需失衡,使学生在部分"洞察"的过程中对长期以来信奉的"读书改变命运"产生怀疑。这种质疑具体包含"读书无望论"与"读书无用论"两种形式,它们是基于家庭的实际状况而蔓延出的较为极端的功利化教育价值观。换言之,X 职校所显现的"反学校文化"现象是文化再生产的一个缩影,其背后是文化资本薄弱、教育制度困境、师生关系异化和读书信仰缺失等多方面共同作用的结果，也是造成学生学习内驱力不足的文化归因。

"学校主流文化与学生个体认知的差距性"以及"社会实证主义观念与家庭读书价值观念的一致性"也影响着中职学生的学习内驱力。在教育场域内，一方面，学校文化中的精致型语言符码与学生认知中的限制型语言符码之间的差别与不对称关系为 X 职校学生的进场创造了不利条件，进而产生了"听不懂""学不会"的表征。由此，学校主流文化与学生个体认知的差距性就成为推力作用产生的文化根源之一。另一方面，实证主义对理性和效率的追求与部分家庭所推崇的读书价值存在一致性。这种一致性在内表现为工具理性的异化，在外则表现为读中职无用论观念的泛滥。权衡之后的家长认为，中职教育存在"经济之用"的式微与"教育之用"的遮蔽，即不能通过中职教育实现阶层流动与摆脱体力劳动的教育预期。这种工具理性的"无用"使中职教育成为最后的教育选择，不仅从客观上降低了中职教育的生源质量，还从主观上削弱了社会对中职教育的认可。由此，实证主义观念与家庭读书价值观念的一致性成为拉力作用产生的文化根源之一。

中职学生学习内驱力降低的内在逻辑产生于文化资本的代际传递性与代内传递性。布迪厄曾提出四种资本类型：文化资本、经济资本、社会资本以及符号资本。其中，他最为重视文化资本，同时认为这四种资本类型是相互联系与相互转化的。文化资本不仅是个体获取资本的手段与目的，还是一种较为隐蔽且具有社会决定性的教育投资。除了从家庭中继承，文化资本还可以从学校教育中习得。布迪厄还指出，从家庭中获得的

第三章　中职学生学习内驱力不足的文化归因

文化资本是接受学校教育的基础，在学校获得的文化资本是掌握工业生产与文化传播的本源。❶ 由此，学生从家庭文化资本中获得的文化资源与习得的文化惯习就与其接受、掌握学校信息的程度直接相关，这种程度影响着学生的受教育行为。这也显示出了个体在获得文化资源与习得文化惯习的过程中发挥主体性与自觉性的重要性。如果家庭中的文化资本较为薄弱，那么学生获得文化资本的先赋路径就被弱化，并一定程度上阻碍了学生从学校教育中习得文化资本。由此，中职学生的学习内驱力在文化资本习得受阻下有所降低。这一行为的产生既受文化资本代际传递性的影响，也受同伴效应下文化资本代内传递性的影响。反之，当学生充分发挥其个体能动性，对从家庭中继承的较为薄弱的文化资本进行弥补，并在此基础上对学校教育中传递出来的文化资本进行吸收时，其学习内驱力就能得到显著提升。

中职学生学习内驱力降低的外在逻辑则产生于中职学校的教育定位以及教学实施过程中的文化定位，主要体现在培养目标的工具取向与人文取向之间的矛盾、教育实践求真性与趋善性之间的冲突。工具性与人文性的失衡一直隐匿于中职教育的发展过程中，其产生根源在于对中职教育价值的两种判断：一种是基于"长远视野"的"根本性判断"，即对中职教育在推动社会发展中可发挥作用的判断；另一种是基于"现实效用"

---

❶ 布尔迪约，帕斯隆. 再生产：一种教育系统理论的要点 [M]. 邢克超，译. 北京：商务印书馆，2002：54.

的"功利性判断",即对中职教育在某一时段内可显示用途的判断。❶ 这两种价值判断作用于学校场域的具体实践中,就表现为指向逻辑认知层面的求真活动,以及指向情感态度层面的趋善活动。前者强调学生主体的接受性参与,旨在生成学生的知识技能、技术技能与实用技能;后者强调学生主体的体验性参与,旨在培养学生的职业道德与职业品格。❷ 作为职业教育体系的重要组成部分,中等职业教育承担着普及高中阶段教育的重要责任,而兼具教育性与职业性的双重属性决定了中职教育必须坚持工具取向与人文取向并重的培养目标,注重求真性与趋善性共同发展的教育实践,遵循个体生涯需求与教育认知发展之间相互作用的规律。然而,在具体的教育实践中,重技轻德的教育现象使得中职教育自身的精神样态与价值魅力大打折扣,自然也影响着外部社会对于中职教育实然地位的赋予。

综上所述,中职学生在推拉作用下形成的学习内驱力不足隐含着学校主流文化与学生个体认知、社会实证主义观念与家庭读书价值观念相互作用的内部因素与外部因素。这两种因素又通过文化资本代际传递与代内传递的内在逻辑对中职学校教育定位与文化定位的外在逻辑发挥作用,再共同作用于中职学生的学习内驱力。为进一步探明中职学生学习内驱力不足的深层次原因,本研究从家庭、学校、学生三个相关主体的角度进

---

❶ 吴康宁. 教育究竟是什么:教育与社会的关系再审思 [J]. 教育研究, 2016, 37 (8): 4-12.

❷ 沈建. 体验性:学生主体参与的一个重要维度 [J]. 中国教育学刊, 2001 (2): 42-44.

行文化归因。

第一节　资本因素：家庭文化资本较为匮乏

发生在 X 职校中的种种"反学校文化"现象反映出中职学生面临学习内驱力不足的问题，而自上而下的外控手段并不能从根本上解决，原因在于这一问题的出现是中职教育系统内外因素相互作用的共同结果，也是部分学生面对多重因素造成的发展困境下做出的无奈选择。一方面，在学校中遭遇的家庭情感缺失、课程文化排斥以及自我认同质疑等学业劣势让中职学生无法通过学校教育习得足够使其向上流动的文化知识与职业技能；另一方面，原生家庭文化资本的匮乏也使这些学生始终处于教育竞争通道的不利地位，加之相对薄弱的教育资源，无疑极大地降低了中职学生通过教育实现"改变命运"的阶层跃迁可能，而更有可能成为教育竞争下的失败者，陷入文化再生产的循环中。可以说，学生群体中的个人主观能力不足与家庭文化资本受限是"反学校文化"现象产生与再生产的主要原因之一。

一、冲突的求学逻辑

X 职校的中职学生普遍认同教育是人们"向上流动""改变命运"的有效途径和重要途径，同时，现实中令人失望的学业成绩和枯燥乏味的学习过程也让他们开始对自身是否具有学习天赋、是否是读书的料产生怀疑。这种教育言行背离或读书观念冲突的背后是学生身边的人群对中职教育"污名化"和教育目的功利化。这些学习内驱力不足的中职学生从小听到最多的训诫就是"努力读书才有出息""考上大学",而忽视了其他的教育路径。许多中职学生很早就意识到:"只有接受大学教育才能改变命运,而考不上大学的自己难以通过读书实现跃迁。"进入中职学校后,当新生看到身边大部分的"前辈"或"同侪"都对个人教育发展不再期待时,便逐渐将那些人对于中职教育的"污名化"认识转为自身的"自我污名化"观念。这就解释了X职校中一些现象出现的原因:许多内驱力较低的中职学生进入X职校后不久就会根据学习能力、考试分数主动或被动地进入"学习无用"的行列,进而以一种"经济理性"理念选择主动放弃学习,甘愿成为教育选拔路径中的淘汰者。同时,为了表达出教育过程中自身处于不利地位的不公平感,一些学生会努力展示和彰显自身的存在及其与主流教育文化的差异,竭力去抵制附着于他们身上的主流价值判定(如不利地位者、弱势群体、后进生、学困生、潜能生等),并小心谨慎地建构着自己新的身份认同、群体认同和社会认同(如沉迷网络、找乐子、建帮派等)。此外,学校中的分班制度、座次区隔以及教师关注的差别化也让这些学生的自主放弃现状得以合理化:一些学生会因为教师不怎么管束自己而感到有了"特权"似的自得,会在班上为数不多的"学优生"们被老师点名或批评时而感到兴奋。

威利斯在《学做工》中专门描绘了"小子们"是如何在劳

第三章 中职学生学习内驱力不足的文化归因

工阶层文化影响下基于自身的"洞察"主动做出了各种"反学校文化"行为及其背后的行动逻辑。在威利斯看来,"洞察"是"一种文化形式中的各种念头,而这些念头有助于洞察该文化形式的成员及他们在社会整体中所处的位置,而这种洞察的方式不是中立的、本质主义的或个体主义的"❶。他认为那些劳工阶层的"小子们"已经看清楚了自身所处的生存状态,已经充分感知到学校赋予的文凭和证书并不能为其劳工阶层身份与地位带来任何改善,而只能在这一制度规则下将中间阶层和精英阶层特权进一步合理化。为了避免在意识形态和现实世界中遭遇双重侮辱与压制,"小子们"才会做出"找乐子"等各类"反学校文化"行为。当然,"小子们"的这种"洞察"显然充满着局限性,他们并没有从真正意义上看透学校教育在整个社会结构中的功能,这也就使得他们只能在自认为"洞察"的真相中加速着阶层再生产。

X职校学生的"反学校文化"行为及逻辑却与之有所不同,这些学生看似也对当前教育筛选通道以及中职教育发展不平衡、不充分现状有所"洞察",但是这种"洞察"背后的自我放弃学业行为更多地体现出了一种被动性和无法抗拒。大部分学生都表现出对读书价值的认同,但是在行动上却难以集中注意力去认真学习。他们不努力学习并不完全是因为他们不想学或厌学,而是他们在尝试认真学习时发现自身所具有的学习基础难

---

❶ 威利斯. 学做工:工人阶级子弟为何继承父业 [M]. 秘舒,等译. 南京:译林出版社,2013:150-153.

以跟上学校教育的进度，原生家庭赋予的限制性符码与学校课程中的精致型符码有着巨大差异，这造成了他们学业成就上的巨大差距和糟糕的学习体验。为此，在调研中笔者经常会看到学生言行不一、观念背离的现象：他们一方面始终对"知识改变命运"这一箴言坚信不疑，行为上却表现出对中职学校制度的不满、对中职教师的轻视以及对自身学习能力的质疑；另一方面在内心迫切需要来自家庭、同伴以及教师的情感关怀，行为上却通过建立"兄弟制""亲戚制"等非正式群体，以及网络直播、游戏代打等虚拟社群等方式重新建构出自我的身份认同与社会认同。这些特征反映了中职学生内在情感认知与外部行为需要的混乱与冲突，也说明了这些学生的少许"洞察"更多的是一种对当前教育文化规则与教育流动机制的"臣服"：他们"认清"了自身在社会阶层结构中所处的位置，也"看透"了自身在教育筛选机制中具有的竞争潜力，于是以一种看似被动接受、实则主动放弃的形式加速着阶层再生产。

二、断裂的文化认知

文化认知是指人们获得文化知识、应用文化知识或对文化知识进行信息加工的过程，❶ 这一过程受文化环境、文化体验、文化差异等因素的影响。教育场域内学生文化认知的断裂则是

---

❶ 王晓峰，高俊波，孔繁荣. 英汉人工智能辞典［M］. 上海：上海交通大学出版社，2019：53.

指学生获得、应用与内化新文化知识的过程与先前的知识经验发生脱节,使得学生在进行新知识建构时受阻。这是一个具有内在逻辑顺序的闭环过程:语言符码的差异影响着学生文化知识的获得,进而影响教育实践中文化知识的应用与内化。

一方面,文化知识的获得受语言符码的影响。伯恩斯坦提出符码的概念,并依据语词特征、语法使用、脉络依赖等内容的不同将语言符码分为限制型符码与精致型符码。❶ 其中,前者重视团体语言,对社会脉络的依赖性较强,句子安排较为简洁,语言意义的表达有限且特定;后者则重视个人甚于团体,对社会脉络的依赖性较弱,句子安排较为复杂,语言意义的使用明确且独特。❷ 学校主流文化中使用的书面语言与教学语言更倾向于精致型符码,而在以血缘与地缘为纽带连接起来的农村文化中,集体的生活经验与知识基础为限制型符码的使用创造了条件。伯恩斯坦肯定了限制型符码作为通俗语言的文化独特性与语言美感,但是他也指出了这种语言不受学校教育欢迎的现实。❸ X 职校学习内驱力不足的中职学生多来自农村,他们在求学的过程中面临着文化环境的转换,以及由此引发的语言符码的差异,这种差异要求他们具备更强的解码能力,从而获得融入学校学习与生活的"语言钥匙"。然而,在实际的教育情境

---

❶ 周利敏,谢小平. 符码实践中的权力逻辑:教育不平等的新解释模型:基于对伯恩斯坦符码理论的研究 [J]. 当代教育科学, 2008 (9): 6-9.

❷ BERNSTEIN B. Class, Codes and Control (volume Ⅰ): Theoretical Studies Sociology of Language [M]. London: Routledge, 1971: 145-148.

❸ 伯恩斯坦. 阶级、符码与控制 [M]. 王瑞贤,译. 台北:联经出版事业股份有限公司, 2007: 20.

中，学习内驱力不足的学生的这种能力却不十分突出，呈现出生活语言系统凌驾于学习语言系统之上的态势，以下以一篇检讨书为例（见图3-1），或能更直观地反映这一问题。

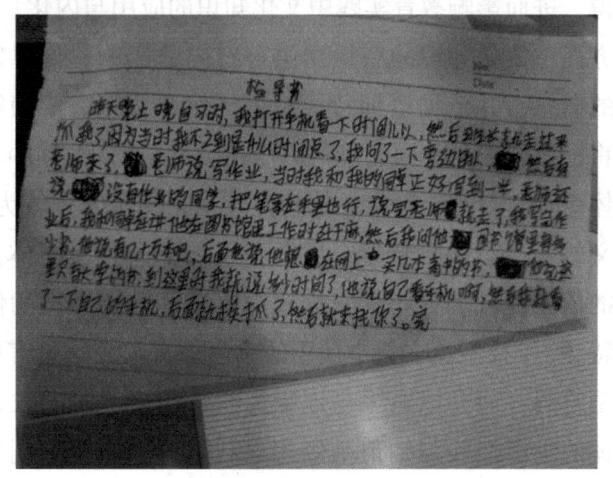

图3-1 学生写的检讨书

检讨书的内容如下：

检导（讨）书

昨天晚上晚自习时，我打开手机看一下时间儿以（而已），然后班长就走过来抓我了，因为当时我不之到（知道）是什么时间点了，我问了一下旁边的人，然后有老师来了，老师说写作业，当时我和我的同卓（桌）正好写到一半，老师还说没有作业的同学，把笔拿在手里也行，说完老师就走了，我写完作业后，我和同卓（桌）在讲他在

第三章　中职学生学习内驱力不足的文化归因

图书馆里工作时在干麻（嘛），然后我问他图书馆里有多少书，他说有几十万本吧，后面他说他想在网上买几本高中的书，他说这里只有大学的书，到这里时我就说多少时间了，他说自己看手机啊，然后我就看了一下自己的手机，后面就挨抓了，然后就来找你了。完

可以看到，作为一种应用文，检讨书理应归属于学习语言系统之中。然而这位同学的检讨书却充满了生活语言系统才具有的风格，这种生活经验的表达是因学生所持有的生活语言系统与学校的学习语言系统不一致而产生的。更有甚者，在正式教育场域中对生活语言系统的贬低与排斥都会使中职学生产生文化认知的冲突与断裂，进而增加学习内驱力降低的可能性。[1]

另一方面，教育实践影响了学生对文化知识的应用与内化。依据合作对象的不同，中职的教育合作可以被划分为校企合作、校社合作、校研合作等多种方式，其中校企合作与校社合作是学生应用与内化文化知识的两种重要方式。对于初次接触职业教育的中职学生而言，由于他们已有的认知图式中少有对中职教育内容起固着作用的适当观念，所以新知识与旧知识之间的同源性联系不强，很容易造成奥苏贝尔所说的机械学习。而校企合作与校社合作会将新知识置于具体的实践场景与生活场景之中，向后延长知识的同源性，增强知识的应用性，进而增强

---

[1] 朱新卓，刘焕然. 农村初中生隐性辍学的文化分析 [J]. 教育科学，2015，31 (4)：58-63.

学习的意义。所以在具体的教育实践中，校企合作与校社合作的范围与程度直接影响着学生对所习得文化知识的应用与内化。然而，中职教育中校企合作与校社合作当下的实然状态不甚乐观，尤其是在欠发达地区。学校的育人本质与企业逐利本质的契合点是校企合作的关键所在，所以人才培养就成为其中一环。于学校而言，人才培养是育人本质的应有之义；于企业而言，人才培养是储备人力资源的方式之一。以此展开的合作理应是增强学生学习应用性与实践性的主要方式。然而，企业对学校人才培养的低技术期望、劳动分工细化的时代背景等因素都制约着学校文化知识的应用。正如JL经理所言：

  相对于在学校学习到了多少技能，我们更期望学校培养学生的职业素养。

他认为，在进行校企合作时，学生在学校所学习的技能仍较为基础，并不能满足企业的技术需求。所以相较于拓展和加深合作，他更希望学校从管理角度培养学生的职业纪律与职业自觉。再者，企业的劳动分工细化确实是提升生产效率的重要途径，但是对于学生的综合技能培养却产生了消极强化的作用，更不用说学生实习过程中存在的专业不对口现象了。与校企的单通道合作不同，校社合作则是以一种更宽泛的方式将学生置于更现实的生活场景。就中职教育而言，其培养的人才终将服务于社会并促进经济社会的发展，所以中职学校与社会的合作也是促进学生知识应用与内化、增强学生认知的重要方式，然

第三章 中职学生学习内驱力不足的文化归因

而这一方式在具体的教育实践中却受到各方面的桎梏。正如SX老师谈及的：

> 如果进行这种社会实践就会牵涉很多问题，比如费用问题、安全问题。还有一些老师会想，我一个普通老师，我只管教技术，管那些干什么，找累……

由此，在新知识与旧知识联系较弱的情况下，中职学校与企业、社会合作的广度、深度的不足又制约着学生对习得知识的应用与内化。这使得学生在进行新知识建构时受阻，造成了学生文化认知的断裂，进而引发中职学生学习内驱力的降低。

三、错位的生存心态

法国社会学家布迪厄提出的生存心态理论将资本与场域联系起来，他认为实践既是客观结构与生存心态同步双向运动的动力学基础，又是二者获得重建与更新的发生学根源。❶ 生存心态不仅是行动者在日常实践中创造和生成的性向，❷ 而且是各个主体所属团体或阶级的历史或共同记忆。❸ 其中，其他生存心态

---

❶ 高宣扬. 论布尔迪厄关于"象征性实践"的概念[J]. 哲学研究，2016（3）：66-73.
❷ PIERRE B. Reproduction in Education, Society and Culture (Theory, Culture and Society) [M]. 2nd Edition. London：Sage Publications Ltd.，1990：45.
❸ PIERRE B. Homo Academicus [M]. UK：Polity Press，1988：150.

的形成以基本生存心态为基础。❶ 布迪厄认为，不同于被动机械式复制的习惯，生存心态是主动创新式的建构，所以行动者以特定的生存心态实施行动时，就与外部的客观结构发生双向互动，这一互动过程既影响着行动者的外部世界，又使其内在的生存心态获得更新。行动者所处的社会环境、行动经验以及长期的状态都与生存心态的形成存在密切联系。❷ 也就是说，生存心态受过去实践的影响，反映并指导行动者的实践活动，一定程度上也勾画了行动者未来的实践图景。对于大多数学习内驱力不足的中职学生而言，他们生存心态的形成离不开生活场域的社会环境、行动经验以及生存状态。而学校场域的教育环境、教育行动以及教育状态则不可避免地与其原有生存状态存在差距。所以，这些中职学生就面临着既有生存心态与教育环境的配适问题：二者的部分匹配使学生对自身能力产生自信；二者的部分错位则容易使学生产生不适应感与内心的挣扎。在生存心态可塑性的影响下，这种错位为生存心态的转变提供动力源。但是，生存心态的连续性也制约着这种转变的发生：连续性可为学生带来自信，帮助其逾越环境错位，从而实现生存心态的转变；而连续性产生的凝滞作用则阻碍着生存心态的转变。❸

---

❶ PIERRE B, WACQUANT L J D. An Invitation to Reflexive Sociology [M]. Chicago: The University of Chicago Press, 1992: 133.

❷ 高宣扬. 论布尔迪厄的"生存心态"概念 [J]. 云南大学学报（社会科学版），2008（3）：8-15，94.

❸ 谢爱磊. 精英高校中的农村籍学生：社会流动与生存心态的转变 [J]. 教育研究，2016，37（11）：74-81.

第三章　中职学生学习内驱力不足的文化归因

运用这一逻辑体系探究 X 职校中职学生学习内驱力不足的现象后可以发现：X 职校中职学生曾经在长期性、经常性和历史性的行动过程中形成了独特的生存心态，这一心态是其所有实践活动的指南。而进入 X 职校后，学习与生活上的差异使学生产生了不同程度的适应问题，这是生存心态与新的教育环境相互作用的结果。生存心态的可塑性使学生的适应问题存在解决的可能，但是这种可能性受制于生存心态的连续性，即生存心态的连续性是一把"双刃剑"，既可以给学生带来自信和安全感以解决适应问题、发展生存心态，又可以产生凝滞作用使得学生不能跨越适应问题的鸿沟，导致学习内驱力的降低。这种由生存心态与新的教育环境不匹配而引发的适应问题更多地表现在中职学生在 X 职校的实践活动方面，具体表现为学生对于学校中具有一定社会和文化意义的活动缺乏必要的认识，并对此产生消极情绪。中职教育是以就业为导向的教育类型，所以劳动教育在其中理应占有一席之地，这是加强学生职业素养、职业道德、职业行为习惯的重要途径，也是 X 职校将"崇尚劳动、敬业守信、精益求精"的理念贯穿于教育全过程的一种实践。然而，学生对此却不甚理解。"每日三扫"的卫生制度和课程表上每周两次的"劳动教育"成为大多数学生不满意的地方。其原因正如 W 副校长所述：

学生从小在家里被父母宠着、惯着，很少搞劳动的，包括中小学也不提倡劳动的。

在这种生存心态的指引下，学生对劳动教育简单地理解为表层次的"搞卫生"，而职业教育理念很大程度上则被学生弱化甚至忽视，这种生存心态与教育环境之间的冲突就产生了适应性问题。如若学生不能真正领悟这种教育理念并转变生存心态，那么既有生存心态与教育环境之间的冲突就会成为学生学习内驱力不足的一种推力。

四、受限的文化资本

显然，面对大量学业基础较低的学生的学习需求，中职学校较为薄弱的教师队伍与有限的教育资源难以在当前持续加剧的升学竞争与就业压力中找到突破的路径并带来发展的希望。看不到最终能够通过教育晋升的希望，却还会在学习过程中遭遇各类作业、考试带来的挫败体验，这些遭遇持续地消解着中职学生的学习信心，并降低了他们的学习内驱力。在多次尝试自我努力仍然未能取得进展后，陆续有学生开始对自身的学习天赋生出质疑、对教师的教学水平失去信心、对学校的严苛管理产生不满，将注意力和学校行为转向能让他有存在感和价值观的非学习领域，进而步入了学习内驱力不足的自我放弃状态。在调研中发现，"为什么来读书？"是大部分中职学生最容易回答却也是最为困扰的问题。一方面，许多学生都会第一时间作出"为了以后能找好工作""读书很重要"等相似的回答；另一方面，学习过程中持续带来的较差学习体验以及对未来的极度不确定性又让他们表露出疑惑："因为父母要我们来""不来

第三章 中职学生学习内驱力不足的文化归因

学校我也没有其他地方去啊"。其中，大部分学生关于上学读书的目的更多地受到原生家庭的影响。父母的观念与行为方式会在共同生活与相互交流中对孩子有意无意地产生影响。

伴随着小康社会的全面建成，我国的绝对贫困问题得到了历史性解决，各地区经济水平逐年提升。与此同时，不同群体的收入与受教育水平逐渐出现分化，许多过去自给自足的意识观念与生活模式也逐渐被"经济至上"的实用理性所取代。这就造成了一些学生认为读书虽然重要，但已经不是唯一路径，没有文化一样可以通过外出打工、电商贸易、送货服务等各种方式赚到钱。而这些家庭父母对教育的重要性也存在许多认识偏差，认为自己的责任是赚钱养家，给孩子提供足够的物质保障就行了，而学习则是学校的事情，也要看孩子自身的悟性。基于此，一些家长对于孩子的教育期望会较为笼统，普遍存在"要好好读书""要认真听课"的基本期待，但又不是非常在意孩子学业成就、学习体验的情况，更多地秉持着"学习还要看孩子的悟性，教育是学校的事情"的态度。在有限的文化资本条件下，当地家庭对于孩子较低的教育期望以及相对被动的学习理念让学生难以从家庭方面获得足够的学习动力支撑，反而会在遭遇学业失败时开始不断地自我开导，"读不好书也一样赚大钱""没办法，我天生就不是读书的料"。可以说，受到工作时间、文化资本等方面限制的父母只能对孩子的学习采取"放任自流""自然成长"的态度，他们并没有足够的经济资本、文化资本为孩子精心谋划未来。这相较于城市中产阶层家庭的父母在孩子的兴趣培养、课外辅导、作业督导，以及在择校择

141

班、家校沟通、亲子活动等方面的"精约式"自主参与体现出截然相反的教育境况,但其背后同样在持续推进着各自阶层家庭文化资本的代际转化。这正如拉鲁(Lareau)在《不平等的童年:阶级、种族和家庭生活》一书中所提出的,中产阶层主要采取"协作培养"(concerted cultivation)的教养方式,而劳工阶层和贫困家庭则采取"散漫成长"(natural growth)的教养方式。阶层结构决定了这些家庭父母的社会地位,这些家庭也因此依据自身资源环境来建构起家庭内外的教育与文化环境,逐渐对孩子进行塑造并留下"惯习",进而形成了一个不平等的文化再生产过程。正是通过这种"制度化""合法化"的不平等,不同阶层结构得以固化,将特权与财富代际传递。❶

与此同时,在拉鲁看来,文化资本并无高低贵贱之分。不同的教养方式,在孩子身上形成了不同的比较优势。中产阶层的孩子通常发展出良好的口头表达能力、丰富的词汇量、与权威机构打交道的经验以及艺术、体育等方面的技能;而"自然成长"起来的劳工阶层的孩子则学会独立生活以及与他人亲密相处的能力。❷ 但是,这些来自劳工阶层家庭的孩子进入学校后,由于学校教授的主流文化资本具有更高的价值,其能更好地嵌入公共机构的运作规范中,并在现代化社会生活中的各个方面得以体现和巩固,这就使得这些学生不得不面临自身文化

---

❶ 熊春文,谢彤华. 不平等的童年:基于流动儿童游戏文化的田野考察[J]. 东南大学学报(哲学社会科学版),2017,19(2):100-109.

❷ 肖索未. 社会阶层与童年的建构:从《不平等的童年》看民族志在儿童研究中的运用[J]. 湖南师范大学教育科学学报,2011,10(2):36-38.

第三章 中职学生学习内驱力不足的文化归因

资本受限的困局。正如在 X 职校调研中发现的，课堂知识的文化排斥、教师的区别对待以及座次的空间区隔让家庭文化资本处于不利地位的学生在一入学就陷入学习困难的处境。这些学生"薄弱的学业基础""游离的学习状态"往往在教学中会消耗中职教师更多的时间与精力，却很有可能带来极低的学业回报。这就让许多教师在精力与资源有限的情况下不得不采取择优的方式实现更加高效率、高回报的教学活动。这种工具理性的教育观念让中职学生被刻板化地分成了学习成绩优秀与学业成就低下的两个群体，而"学困生""后进生""潜能生"等称谓就成为大部分学习内驱力不足的中职学生所背负的身份标签。正是在这种非言语式的长期区别对待中，许多中职学生逐渐形成了学校场域中的自我认知与身份定位。为了抵制学校主流文化下的"污名化"身份标签，他们自然而然地通过加入非正式群体或进入虚拟世界来找寻和构建出依托情感的亚文化场域来建立归属感，树立自信心。这一空间成为他们抵御和逃避外部评价与筛选竞争压力的港湾，但也因此造成他们的读书观念与学习行为的背离与冲突。他们只是意识到了学习的重要性，却不会关注自身的学习习惯、学习能力，仅仅将学习与考试成绩、未来职业挂钩，却未对学习过程与方法进行改进。这就导致了许多学习基础薄弱的中职学生陷入一个学习困难的恶性循环中：越是长期使用限制型语言符码的学生就越难以理解学校教育中的精致型语言符码，越是"听不懂""学不会"就越容易游离于课堂，越是不专注听课就越难通过考试，越是成绩落后就越会对自身能力产生怀疑，进而只能在自己的亚文化场域中逃避外部压力。从这个意义上可以说,这些学习内驱力不足的中职学生在学校中遇到的文化再生产问题是原生家庭文化与学校主流文化、学生的主观能动性与教师的教学功利性等多方因素共同作用的结果。

第二节　制度因素:学校管理制度存在不足

地区经济发展不均衡带来的教育发展不均衡是我国职业教育研究中无法忽视的重要方面,要透视和思考中职教育发展和中职学生的学习内驱力不足问题,就必须考虑过去几十年来我国教育结构性发展这一大背景。尽管政府相关部门通过政策手段与经济手段一再凸显职业教育的重要位置,并通过资源倾斜、政策引导等措施促进职业教育整体健康发展,但这并不意味着我国职业教育发展的诸多问题由此消失,而是推动我们在"教育高质量发展"背景下进一步解决中职教育发展遇到的问题与挑战。从这个意义上看,中职学生在学校中所遭遇的文化排斥、文化抵抗或是文化隔离等文化再生产问题,都是中职教育发展不平衡、不充分的微观表征,成为国家进一步构建公平优质教育体系的重要改革议题之一。具体而言,从 X 职校内部管理方面看到的文化再生产问题主要涉及培养定位的功利化趋向、学校管理的标准化规训、课程教学的类型化对待以及师生关系的工具性疏离四个方面。

第三章 中职学生学习内驱力不足的文化归因

一、培养定位的功利化趋向

服务乡村振兴和实现城乡共同富裕是职业教育高质量发展的重要任务：以公共属性维护"共享"秩序，以布局统筹赋能城乡"共建"，协同实现城乡共同富裕。❶ 其中，中职教育承担着为地区经济发展提供技能型人才支撑的教育使命，但西部地区中职学校普遍存在人才培养与产业结构匹配性不足的结构性问题，持续影响着中职教育的良性可持续发展。受制于长期以来较弱的工业化发展程度，西部地区大部分县域基本上仍是以农业为主，产业发展仍带有"小农经济"的底色，整体呈现出"小、散、弱"的"去工业化"特征。❷ 尽管近年来在区域间产业结构改革和转型升级中，西部地区承接了大量来自其他经济发达地区的劳动密集型产业，但是劳动力向东南沿海等经济发达地区输出的趋势短时间内难以完全扭转。加之西部地区的经济发展水平相对滞后，在薪资待遇、发展机遇等方面无法与经济发达地区相媲美，导致中职学校培养的技能型人才出现大量外流现象。以广西为例，在2021年广西的16.27万名（就业落实率85.72%）专科毕业生中，第一产业就业人数为1895人，占比约为1.4%；第二产业就业人数为32495人，占比约为

---

❶ 苏德，薛寒，刘鸣宇. 西部地区职业教育协同促进农村共同富裕的理论框架与实证测度［J］. 清华大学教育研究，2022，43（6）：110-120.
❷ 安永军. 中西部县域的"去工业化"及其社会影响［J］. 文化纵横，2019（5）：79-87，143.

23.6%；第三产业就业人数为78337人，占比约为75%。可以看到，广西专科毕业生就业的产业比例结构与同年我国的三大产业整体就业人口比例有较大差异（分别为第一产业22.9%、第二产业29.1%和第三产业48.0%）。❶ 过高的第三产业就业比重显然难以和西部地区较为迫切的农业与制造业人才需求相匹配。西部地区不少中职学校存在盲目开设教育、电子商务、酒店管理等第三产业专业的办学问题，导致人才培养难以满足区域经济发展所需的现代化农业或制造业人才需求，行业需求和人才培养方面的结构性供需矛盾较为突出。

具体而言，许多中职学校在办学实践中往往会采取功利导向的人才培养定位来谋求学校发展，通常体现在人力输出和生源输送两方面的就业工作中。一方面，为了进一步提升中职学校的办学质量，突出产教融合的办学特色，西部地区中职学校纷纷尝试与一些经济发达地区的企业开展校企合作或进行"订单式"培养，将企业的人力需求与学校的就业需求进行紧密对接。然而，在短期利益驱动下，这种跨区域的校企合作往往容易陷入"订单式工具人""就业就是一切"等工具主义发展困境，将见习、实习、实训等活动变成了廉价的劳动力输出，难以真正落实"促进学生全面发展"的教育初心。另一方面，由于不少西部地区学校在短期内无法通过提高就业率或教育质量来完成既定就业任务，在实践中就促使了一些中职学校通过学

---

❶ 尹秋玲. 学校再造与就业分层：职业教育如何生产农二代新阶层［J］. 探索与争鸣，2022（10）：128-137，179.

第三章 中职学生学习内驱力不足的文化归因

历晋升的方式将生源输送给高职院校。这样既可以使中职学校完成人才培养质量与数量上的既定考核指标,又缓解了地方高职院校的招生困难。然而,在这种带有浓厚功利化色彩的办学理念下,中职与高职的贯通培养难以真正实现课堂教学、技能实训和知识教授等各教育环节的有效衔接。在浅层化的校企合作和异化的中职高职衔接之下,中职学生更容易产生专业体验不良、专业迷茫等问题,并成为其学习内驱力不足的诱因。这种"读书无用型"学习内驱力不足的行为,表面上看是学生对于学习内容的主动放弃,实质上是学生对中职教育供需矛盾现状的消极反抗。

二、学校管理的标准化规训

社会是人类为维持公共契约而共同建构的生活共同体。对每一位存在于这个共同体内部的社会成员而言,这种公共契约往往意味着在时间、空间等不同层面上对个体自由形成约束甚至是控制。为了让学生得到尽可能安全、可控、高效的寄宿生活与学习,寄宿制学校都会通过紧密的教学时段安排、封闭的物理空间监视以及精细的管理制度设计进行半军事化、半封闭式的学校管理。

在 X 职校中各角落安装的摄像头以及学校建筑部分呈现的全景敞视特征(例如,无窗帘的透明窗户、时刻保持敞开的教室前后门、高耸的围墙以及围墙上防止攀爬的铁丝网等)。尽管这样的校园布置与建筑设计更多是出于学生安全保障与管理的考量，但一定程度上也出于对学生日常生活行为的管控目的。无论是教师对晚自习与宿舍的突击检查，还是高耸围墙上锈迹斑斑的铁丝网，都让他们在一种最低限的关爱保障与监控中生活与学习。这些设置在有限的学校场域中的各类工具、环境尝试着不断地对中职学生进行着规范化和标准化管理，以期通过严苛的管理实现学生高效且安全的成长。对于中职学生而言，尽管几乎每一位学生都对这种严苛的管理与控制有所厌恶，但是基于家庭背景、文化资本以及教育目标的差异，他们在逐渐的环境适应和行为选择中分化为顺从各项学校规章的"循规生"和厌倦学习、漠视学校规则的"抵制生"，在"抵制生"群体又会进一步分化为直接对抗与软抵抗两种类型。空间控制带来的"身体不自由"让他们做出课堂上注意力游离、课下躲藏到厕所或无摄像头处抽烟等各类抵制行为。这些"反学校文化"行为的背后是中职学生对其学业挫败和无聊生活的一种压力释放。显然，无论是主动抵制还是消极抵抗，抵制生都只能是在自主或被动的状态中走向学业的"自我放弃"，进而在毕业后延续父辈的职业与阶层，完成教育的阶层再生产功能。❶

出于尽可能提升中职学生的学业成就以及降低校内的监管负担等目的，除了进行全方位的空间监管，X职校控制和规范学生的另一个主要手段就是为学生的日常作息做出细致且严格的时间安排。

---

❶ 吕鹏. 生产底层与底层的再生产：从保罗·威利斯的《学做工》说起 [J]. 社会学研究，2006（2）：230-242.

第三章 中职学生学习内驱力不足的文化归因

精密细致的时间计划可以将学生和教师一天的学习生活都安排得井井有条。对于学校管理者而言，这种固化的时间安排可以更好地提升知识传递效率，更有利于学校管理者将管理的不确定性和不稳定性因素限制在最小范围，并在学校内部形成一种支配性的权力结构。历经多年的从教与管理工作，这里的学校管理者深知自身学校在教师水平与硬件设施等方面与东部发达地区学校之间的差距。办学差距和相对统一化、标准化的考试筛选机制、就业竞争机制都让学校管理者清醒地认识到，勤奋与努力是中职学生能够参与竞争的唯一资本。采用严苛的时间作息制度则成为中职学校助推学生展开教育竞速的最优选择。

对于中职教师而言，这些时间安排并不仅仅是学校控制和助推学生发展的工具，还是他们每一天工作和生活作息的规约。"上课时是学科教师、自习时是班主任、下课后是生活老师"，每一天、每一时段都处于这种连续性、多角色切换的工作与生活节奏中，使大多数中职教师只能疲于应付，尽自己最大的努力去达到基本要求。这也造成了许多中职教师在日复一日的紧张生活中逐渐失去了自我发展的动力与思考的能力，大部分时间里与学生一样在精细化的时间轴上如同机器般运转。也正是这样的时间控制，让教师在不断认同功利化、竞速化教育理念的同时，将学生划分为"知道学习"（高学习内驱力）和"不知道学习"（低学习内驱力）两种类型，并对前者投入更多的关注与精力去培养，对后者采取漠视和隔离的放弃态度。

在被教师所忽视的学习内驱力不足的学生看来，尽管晚上和中午有足够的睡眠休息时间，但是枯燥的学习仍让他们承受了太大的学习压力。这些一入校就因为家庭文化资本不足而遭遇文化排斥困境,并逐渐对教育能否改变自身命运有所怀疑的中职学生显然不会去理解学校的"良苦用心",而是不得不在这种规约下做出自身的选择:有的人逐渐认可和遵循这种内隐于时间安排的权力操控,进而表达出一种循规蹈矩式的服从,但更多的人则是以不同形态积极或消极地对规定性实践做出个体化抗争和抵制,进而出现阶层的再生产现象。

三、课程教学的类型化对待

在中职学校中,学校领导、教师、学生共同构成了学校这一半封闭舞台中的各个要素与角色,而有关课程、教学、宿舍等方面的各种规章管理制度则成为舞台中的剧本条目,大部分学生为了不受到校规校纪的惩罚而努力遵守规则,共同营造出校园的和谐气氛。然而,正如学者戈夫曼(Goffman)在其戏剧理论中所提到的,为了让剧目更好地运转,剧组成员会非常默契地与观众进行"完美配合"。而在表演中,总会偶尔出现一些不合时宜的局外人或突发事件将这种和谐默契的氛围打破,让表演者不知所措或让整个表演为之中断。为了尽可能地避免这样的状况发生,剧组在演出时都会预先挑选那些稳定性和服从性更强的观众进入剧场观看。❶ 而在中职学校的课堂中,教师为

---

❶ 戈夫曼. 日常生活中的自我呈现 [M]. 冯钢, 译. 北京:北京大学出版社, 2008:203-204.

第三章 中职学生学习内驱力不足的文化归因

了能尽可能顺利且高效地完成教学任务和达成考核指标，通常会在工具理性价值影响下将学生进行分类，这种分类依据的往往是学生学习内驱力的外部行为表征。这种基于某一特定标准或纬度将熟悉事物进行归类的类型化经验让中职教师在新生入学的那一刻起仅用课程知识和考试成绩作为标准对学生进行了分类。久而久之，许多刚入学的新生也在耳濡目染中对身边的同侪和自身形成了价值异化后的身份认知，即考试成绩好的学生各方面都会很好，考试成绩不好的学生一无是处。身处被类型化、标签化的氛围中，许多因为家庭文化资本受限而学业存在困难的学生很容易因"不平等"评价与对待而产生自我放弃或反叛的想法。相关访谈内容如下：

> 我记得刚入校不久，老师就给我们看了一段视频，里面的学生早上六点多就到教室自习了，去食堂和上厕所都是小跑的，所有时间都用来学习。老师还和我们说，如果做不到这样努力学习，以后没什么前途的。（学生 ZY，2020 年 10 月 16 日，访谈资料）

正是在这种教育功利化理念中，中职教育、中职教师以及中职学生在日复一日的教学互动中"共谋"着社会不平等的再生产。学校中的每一个人都在互动中达成了共识：经中考分流进入中职学校的学生将归属于劳工阶层，而进入普通高中的学生才有机会取得进入大学的机会。这样，以各类考试为"指挥棒"的教育选拔功能最终导致学校师生心甘情愿地接受着这一筛选准则，并被迫接受着自己注定的未来命运。从这个意义上看，当前的中职学校未能承担起公平调节器的功能，而更多地出于"发展""成效"等功利目的在课堂微观场域中采取了区隔化的教育策略，将有限的教师资源投到少部分学习内驱力高的学生身上。而在以学习成绩为划分标准的分层分类中，不同"层次"和"等级"的学生被动地、默默地接受着学校的差异性管理与对待。作为弱势群体，学习内驱力不足的中职学生在学业初期或中途就主动或被动地放弃了学业。也就是说，针对不同学生的分层教育和以考试成绩为参照的选拔机制决定了大部分中职学校学习内驱力不足的学生将陷入已被合理化的阶层再生产循环中。

一直以来，相对薄弱的生源质量以及区隔化的教育策略造成了中职学校的学习氛围不浓和学习体验不佳。不少中职学生对学校充满着复杂的情感，一方面在放弃教育晋升希望后，仍处于基础教育阶段的学生除了在学校打发时间，无处可去；另一方面在面对无所不在的时间与空间管控以及差异化的对待时，糟糕的学习体验又让他们长期处于与学校主动对抗或消极抵抗的状态中。对于这些学生来说，学校变成了一个类似于例行公事、整点签到的工作场所，不再具有特殊的教育意义或情感价值；教师则变成了只重视工作业绩的"领导"或"监工"，只是运用各种奖惩、竞争和激励等手段来提升学生的学业成绩，而没有流露出足够的关注。当企业中的绩效主义在学校场域中被充分演绎时，学校教育通过学生座次的空间区隔、学生群体的类型划分、学习过程的监督控制，在每一个班级、每一堂课

程中对一个微观的社会关系与阶层结构展开预演,大部分学习内驱力不足的学生只能被动接受着文化再生产,并最终完成社会阶层的再生产。

同时,学校场域中对学生的类型划分并不仅仅体现在教育理念和学习氛围,还呈现在每一天课堂教学的空间区隔与教学的差别对待中。在许多课堂中,教室被人为地分割成了几个相互区隔的群体空间,通常呈现倒"U"型,即在插秧型的座位安排中,少部分学习内驱力较高的"学优生"会聚拢在以讲台为核心的前排中间位置,而沿着教室边缘的2~3行(列)则通常坐着容易被教师忽视的学习内驱力较低的"学困生"。身处边缘位置的学生在课堂中只要不影响教学秩序,几乎不会与教师产生互动,是教师、班集体所忽视的隐形群体。正是这种看不见的座次空间界限将两类学生群体进行了划分与区隔,并对他们分别施以差别化的教育对待,让他们形成明确的自我定位与身份认同。这就好像是对社会中不同阶层的关系结构的一种复制,不同的学习体验、学习信心以及学习能力让两类学生群体逐渐产生出群体间的关系隔阂与行为差异。

作为学校主流文化的循规蹈矩者,学习内驱力较高的"学优生"遵守学校纪律,相信考试成绩作为评定标准的教育绩效主义,理解学校和教师的付出,也不断通过自身知识与技能的提升来持续加强"读书改变命运"的教育信条。而对于被边缘化的"学困生"来说,糟糕的学习体验、受限的文化资本让他们完全放弃了通过教育向上流动的希望。他们尝试通过上课睡觉、放弃考试、沉迷网络等隐形抵抗的方式来表达自身对考试文化的不满，通过抱团取暖、组队游戏等方式来重新建构自身的社会身份认同。然而，中职学校的大部分学生都属于后者，他们拥有较低的学习内驱力，在面对个体条件的劣势、学校教育的不足以及家庭教育的匮乏等发展困境时，只能以一种看似无奈且合乎情理的方式走向学业的自我放弃。这显然与威利斯笔下的"小子们"有所不同，因为这种阶层再生产并非中职学生的主动选择，他们并没有获得一个自主选择的平等机会，更不是基于对自身阶层状况的"洞察"后所做出的生存选择，而仅仅是在看清了自身处于劣势的教育情境中得不到足够改变状况的支持与帮助后，做出的"无望"与"无奈"之举。这正如笔者在调研中发现的，大部分学生内心相信"读书改变命运"的读书有用论，行为上却践行着"读书无法改变自身命运"的读书无望论。从这个意义上看，扭转中职学校的功利性办学目标和成绩绩效主义的管理制度是未来改善学生教育体验，进而转变其文化再生产轨道的重要内容，大力提升职校办学质量则应当是消除学生"读书无望"与"读书无用"观念的重要改革方向。

四、师生关系的工具性疏离

作为主流知识和学校制度的代言人，教师一直在学校场域中占据着权威的主导位置。在中职学校的各种教学活动中，凭借着"师道尊严"的传统权威，教师往往在师生关系中占据着绝对的主导地位，而学生通常作为知识的接受者或规则的遵守者，处于被动地位。与此同时，教师又是在学校场域中除其他同伴外，学生接触最为频繁的群体，大部分时间里师生都会在同一课表安排下、在同一空间中共同完成知识的传递与探究活动。然而，在中职学校中，师生双方所共识的分数绩效主义理念让整个教学成为单向的、重复的价值灌输、知识记忆和技能训练。通过各类媒介接收到了多元文化信息的中职学生在学校主流知识与核心价值的单向灌输下很容易产生抗拒心理，而空间与制度上的区隔以及教师的区别性忽视更让他们感到师生情感的淡漠以及关系的疏离。

如前所述，许多学生在家庭文化资本受限、文化环境不佳的条件下进入学校，在感受到与国家统一普及的课程知识符码的巨大差异后，这些学生迫切需要得到学校、教师的帮助以进行新旧符码的转化与适应，这显然是一个艰难且充满不确定性的过程，需要师生的共同努力与相互配合。然而，教师在以考试分数为绩效考核的发展压力下，不得不选择将时间、精力倾斜投到少部分学业基础更好的学生身上，并采用自上而下的灌输式教学方式，期望通过更理性的教育投入和更高效的教学模式在短期内收获最具有性价比的教育成效。在这种具有工具性特征的教育理念影响下，教师不断加大对成绩优秀学生的关注，而忽视甚至是漠视其他学生；仅仅注重学科知识的传授，而忽视了育人理念中情感、态度与价值观的交流。这种一切教学与评价都以成绩为参照的教学行为让学生感受到教师在其生活、学习中的缺位，也就逐渐失去了主动与教师进行学习请教和生活交流的意愿。

中职教师在资源不足、精力有限的现状下以工具理性做出的区别化教学策略显然无法获得学生的理解，差别化甚至是不平等的教育对待进一步恶化了那些本就处于文化不利地位的学生在学校的情感体验。对于这些学习内驱力不足的学生而言，本应当积极关心并提供情感支持的教师并没有给予他们正面的、积极的教育期望，而更多地让他们看到了自身所处的不利竞争地位以及渺茫的教育期望。与此同时，在部分学生和教师日常的话语中可以发现，当前的职业教育仍然是从普通教育竞争落选后的学生的选择。在这种复杂的、区别化的对待和言语影响下，学习内驱力不足的学生深刻感受到教育竞争和自身基础所带来的残酷压力，他们在迷茫中被动地给出了自身学习体验的反馈：既瞧不起那些不关心他们的教师和获得了关心的学习内驱力较高的"学优生"，也挫败于进入职校就读的自己。在这种双重质疑与否定中，他们按照自身在群体中的一种认同需求本能地做出了各类"反学校文化"行为。正如美国学者琼斯（Jones）所认为的，学校中绝大部分的学生违纪问题都出于他们对权利感的缺乏，从而只能通过违反校规校纪的各种行为来彰显他们自身的存在和权利。然而，针对这些违纪行为的各种处罚手段并不能从根本上解决这种对抗问题，只能导致学生因权利感与效能感挫败而选择更激烈的对抗或是静默的抵抗。[1]

---

[1] JONES V F, JONES L S. 全面课堂管理：创建一个共同的班集体［M］. 方彤，罗曼丁，刘红，等译. 北京：中国轻工业出版社，2002：250-260.

第三章　中职学生学习内驱力不足的文化归因

第三节　观念因素：学生读书观念出现异化

　　一直以来，我国希望通过加大教育资源的开发与投入来弥补地区间的人才供给差异，实现教育均衡发展与经济均衡发展的相辅相成。同时，随着对职业教育重视程度的不断提升，中职学校的各项办学条件不断得到改善，外部性教育资源配置也获得显著提升，但这些并未带来相匹配的教育质量发展。当前中职教育质量低下的根本原因并不在于缺少经费、缺少教师，而在于职业教育的"污名化"造成了中职教育希望的缺失和中职教师情怀的缺失。这不仅仅是一个教育或经济投入问题，还是一个涉及社会结构稳定与发展的重要文化议题：以标准化、现代化为主的学校教育文化难以较好地与具有多样性、传统性特征的经济社会文化相融合。尤其是对于许多中职学生而言，在脱离当地实际生产生活过程中，他们可能会遭遇相较于普通学生更严峻的语言与认知困境，更加难以在具有城市标准化特征的学校教育中获得更多向上流动的教育可能。这让他们常常处于教育的社会流动功能与社会工具性效用的经济理性博弈中：在西部地区的中职学校相较于东部发达地区学校教育资源更为落后以及求学成本更高这一教育现状中能否实现"知识改变命运"的教育理想？此外，不少中职学生在学校主流文化对原生家庭文化的文化冲突与排斥中，不但没有学好主流文化知识，反而逐渐对原生家庭文化产生疑问、疏离甚至厌弃，进而陷入

"现代城市与乡土社会双重边缘文化"❶的境地。在这种"学的无用,用的没学"的教育境况下,不少农村家庭及其子女会滋生出"读书虽然有用,但自身读书无望"的极端悲观心态与功利化教育投资观念。在学校场域中,通常会表现为学生对教师这一"知识代言人"的轻视和对"知识改变命运"的质疑。

一、对"知识改变命运"产生疑问

"小子们"对于教育与阶层再生产的"局部洞察"是威利斯《学做工》一书的重要理论贡献,体现了这些劳工阶层子弟对自己所处的社会阶层的洞察与对自身身份定位的自主明悟。尽管这种洞察因个人主义色彩而具有较大的局限性和非客观性,但是他们的想法似乎与布迪厄等社会学家的研究结论不谋而合:知识与文凭的制度化过程事实上也是社会中各个阶层合法固化与再生产的过程,隐藏于学校教育中各项知识、文化等规则符码背后的,是社会精英阶层对弱势阶层的排斥。而威利斯研究的"小子们"确实表现出了对文凭社会的质疑:这些文凭并不能为他们带来实质上的阶层跃迁机会,更多的是提供了一个不切实际的梦想,只有具备获得直接报酬的即时性能力、技能并实现收入的增长才是其提升社会位置的动力。❷ 与这些"小子们"有一些相似的是,X 职校学生在言谈中往往也会极力地表

---

❶ 钱理群,刘铁芳. 乡土中国与乡村教育 [M]. 福州:福建教育出版社,2008:100.
❷ 李涛. 底层的"少年们":中国西部乡校阶层再生产的隐性预演 [J]. 社会科学,2016(1):82-92.

达出他们对技能劳动的向往与返思。他们认为富含技术性操作与体力劳动的过程才能充分地体现出一个人的综合能力、处事态度，而纯粹以理论知识为教育内容、背诵记忆为学习手段、考试成绩为评价标准的学校课程体系显然不能培养他们的能力，发挥他们的自身天赋。

同时，这些学生也有意或无意地关注着另一批考入普通高中的"学优生"，并在不断地对比中做出他们自身的"洞察"：即使考上普通高中甚至进入大学，有的人最后也会因为毕业时缺少一技之长而找不到让其生活优渥的工作。相比之下，进入职校学习不但在学杂费、生活费方面有较高的奖助学金政策，还能让学生在学到技能后尽快找到一份工资还算体面的工作。所以相较于考入普通高中后日复一日地刷题，进入职校学习一门手艺和技能对有的人来说或许是一个看起来更加明智的选择。相关访谈内容如下：

> 听说高中生活很苦，早上不到六点就要起来读书，一天除了吃饭睡觉就是刷题背书。别看他们（普通高中生）现在好像挺自信的，以后过得咋样还不知道呢。（学生JJL，2020年11月12日，访谈资料）

> 就算考上了大学又如何？我爸说现在一大批一大批的大学生找不到工作，高不成低不就、眼高手低，没有真本事也没法在社会立足。（学生ZW，2020年11月12日，访谈资料）

这种来自现实感受的明悟显然与我国学者的一些最新观点有所契合：我国大学生的学习收获存在结构性问题。从学习收获的内部结构来看，专业知识技能成为大学生学习收获的短板。❶ 作为教育子系统的职业教育与作为社会子系统的乡村社会具有发展同构关系，职业教育服务乡村振兴是双向联动、互促发展的国家命题。❷ 职业教育还将以技能提升窥见"共富"愿景；以公共属性维护"共享"秩序；以布局统筹赋能城乡"共建"，协同实现共同富裕。❸ 中共中央办公厅、国务院办公厅更是在《关于深化现代职业教育体系建设改革的意见》中明确提出要把推动现代职业教育高质量发展摆在更加突出的位置。从这个角度上看，似乎一些中职学生在高等教育大众化背景下做出了合理的"洞察"。但与"小子们"一样，这种局部洞察带有明显的个人主观性，当他们做出了"当前中职学校的教育资源与教学方式无法为他们的职业教育生涯提供良好支持"这一判断时，建立非正式群体、锻炼游戏操作技能以及尝试网络直播等"反学校文化"的行为活动则合理地成为他们自主培养"综合能力"的教育路径。显然，这种带有自身局限性的洞察并未能让他们真正对自身发展以及中国教育现状形成深刻理解与理性判定，而是通过贬低学校课程与知识来实现其对逃离学校

---

❶ 史秋衡，黄蕴蓓. 我国大学生学习收获的结构性问题及战略导向［J］. 教育发展研究，2022，42（23）：1-8.

❷ 彭洪莉，朱德全. 职业教育服务乡村振兴：多维演进与未来图景［J］. 教育发展研究，2022，42（19）：31-40.

❸ 苏德，薛寒，刘鸣宇. 西部地区职业教育协同促进农村共同富裕的理论框架与实证测度［J］. 清华大学教育研究，2022，43（6）：110-120.

第三章 中职学生学习内驱力不足的文化归因

教育、放弃学业等行为的自恰与慰藉。将知识与技能进行割裂的认知使他们不再认可知识学习的意义与价值，并不断对"知识改变命运"这个长期以来形成的观念产生疑问。

不过，在当下许多中职学生父母看来，读书始终是改变命运最重要的途径，具有强大的经济投资价值。对于这类父母而言，他们中很多人希望子女不要遭遇"面朝黄土背朝天"的工作与生活，更不要为了改善一些经济条件而在城市中从事最苦最累的工作。为此，他们成为坚定的教育信仰者：将"上学读书"视为孩子健康成长的唯一路径。但同时，他们在实践中又是理性的教育投资者：在孩子读书一事上会做出"读得出去，砸锅卖铁也支持他读"和"读不出去，那就赶紧学点手艺"这样极端的投资博弈。正如韦伯将工具理性定义为对效率的无限追求以及对效果的最大化选择，在工具理性的驱使下，许多家庭对于教育的理解更多的是读书能否赚到更多的钱，或是赚到的钱能否超过读书期间损失的机会成本。换言之，"读书改变命运"在他们看来是一个伪命题，因为真正能改变命运的是收入与财富的增加，而读书只是增加收入的一种手段。因此，当读书赚钱这条路径看起来不再那么明确或有希望时，选择学技能手艺去谋生赚钱显然就成了更适合的选择。

当然，这也是众多家庭及其子女在实践生活中对教育做出的一种洞察：随着市场经济体制改革进入深水区和高等教育迈入大众化阶段，读书不再是摆脱旧有户籍制度，跳出"农门"的唯一途径，上大学也不再必然能为学生提供一份稳定的、体面的工作。大学生就业难和企业招工难这一供需结构失衡问题已经不再是一个单纯的教育问题，更是成为每个家庭都普遍面临的社会发展问题与民生稳定问题。在这样的背景下，教育变成了一个高投入、高风险、低产出的投资事业。具体来说，指的是原生家庭在文化资本、经济资本以及社会资本等方面受限，从而要付出比中产及以上家庭更高比例的家庭支出和更多的学习投入，才有可能使子女获得进入高校的机会。而在走完这样高投入、高风险的教育路径后，大部分学生也并不能找到一份他们认为有足够丰厚回报的、改变命运的工作，而与普通的劳工阶层收入基本持平。正是这种看似精明的、带有实用主义色彩的教育观念让不少家庭及其子女出现了观念与行为上的背离：他们一方面在理念上深刻认同和相信"读书改变命运"，另一方面在行动上又选择了"中职教育无用"或"我的教育无望"。在渺茫的升学希望和尴尬的教育回报中，这些家庭及其子女意识到自身"身体力行"的体力劳动和相关技能才是社会生存的立命之本，这也就让这些子女不可抗拒地进入了劳工阶层的再生产循环中。

二、对"知识代言人"产生轻视

我国学者熊易寒在2008年对上海农民工子女就读的公立学校和农民工子弟学校进行了考察后，得出这样一个结论：就读于公办学校的农民工子女在观念上认同主流的文化价值观，渴望通过读书实现向上流动，但在实践中不得不遭遇制度性的自我放弃；农民工子弟学校则盛行着"反学校文化"，学生通过否

第三章 中职学生学习内驱力不足的文化归因

定学校价值系统、轻视教师权威而获得独立和自尊,并心甘情愿地提前进入次级劳动力市场。两类机制虽有差异,却殊途同归地导向阶层再生产而非社会流动。❶ 与熊易寒的发现有一些相似的是,在本研究的中职学校中,中职学生同样呈现出两类机制的特征,但是在群体类型与转变进度上有所差异。观察中发现,中职学生刚进入中职时的整体表现往往与熊易寒调研的公立学校学生或周潇笔下的北京子弟情况一样❷,对文凭和知识还保持着较高的信任和重视。在原生家庭祖辈的前喻文化影响下,教育往往与"学而优则仕""铁饭碗""旱涝保收""出人头地"这类关键词紧密相连,子女成为"大学生"是父母眼中的骄傲、是村里的荣耀。子女在内心深处一直保持着对大学生,尤其是名牌大学生这一身份的羡慕与向往,而话语和行为中却对上大学表现出淡漠和不屑,这实际上是在意识到自己上大学希望较为渺茫后的一种回避心理。正是基于这种对知识的重视和对文凭的认同,这些刚刚进入中职的学生对于作为"知识代言人"的教师仍保持着崇敬与尊重,对教师的权威在主观上表现出承认和顺从。即使他们在课堂上无意呈现出游离或违纪,但并非有意对抗学校权威,在内心他们也渴望教师的关注与教育。❸

---

❶ 熊易寒. 底层、学校与阶级再生产 [J]. 开放时代, 2010 (1): 94-110.
❷ 周潇. 反学校文化与阶级再生产:"小子"与"子弟"之比较 [J]. 社会, 2011, 31 (5): 70-92.
❸ 周潇. 反学校文化与阶级再生产:"小子"与"子弟"之比较 [J]. 社会, 2011, 31 (5): 70-92.

但是，当学生逐渐对自身未来的发展命运有了模糊的、萌芽性的思考后，"知识能否改变自身命运""中职能否改变自身命运"等怀疑逐渐产生。这一方面源于家中父辈开始传递出"经济收入提升才能改变家庭命运""读不读书是你自己的事情"等理念与话语，希望子女对自身的学业与未来生活做出判断并担起责任；另一方面则是中职教师单一的教学模式与差别性的教育对待让学生对"知识代言人"以及自身学业都深感失望。这让不少中职学生在做出自己无法考上大学这一预判后，开始通过游离课堂教学、挑战学校规则、抵抗教师权威等具有"反学校文化"特征的行为来确认、接受并抵制这一无奈现实。对于这些中职学生而言，他们已成为被工具化学校教育所忽视或抛弃的群体，因此不再认同知识与教师的权威，对于教师所持有的常规价值观给予轻视与否定。所谓教师权威，指的是教师凭借国家与社会所赋予的教育权力以及个人的专业素养与人格魅力让学生信服，进而影响和改变学生心理与行为的支配力量。在韦伯对权威的三种分类，即传统权威、感召权威和法理权威基础上，结合克里夫顿提出的法定权威、传统权威、感召权威和知识权威，可以将中职学生轻视教师权威的状况分为对法定与传统权威的轻视和对知识与感召权威的轻视两个方面。[1]

在教师的法定和传统权威方面，由于我国一直都有"尊师重教"的文化传统，"当传统与习俗融入一个人的活动构造时，

---

[1] 李娜. 基于权威接受理论的教师权威内涵研究［J］. 辽宁大学学报（哲学社会科学版），2019，47（4）：170-176.

这些传统在事实上会以一种缄默的方式对人的信念与行为产生权威作用。而这种权威作用往往是普遍且深刻地存在于人的日常信念与行为中,以至于让人难以察觉到其所具有的外在性与强制性"❶。也就是说,在绝大多数学生心中,教师始终是让人尊敬的"知识代言者",而"师道尊严"也始终存在于乡土社会。然而,随着学生通过手机网络接触到多元的价值观念和海量的信息知识后,他们开始对身边的教师做出简单的判定与质疑:相较于网络中的各类信息知识,教师单一的学科内容显得枯燥和过时;相较于社会中各个职业的收入和地位,教师的收入与地位仍居于中低层次。在这些学生看来,他们身边的教师尽管具备某些特定的学科知识,但这些知识并未带来"老板的收入"或"官员的地位";这些教师并不是社会中的成功者,而有可能是教育跃迁道路中的失败者。这种想法推动他们不断将自身"读书无望"的窘迫感受转变为"读书无用"的合理逻辑。尤其当他们将身边教师的收入与外出打工的同伴进行比较时,更是对教师这一职业表示出蔑视:"他一个月的收入还不如我去别处拉两天货来得多!""读书要是有用,他为何还留在这里教书?"2018年,国务院发布的《关于全面深化新时代教师队伍建设改革的意见》中特别强调:"各级党委和政府要切实负起中小学教师保障责任,提升教师的政治地位、社会地位、职业地位。"这一要求的背后充分体现出教师地位已经成为制约教

---

❶ 杜威. 人的问题 [M]. 傅统先, 邱椿, 译. 南京: 江苏教育出版社, 2006: 81.

育发展的重要议题。显然，学生对于教师权威的轻视体现出了当前中职教育的现实困境：当身边的青壮年纷纷离巢外出务工而实现了家庭生活水平改善时，教师"知识代言人"的角色成为当地"读书无用论"的具象承载与天然论据。

在教师个人的知识与感召权威方面，当前的中职课堂仍然呈现出教学的"传统三中心"特征，即以教材为中心、以课堂为中心、以教师为中心，教师是知识的传授者、垄断者，在课堂教学中处于主导地位；学生是知识的接受者，始终处于被动的、从属的地位。学校办学理念的工具化让教师在课堂教学中往往会有意或无意地对学生采取区别性对待，并进行单向的知识灌输。这就导致了理想中师生互动、共同建构的知识探究与学习过程变成了控制与服从的单向灌输与独白活动。在教学形式被简化、学习训练不断重复的机械化和区别化过程中，教师的知识权威也逐渐被异化。与此同时，在寄宿制学校管理制度中，教师变成了学校监督和控制学生的工具，中职教师的个人价值与人格魅力在这种物质化、客观化过程中逐渐消弭。在学校场域中与学生不断产生交互的已不是鲜活的教师个体，而是某一教师岗位上"去人格化"的"职业人"。相较于熟人社会中相互可见且自觉约束的道德关系，"去人格化"给相互关系带来了一种可见却不可及的行为限定困难，使任何一项道德行为都需要法定权威与制度管控来约束。以在校中实施的生活教师值班制度为例，在缺少生活教师岗位编制的情况下，每位班主任都要兼生活教师一职，基本每天都会在几个重要时间节点，去小卖部、操场、宿舍和户外餐厅等学生聚集地对学生的言行仪表进行监督，并在学生会干部协助下进行管理。这种对时间、空间都附加法定权威的行为，在一定程度上反而造成了教师个体感召权威的下降。在中职学生看来，这些教师都是一些不近人情的"冰冷机器"，唯一关心的只有与其绩效挂钩的学生的分数，那些学习成绩较好的"学优生"不过是能提升他们绩效的学习工具。中职教师的社会配置结构、收入待遇、身份地位以及生活圈子无疑使学生更容易从外在习得和内在确认读书的无用性；而教师基于分数绩效主义而出现的师生关系"去人格化"和知识灌输型教学更让学生对教师个体在情感上产生疏离和抗拒。正是在这种对教师外部权威（法定和传统权威）轻视和对教师内在权威（知识与感召权威）抗拒的价值与情感的双重否定中，学生自然而然地在实践中呈现出对中职学习的抗拒，也因此为阶层再生产预演做好准备。❶

三、对"中职教育实用价值"产生动摇

受理性主义和科学主义影响，实用主义蕴涵实用与效能的价值观以及工具理性的思维方式。它以一种隐秘的方式影响着个体观念与个体行为：其一，在实用与效能的价值观念影响下，效率、收益、实用等直接满足社会成员物质利益需求的观念得到社会成员的认可。其二，工具理性的思维方式使社会成员通

---

❶ 李涛. 底层的"少年们"：中国西部乡校阶层再生产的隐性预演 [J]. 社会科学, 2016（1）：82-92.

过理性的衡量与比较以寻求最有效的方式实现利益最大化。❶ 实用主义文化的内在理念与部分家庭的读书价值观念产生了契合，例如，厚植于家庭空间的读书文化对勤奋、踏实惯习的培养；发轫于乡土空间的耕读文化对读书功利性的追求；凝聚于城市空间的精英文化促使中职学生对具体知识与技能进行弥补式学习。❷ 如果说实证主义文化与家庭读书价值观念的一致性在内表现为对教育价值的工具理性衡量，那么其外在表现就是被家庭所认可的"读书无用论"，而"读中职无用论"是"读书无用论"在中职教育领域的一种细化。"读中职无用论"的"用"更偏向效用、功用之意，这是从经济意义上对中职教育的论断。这种观念并没有否认中职教育的教育意义，而只是在实用主义文化的影响下，遮蔽了其"教育之用"。所以，"读中职无用论"应该是两个角度的论解，即"经济之用"的式微与"教育之用"的遮蔽，这两个方面的共同作用产生了"读中职无用论"的教育观念与教育行为。

之所以称中职教育存在"经济之用"的式微，是因为其曾经一度被认为是一种地位获得的教育。在新中国成立初期，中职教育适应了经济建设的需要，在当时教育方针的引领下甚至成为地位升迁的标志。尤其是在改革开放初期，中等专业教育的社会地位几乎超过了普通大学。自20世纪90年代之后，随

---

❶ 朱新卓. 中国农村教育阶层再生产功能的文化分析［M］. 上海：上海三联书店，2015：30-31.

❷ 朱镕君. 城乡之间：底层文化资本生成的空间机制［J］. 中国青年研究，2021（4）：98-105.

第三章 中职学生学习内驱力不足的文化归因

着产业结构升级,对教育文凭的要求不断提高,高等教育文凭不断侵占着中职教育文凭所占据的就业市场,使中职教育的原有优势地位逐渐下降。[1] 与此同时,党政机关事业单位的聘用原则趋向知识化、年轻化、革命化,这就凸显了高中学历的相对优势。此外,就业政策也从"供需见面"向"双向选择",再向"自主择业"转变,这使得就业市场中高等教育毕业生的文凭优势得以显现。[2] 由此,中职教育的优势地位逐渐消失。相较于普通高中,接受中职教育的学生升入大学并获得较高社会声望的职业的机会明显减少。所以,经由理性衡量的家长便将中职教育作为"最后的选择",而这又进一步拉低了中职教育的整体生源。

2019年,《国务院关于印发国家职业教育改革实施方案的通知》(国发〔2019〕4号)明确提出职业教育和普通教育是不同的教育类型,明确了中职教育的类型教育定位。然而,由于劳动力市场中的教育失配现象,职业教育回报率不断下降,秉持适合个体选择和职业发展特征的普职分流政策在一些地区的教育实践中出现了误读,甚至产生了异化:类型教育被误解为层次教育,普职分流政策也在一定程度上被异化为普职分层政策。在许多家庭看来,普通教育和职业教育是两条互不干扰的教育轨道,中考分流后的教育选择很大程度上决定了学生未来

---

[1] 张力跃. 对农民职业教育选择行为的理性视角分析 [J]. 清华大学教育研究, 2011, 32 (5): 42-47.

[2] 刘精明. 教育与社会分层结构的变迁:关于中高级白领职业阶层的分析 [J]. 中国人民大学学报, 2001 (2): 21-25.

的发展趋向。中职教育由于入学门槛相对较低，成为学生无法进入高中却能继续享有学习机会的无奈之举。中职教育被许多家庭视为"弱势教育""次等教育"，而普通教育和职业教育之间的类型差异也被误解为等级差异。选择中职教育的学生在这样的教育筛选机制中也更容易滋生出"读书虽然有用，但自身读书无望"的极端悲观心态与功利化教育投资观念：能改变命运的是收入与财富的增加，若是读书赚钱这条路看起来不再这么明确或有希望，那么去职校学一门手艺或技能来谋生显然是更适合的选择。可以说，工具性的教育投资理念无疑进一步加大了普职分流政策在实践中的分层困境。当教育分流仅仅依据分数对考生进行筛选，而非按照学生的读书意愿与职业兴趣进行选择时，其作为分流的教育性功能不断减弱，作为分层的筛选性功能则不断增强。这就是由"经济之用"式微而引发的对中职教育的教育歧视与观念固化，也即经济层面的"读中职无用论"。

作为高中阶段教育的一个重要类型，中职教育所存在的"教育之用"是毋庸置疑的。在教育普及性的影响下，接受教育与习得知识的理念日益深入人心，深刻影响着社会各个阶层。正如调研所发现的那样，受访学生无论学习状态如何，大都肯定了学习知识与技能的重要性。然而，作为淘汰分流机制下的"学业失败者"，中职学生更容易将学业失败归结为自身学习能力不足、不够努力等原因，进而产生一种自我放弃的教育心态：学校文凭并不能为他们带来实质上的阶层跃迁机会，而更多地提供了一个不切实际的梦想，只有具备获得直接报酬的即时性

第三章 中职学生学习内驱力不足的文化归因

能力、技能并实现收入的增长,才是其社会位置提升的动力。❶中职学生在经历了中考分流后,其相对有限的升学通道和身份的固化,成为阻碍他们实现社会流动的制度性排斥壁垒,中职学生很难获得向上流动的机会,从而不断降低教育期望。

可以说,在中职教育普及性与世俗性的影响下,个体开始对接受中职教育的意义与价值进行考量。普及性使得接受教育与习得知识的理念渗透到社会各个阶层,而世俗性却让学生及其家长对中职教育的价值进行衡量:从短期来看,教育具有投入的长期性与获益的滞后性,而经济社会却存在即时财富的诱导,这使得受实用主义文化影响的家长弱化了中职教育与经济利益之间的联系,降低了对中职教育的依赖程度。从长期来看,大多来自农村家庭的中职学生在文化资本及惯习方面都处于不利地位,这使他们在接受学校教育的流动通道与筛选中也长期处于劣势,更容易出现"寒门难出贵子"的社会现象。对此,当看到同阶层毕业生难以获取预期的经济回报后,许多家庭会对中职教育的效用与价值出现认知上的动摇。换言之,尽管中职教育强调对技术技能型人才的培养,但当其未能使家长与学生实现摆脱体力劳动和阶层流动的教育目标时,中职教育的"教育之用"往往会在实用主义文化的影响下被遮蔽。

---

❶ 李涛. 底层的"少年们":中国西部乡校阶层再生产的隐性预演[J]. 社会科学,2016(1):82-92.

第四章 学生学习内驱力不足的他国治理经验

促进学生全面发展一直是我国推进教育质量和公平改革的重点议题，而学习内驱力是制约学生全面发展能否真正落实的内部力量。我国各部门一直致力于通过资源投入、政策支持等外部手段提升中职学生的学习内驱力，并取得了一定的成效。经过多年的发展，我国中等职业教育已经建立了以免学费、国家助学金、国家奖学金为主体，学校资助、顶岗实习、地方政府资助和社会资助等为补充的资助政策体系。❶ 然而，外部手段并不能使学习内驱力不足这一内生问题得到根本性解决，同时，在不同类型的学生群体中，学习内驱力不足这一问题的诱因也有所不同。其中，有的学生因地区教育水平相对落后，产生"读书无用论"观念而放弃学习;❷ 有的学生则因面临诸多文化

---

❶ 范先佐，唐斌，郭清扬.70年学生资助工作的系统回顾与经验总结［J］.华中师范大学学报（人文社会科学版），2019，58（5）：1-15.

❷ 谢爱磊."读书无用"还是"读书无望"：对农村底层居民教育观念的再认识［J］.北京大学教育评论，2017，15（3）：92-108，190.

第四章　学生学习内驱力不足的他国治理经验

限制与冲突及其带来的文化适应困境而抗拒学习。❶ 由此，可以将学生的学习内驱力不足总结为资源匮乏、文化冲突等类型。一方面，资源匮乏型学习内驱力不足的学生往往因地区教育支持资源不足、看不到通过学校教育实现阶层跃迁的希望，而表现出一种漠视自身学习的行为，这实际上正是他们主动迎接其社会地位再生产的结果，从而不可避免地将社会阶层的固化进一步内化为他们对学校教育的悲观态度。❷ 另一方面，对于文化冲突型学习内驱力不足的学生来说，虽然因教育资源匮乏而引发的学习内驱力不足隐患并不突出，但是当他们遭遇来自不同地区文化的冲击甚至冲突时，会面对着语言适应、心理适应和学业适应等诸多方面的文化适应难题，❸ 从而努力在这种文化冲突与适应中建构出一套专属的群体亚文化来对抗主流文化带来的冲突感与被剥离感，实现自身群体文化身份的认同。从已有研究可知，虽然不同类型的学生出现学习内驱力不足的原因各有不同，但本质上仍然是教育公平与正义的发展价值问题，即从资源配置、文化交流以及情感互动等宏观层面到微观个体的教育公平发展问题，对此，也形成了诸如应在经济层面持续改

---

❶ 李红婷. 城区学校农民工子女文化适应的人类学阐释 [J]. 湖南师范大学教育科学学报，2009，8（2）：30-34，39.
❷ 秦玉友，王玉姣. 新时期"读书无用论"的重新解释与破解逻辑 [J]. 教育发展研究，2020，40（20）：1-6，45.
❸ 李亚培，于海波. "城中村校"随迁儿童文化适应的困境分析与超越：基于赣北地区南郊小学的个案研究 [J]. 教育学术月刊，2021（2）：70-78.

变地区办学条件，❶ 在文化层面平等对待各种文化，❷ 在心理层面引导学生发挥主观能动性、建构积极的自我认同❸等提升策略。针对不同类型的学习内驱力不足问题，对多个教育发达国家的策略发展历史进行梳理后，可以发现法国与美国的治理经验及政策逻辑或许能对我国中职学生学习内驱力不足问题的教育治理现代化形成有益参考：法国通过战略性的教育资源配置政策在近十年来取得较为显著的治理成效；美国则作为典型的移民国家，长期以来持续在促进流动学生文化适应、情感关怀等方面展开具有示范意义的教育探索。

第一节　法国提升学生学习内驱力的治理逻辑与机制

教育资源配置的不均衡往往直接影响着各国经济欠发达地区学生学业上的公平竞争机会，是造成各国经济欠发达地区学生学习内驱力不足的主要原因。由于教育资源的匮乏，各国欠发达地区学生在能力发展的不达标中产生无用感、在社会流动的不活跃中滋生无望感，进一步质疑读书的功能价值。针对这种教育资源匮乏引起的学生学习内驱力不足问题，各个国家的

---

❶ 赵明仁，陆春萍. 从外控逻辑到内生逻辑：贫困地区义务教育控辍保学长效机制探究［J］. 教育研究，2020，41（10）：73-81.
❷ 朱新卓，刘焕然. 农村初中生隐性辍学的文化分析［J］. 教育科学，2015，31（4）：58-63.
❸ 徐清秀. "读书有用论"下的辍学迷思：基于自我认同视角［J］. 北京社会科学，2020，209（9）：43-54.

决策者会以重塑欠发达地区学生的积极教育心态为重要切入点。其中,法国政府通常诉诸补偿性原则和差异性原则,基于帮助欠发达地区学生群体不再对学校教育抱有悲观态度的需要,采取在各类教育资源层面提供直接性、倾斜性、弥补性的帮扶措施的方法予以缓解。其根本目的在于提升欠发达地区学生的求学信心,转变欠发达地区学生群体对学校教育持有的低教育期望和冷漠态度,消弭欠发达地区逐渐抬头的"读书无用论"观念。

一、以分配正义增强学生求学信心的治理逻辑

增强欠发达地区学生的求学信心不仅是法国政府提升学生学习内驱力的切入点,更是法国政府治理教育不平等问题的着力点。在这一逻辑指引下,法国政府在教育治理过程中秉持分配正义的价值原则,将提升欠发达地区学生求学信心放在重要位置,坚持教育资源向欠发达地区倾斜,呈现出强烈的弱势补偿取向。

(一)治理目标:增强欠发达地区学生求学信心

早在1947年,"郎之万-瓦隆计划"(Le plan Langevin-Wallon)就提出了教育民主化思想,其中提到的社会公正原则,是指"男女儿童和青年,不论家庭、社会地位和种族出身如何,都有受适合其自身才能的教育的平等权利",这为法国教育改革关注弱势群体学生奠定了思想基调。"教育优先区"(Réseau d'éducation prioritaire，REP）就是法国政府为关怀弱势群体学生而提出的一项教育政策。它以"给予最匮乏者更多的帮助，特别是更好的帮助"为核心思想，通过制度、财政以及教育实践等方面的支持，缩小地区间教育水平的差异。❶ 同时，法国政府还建立起对特殊群体的具体扶持政策与措施，如由家庭津贴基金（CAF）或农业社会互助（MSA）提供的返校津贴、为16~18岁重返学校的学生提供的返校补助金、为成绩优异学生提供的优异奖学金、为学生提供特殊帮助以支付学费和生活费的社会基金、为弱势背景学生提供的食堂社会基金。❷ 这些扶持政策与措施体现了法国政府在推进教育治理过程中高度重视教育不平等问题，始终将提升欠发达地区学生求学信心放在重要位置，坚持教育资源向欠发达地区倾斜。在具体治理实践中，法国政府分别从地区教育质量提升、学校教育帮扶和学生个体关怀三个层面制定了一系列的治理保障政策。

首先，为提升欠发达地区学生的教育抱负，法国政府于2021年1月制定并实施了"农村教育区计划"（les territoires éducatifs ruraux），通过农村教育区域学校形成的合作网络，加强对弱势儿童和青少年在上学前、上学期间和放学后的教育支持，培养

---

❶ 卢丽珠. 法国"教育优先区"政策改革新探索［J］. 比较教育研究，2019，41（9）：90-97.

❷ Bourses nationales d'enseignement du second degré［EB/OL］. ［2022-08-23］. https：//www.education.gouv.fr/les-aides-financieres-au-lycee-7511.

其接受更高阶教育信心。❶ 其次,为加强对欠发达地区学生的个性化教育支持,2019年7月,法国政府推出了"21世纪寄宿学校计划"(l'internat du XXIe siècle),在欠发达地区的寄宿学校开发艺术、体育、数字技术、考试准备、学业成功、科学等七个教育主题的主题公寓,以此满足弱势学生多方教育兴趣需求。❷ 同时,为进一步营造良好的学习氛围,法国政府将打击学校各种有声或无声的欺凌、暴力事件作为完成国家教育使命的必要条件。与此同时,法国政府对学校投入大量专项活动资金,助力其开展旨在培养弱势学生自信心和学习积极性的校园活动,如定期在学校开展"学校毅力周"(la semaine de la persévérance scolaire)活动,从建立信任、肯定学生独特价值的角度出发,孕育出一种提升学生学习内驱力的学校毅力文化。❸ 在这种个体需求自下而上、治理设计自上而下的治理逻辑中,法国政府保障了欠发达地区的教育资源,打造了学生信任的学校环境,满足了学生的多方学习兴趣与需求,其根本目的是加强欠发达地区学生的求学信心,保障其未来有进一步提升的希望。

---

❶ Ministère de l'Éducation Nationale et de la Jeunesse. Les territoires éducatifs ruraux [EB/OL]. (2021-01-20) [2022-08-23]. https://www.education.gouv.fr/les-territoires-educatifs-ruraux-308601.

❷ Ministère de l'Éducation Nationale et de la Jeunesse. L'internat du XXIe siècle [EB/OL]. (2019-07-09) [2022-08-23]. https://www.education.gouv.fr/l-internat-du-xxie-siecle-5306.

❸ Ministère de l'Éducation Nationale et de la Jeunesse. SEMAINE DE LA PERSÉVÉRANCE SCOLAIRE [EB/OL]. [2022-11-14]. https://eduscol.education.fr/document/986/download?attachment.

(二）价值特征：坚持教育资源补偿的分配正义

通过法国政府对欠发达地区学生群体的治理政策可以发现，针对教育资源匮乏而采取的治理举措遵循着一种分配正义的价值原则。所谓分配正义，就是指教育资源配置应关注学生的社会经济地位的差距，并对处境不利学生予以资源倾斜性补偿，以增加其资本积累，实现对其未来可能性的再分配。❶基于此，约翰·罗尔斯（John Rawl）提出了坚持弱势补偿的"差别平等原则：为了平等地对待所有人，提供真正的同等机会，社会必须更多地注意那些天赋较低和出身较不利的社会地位的人们。"❷ 也就是说，必要时可以直接对欠发达地区进行教育资源倾斜分配，对其教育进行优先扶植，赋予欠发达地区的弱势学生群体与强势学生群体公平竞争的机会，以改善他们的长远教育期望。一些学者借助"再生产理论"从社会分层角度对此予以探讨，如鲍尔斯与金蒂斯提出学校教育结构与社会经济结构存在一种符应关系（correspondence），不同阶层出身的学生在不同类型与层级的教育制度中以一种合法的形式进入各自对应的劳动力阶层，实现社会阶层再生产。❸ 而要改变这种代际再生产关系，国家应基于罗尔斯的分配正义原则矫正社会各阶层资源

---

❶ 褚宏启，杨海燕.教育公平的原则及其政策含义［J］.教育研究，2008（1）：10-16.

❷ 罗尔斯.正义论［M］.何怀宏，等译.北京：中国社会科学出版社，1988：101.

❸ 鲍尔斯，金蒂斯.美国：经济生活与教育改革［M］.王佩雄，等译.上海：上海教育出版社，1990：178-197.

第四章 学生学习内驱力不足的他国治理经验

配置的不平等占有问题。在这一原则的主导逻辑下，法国政府对弱势学生群体的教育治理政策表现出强烈的弱势补偿取向。一方面，法国政府制定了以"积极差别待遇"为理念的教育资源补偿政策，有偏向性地调控额外的教育资源，使之更多地流向弱势群体，帮助弱势群体摆脱在教育发展进程中因地区资源贫乏带来的教育不利处境；另一方面，法国政府开展了一系列补偿教育，以弥补弱势群体先天性的文化资本劣势。如实行保障弱势群体教育优先发展权的"教育优先区计划"（les zones d'education prioritaire，ZEP）、"优先教育计划"（éducation prioritaire）等。

显然，法国以分配正义为价值原则的治理政策，从本质上是一种重塑欠发达地区群体积极教育心态、提高欠发达地区群体社会流动性预期的补偿政策。作为个体实现阶层跃迁的主要通道，学校教育通过主导并实施具有符号暴力的教学行动完成了带有专断性特征的文化再生产，进而实现社会关系结构的再生产。[1] 换言之，在许多教育实践中，学校的文化符号并不会直接剥夺欠发达地区学生群体的受教育机会，但更有可能以"文化专断"的隐蔽方式对其产生文化排斥，致使这些学生因为受限甚至匮乏的家庭文化资本而"自愿地"甚至是"主动地"在学业筛选过程中被淘汰出局。可以说，法国政府的治理政策坚守弥补损失与维护正义并重的原则，以基础性、直接性和差异

---

[1] 布尔迪约. 再生产：一种教育系统理论的要点 [M]. 邢克超，译. 北京：商务印书馆，2002：14-33.

性的补偿策略实现了弱势学生群体的最大利益。其不仅仅对弱势学生群体施以简单的物质资源帮扶和救济，更强调在学校教育的文化接触与知识传授过程中增强学生的求学信心和求学动机，依靠欠发达地区学生自身能力的提高来实现内生发展，从而使他们看到能充分发展其个人潜能的崭新教育前景。

二、动态精准与内外协同的治理机制

法国政府经过近半个世纪的摸索，在弱势学生群体的学习方面已经积累了较为丰富的治理经验，建立了相对完备的治理体系，并取得了相当突出的治理成效。具体而言，自1947年《郎之万-瓦隆计划》首次提出教育民主化思想开始，法国的教育民主化思想不断拓展，教育民主化的内涵也在不断深化，从受教育机会平等、获得高质量的教育机会平等、学业成功机会平等以及个性、爱好、能力发展的机会平等展开。❶ 1991年，法国教育部时任部长若斯潘（Jospin）提出要重新组合各科类的设置，调动学生学习积极性。同时提出增加机动课为弱势学生提供补习和指导，以缩小学生学业上的差距。进入21世纪，法国政府进一步将弱势学生群体的学习治理纳入国家优先战略，如"创新的数字学校与农村计划"（ecoles numériques innovantes et ruralité，ENIR）、"贫困救助计划"（plan pauvreté）、"学习型

---

❶ 韩永敏，徐学莹. 教育民主化视野下的法国基础教育改革［J］. 教学与管理，2012，36（12）：159-160.

夏令营计划"(les colonies de vacances apprenantes),逐渐形成了对欠发达地区弱势学生群体的学习帮扶,旨在提升此类学生群体的求学信心,落实法国的教育民主化思想。据此,总结法国对弱势学生群体学习治理的提升帮扶机制和措施,对其治理经验与特征进行总结分析,在勾勒法国对弱势学生群体学习治理行动图景的同时,或能对我国欠发达地区弱势阶层学生的教学改革进行经验性回应。

(一) 凸显动态精准的防范支持机制

防范学生因学习内驱力不足而造成的学业失败问题应从起点规避风险源,完善学业失败的风险识别机制,快速高效地启动介入和处置程序,恢复有学业失败风险的学生再次接受教育的机会,从而起到及时精准防范的效果。在这方面,法国多年来已经形成了涵盖"识别与认定""接力与支持""跟进与解决"的防范与应对机制,探索出有效帮助因学习内驱力不足而造成学业失败的学生重塑发展动力和重建教育联系的精准性治理路径。

1. 强调精准监测的学业风险识别机制

识别事件发生风险是预防、干预、解决事件的前提,有鉴于学生学习内驱力不足原因的异质性,学业风险识别指标不能局限于旷课、早退、迟到、长期缺席等常见脱轨课堂的问题行为,还应制定更加全面、细致、精准的学业失败迹象识别指标,以此准确识别并及时干预在读学生潜在的学业失败风险。早在2009年,法国政府就已联合学校教职员工、国民教育心理学家、学生家长等相关人员，设立了辍学预防小组（le groupe de prévention du décrochage scolaire，GPSD），并在学校负责人的带领下围绕学生开展相应的学业失败预防行动。该小组借助学生信息系统的学生监控模块，依据学业失败风险识别指标对有学业失败风险的在读学生进行精准识别并汇集成名单，再在数据系统内共享学生相关信息，从而配合组内成员共同推进学业失败预防行动。❶ 其中，GPSD 制定的学业失败风险识别指标已精细化到在读学生日常的学习状态、生活状态以及人际相处状态等，例如，难以管理自己的学业；在一门或多门学科中学业成绩突然出现剧烈下降；对学业课程明显缺乏兴趣；在同伴群体中表现出攻击性、退缩性或孤立性；频繁的身体不适、食欲不振或异常亢奋等。

同时，被 GPSD 识别为有学业失败风险的在读学生往往会成为学校里的"特权对话者"，他们可以自由选择陪伴其度过学业艰难阶段的导师。导师应与这些学生进行及时性、周期性、跟踪性的个人访谈，以期快速与有学业失败风险的学生建立信任关系并准确了解其需要克服的学业困境，最终制定并引导他们签署一份规避自身学业失败风险的行动承诺表格。❷ 这也就意味着，对于被识别为有学业失败风险的在读学生来说，GPSD 能否在有限的风险干预时间内为其提供提升学习内驱力的引导性

---

❶ Ministère de l'Éducation Nationale et de la Jeunesse. Prévention du décrochage scolaire [EB/OL]. ［2022-09-20］. https：//eduscol. education. fr/907/prevention-du-decrochage-scolaire? menu_id=1111.

❷ Ministère de l'Éducation Nationale et de la Jeunesse. Prévention du décrochage scolaire [EB/OL]. ［2022-08-23］. https：//eduscol. education. fr/document/20524/download.

教育支持非常重要，其前提是给予学生足够的耐心和同理心。进言之，GPSD应与有学业失败风险的学生建构并维系一种附有承诺性质的亲密信任关系，该小组的首要任务不是强制有学业失败风险的学生履行法定学习义务和责任，更不是实施制裁、惩罚制度，而是真正倾听、理解学生的学习感受、生活情绪，以及重塑他们的学业"信念感"，从而帮助有学业失败风险的学生提升其学习内驱力，顺利跨越学业困境。

2. 重视个体需求的学业缓冲中继系统

中继系统（dispositifs relais）是法国政府有效打击学生学业边缘化现象的有效措施之一，该系统能为处于边缘化或有学业失败风险的在读学生有针对性地提供跳板班、课程接力坊和寄宿型学校三种学业缓冲空间（每个单元空间最多可容纳12名学生）。这些学生中的大多数都呈现出无正当理由旷课、反复出现暴力举动、极度排斥学习等学习内驱力不足的问题行为特征，导致其不得不临时性地脱离学校教育。而中继系统能为这些存在学业失败风险的在读学生提供回归学校教育的缓冲空间，通过帮助其对文化基础知识的再掌握以及对社会规范、学校准则的再熟悉，实现他们的学业提升以及对他们的教育再投资。

同时，中继系统的教育支持实践会考虑到每个学生的实际发展需求，将其分配到适合其能力发展的职业技术高中、普通高中或地区适应教育机构（EREA）等不同类型的公共教育机构。同时，基于包容化、个性化和问责化三个原则，中继系统往往会依程序开展提供个性化支持课程、跟进学生进展和获得学生家长承诺三项常规工作。其中，在个性化课程提供上，中继系统首先会诊断评估有学业失败风险的在读学生的现有知识水平，进而为其规划符合其个性化教育发展的支持课程，并在课余时间为他们提供额外的个人学业辅导支持，最终帮助他们再次逐步融入学校课堂生活。在学生进展跟进工作中，中继系统会指定特定导师与有学业失败风险的学生每周进行面谈，并设置每周跟进书，以此详细记录学生在中继系统中受益的课程、进步的情况、遇到的问题、系统成员的评价以及学生家长的观察记录等信息。也就是说，该系统会实时更新有学业失败风险的学生在中继系统接受教育支持的进展，直至帮助他们重新找回正常的学习状态。应当注意的是，中继系统开展相关教育支持工作的先决与必要条件是获取家长的正式允诺，其途径是与家长签订父母支持和问责协议（d'un protocole d'accompagnement et de responsabilisation des parents，PAR），这在依法征询家长书面同意的同时，也赋予了家长更多参与学生支持工作的权利和义务。此外，中继系统的稳定运行也同样离不开与法国青年司法保护部（PJJ）、地方当局、公共教育补充协会和公用事业基金会等社会组织与机构建立起的合作伙伴关系。❶

3. 突出诊断评估的学生复学支持体系

除了中继系统，法国还形成了整套的学业失败事件介入与支持体系，主要通过辍学跟进和支持平台（Les plates-formes de suivi et d'appui aux décrocheurs，PSAD）来收容和关爱因学习内驱力不足而

---

❶ Ministère de l'Éducation Nationale et de la Jeunesse. Dispositifs relais – Ateliers, classes et internats: schéma académique et pilotage［EB/OL］.［2022-10-05］. https://www.education.gouv.fr/bo/21/Hebdo8/MENE2105909C.htm.

有学业失败风险的在读学生,其处理程序整体上一般分为联系与跟踪、接待与诊断、解决与支持三个步骤(见图4-1)。[1]

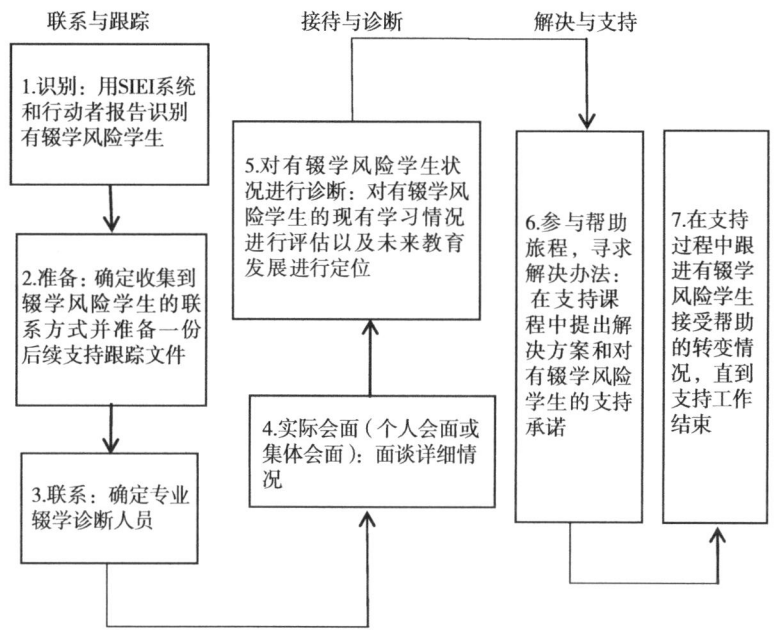

图4-1 法国辍学事件反应跟踪处理流程

资料来源:Ministère de l'Éducation Nationale et de la Jeunesse. Schéma du processus commun de prise en charge [EB/OL]. [2022-10-04]. https://eduscol.education.fr/document/20518/download.

---

[1] Ministère de l'Éducation Nationale et de la Jeunesse. Prise en charge partenariale des jeunes sortis du système éducatif sans qualification [EB/OL]. [2022-10-03]. https://eduscol.education.fr/905/prise-en-charge-partenariale-des-jeunes-sortis-du-systeme-educatif-sans-qualification.

第一步，联系与跟踪。PSAD平台助手先根据部际信息交流系统（le système interministériel d'échange d'informations, SIEI）筛选出因学业失败而有辍学风险的在读学生，之后为收集联系方式、安排初次接触以及保持后续跟进等工作做好文件资料准备。考虑到存在被学生拒绝会面的风险，第一次接触中PSAD会提前对有辍学风险的在读学生个人学籍资料进行详细分析，分配特定的专业辍学诊断人员与其进行情感上的沟通与交流。同时，PSAD还要根据有辍学风险学生的性格活泼度选择最合适的会面形式（如个人私密式、集体开放式等）和地点，并及时创建可定期更新的后续支持跟踪文件记录。第二步，接待与诊断。做好第一次会面准备后，由专业辍学诊断人员与有辍学风险学生进行第一次正式面谈。面谈的首要任务是与有辍学风险学生建立契约式信任关系，因此可以在后续支持工作中多安排几次会面，最大限度地增加与有辍学风险学生互动接触的机会。在这个过程中，每个有辍学风险学生的支持跟踪进度信息必须通过SIEI系统在平台的支持者之间传递，这种信息流通不仅可以为有辍学风险学生提供协调化的及时反应措施，还可以确保辍学群体的信息数据库系统的快速更新，从而避免出现"虚假辍学者"而浪费平台支持资源。第三步，解决与支持。评估有辍学风险学生的求学历史和个人发展困境后，PSAD要给出个性化的解决方案与支持模式。这个阶段以开展教育支持行动、重新搭建学生与学校教育之间的桥梁为主要内容，在打击辍学任务（mission de lutte contre le décrochage scolaire, MLSD）框架内，为每位有辍学风险学生提供个性化的复学建议，给予他们再次

第四章　学生学习内驱力不足的他国治理经验

融入学校教育的机会，并在后续的支持进程中继续跟进、记录其接受引导性支持后的转变情况，以便因时制宜地转换支持模式。❶

（二）强调内外协同的帮扶治理措施

学业失败不仅仅是一个行为结果，更是一个学生学习内驱力逐渐下降的复杂性过程，教育资源匮乏、多元文化冲突和沉重学业负担等种种因素均是导致这种演变的诱因。对此，法国政府根据不同学生的学习内驱力不足原因和学业失败行为制定了注重身心安全的校内帮扶举措以及强调智志双扶的校外支持手段，为学生提供个性化、整合化和密集化的内外协同支持，最终实现内生发展与外部支持的帮扶行动双目标。

1. 注重内生发展的校内帮扶举措

在强有力的治理手段下，有学业失败风险的学生通常会因接受干预而在一定程度上提升学习内驱力，但之后在学校内由于心理安全缺乏保障、情感关怀缺乏重视、思想认知缺乏正向引领等，其学习内驱力又可能会产生反复降低，再次诱发学业失败风险。对此，法国政府从安全校园环境建设、家校共育空间打造以及校园文化培育等层面，形成了由表及里的常态化校内帮扶稳固措施，最终有效避免学生产生反复的学业失败风险。

首先，建设保障心理健康的安全校园环境。加大对学生的身

---

❶ Ministère de l'Éducation Nationale et de la Jeunesse. Plates-formes de suivi et d'appui aux jeunes en situation de décrochage [EB/OL]. [2022-10-05]. https：//eduscol. education. fr/document/985/download？attachment.

心安全保护意味着学校要密切关注每个在校学生的生活状态,肃清学校场域内一切会使学生产生学习内驱力不足的因素,尤其应打击校园欺凌行为,进而营造保障学生身心安全的校园学习氛围。因此,秉持为学生建设一个安全、支持、包容的学习氛围和生活环境的理念,法国政府在国家战略层面上对安全学校环境建设进行了顶层设计和制度规划,特别将打击校园欺凌行为纳入完成国家教育使命的必要条件,为其提供法律依据和政策保障。❶一方面,基于欺凌方式的隐蔽性、反复性以及空间的延伸性,法国政府自2005年以来在各中学试行了"拒绝骚扰"大使计划(Le dispositif des ambassadeurs "Non au harcèlement"),以尊重、包容、理解的价值观培训了大量校园反欺凌大使,要求其在学校内肩负起应有的"校园公民"责任,细心发现、敢于干预并及时上报一切正在发生或潜在的校园欺凌事件。❷另一方面,基于为学生建构全面保护性网络的需求,法国政府于2022年正式在各中小学和大学推行了"反骚扰计划"(un programme de lutte contre le harcèlement à l'école, pHARe),该计划要求各学校成立一个由5名专业反欺凌工作人员组成的专业小组,进一步深化

---

❶ RépubliqueFrançaise. LOI n°2013-595 du 8 juillet 2013 d'orientation et de programmation pour la refondation de l'école de la République [EB/OL]. (2013-07-09) [2022-09-25]. https://www.legifrance.gouv.fr/jorf/id/JORFARTI000027677985.

❷ Ministère de l'Éducation Nationale et de la Jeunesse. Le dispositif des ambassadeurs "Non au harcèlement" [EB/OL]. [2022-09-26]. https://www.education.gouv.fr/non-au-harcelement/le-dispositif-des-ambassadeurs-non-au-harcelement-323021.

第四章　学生学习内驱力不足的他国治理经验

学生校园安全保障工作。❶

其次,打造重视情感关怀的家校共育空间。学生的情感需求和个人价值的实现理应得到学校和家庭的重点关注,命令式、打压式甚至是支配式的家庭教育行为以及将学生当作"容器""存储器"的储蓄式学校教育观,都会不断降低学生的学习内驱力,催生学业失败风险。基于此,法国政府以情感关怀为价值理念,从制度上不断深化家校合作共育的广度和深度,促进学校育人系统与家庭育人生态之间的相互适应以及动态平衡。如《法国教育法典》(Code de L'éducation)第 L111-4 条明确规定,学生父母是学校教育系统中的正式成员,每所学校都应确保他们有机会深入参与学校生活。❷ 因此,法国政府要求所有学校为家校协同育人工作提供一个自由、平等和集体参与的家校共育空间,而"家长公文包"(Mallette des parents)系统在各学校的投入使用为这一政策的落实提供了可能性。❸ 其一方面创设了家校交互空间,以平等共创的共育关系赋予家长更多教育责任和实质性共育话语权;另一方面搭建了家长交互平台,以根植教育现场的共育形式加深对学生的情感关怀与情感互动。总的

---

❶ Ministère de l'Éducation Nationale et de la Jeunesse. pHARe:un programme de lutte contre le harcèlement à l'école [EB/OL]. [2023-03-04]. https://www.education.gouv.fr/non-au-harcelement/phare-un-programme-de-lutte-contre-le-harcelement-l-ecole-323435.

❷ RépubliqueFrançaise. Code de l'éducation [EB/OL]. [2022-09-29]. https://www.legifrance.gouv.fr/codes/article_lc/LEGIARTI000006524371/2013-06-25/.

❸ Ministère de l'Éducation Nationale et de la Jeunesse. La Mallette des parents,pour accompagner la réussite de tous les élèves [EB/OL]. [2022-10-02]. https://eduscol.education.fr/2288/la-mallette-des-parents-pour-accompagner-la-reussite-de-tous-les-eleves.

来说，基于平等、尊重以及开放的基础，法国通过共育系统下学校和家庭的深入交互，将情感交流融入学生的日常学习与生活情境之中，实现了以情感关怀带动学生学习的良性发展，进一步推动了教育回归对学生内心情感关怀需求、个人价值认同需求的人文关怀。

最后，开展注重思想引领的校园文化培育活动。健康的校园文化能够对所有学生的思想、认知和行为持续提供正向行动指引，引导学生朝着学校所明确的育人目标和成长方向积极发展，使得学生感受到学校对其独特价值的重视、心理情感的关怀以及学习兴趣的尊重。基于这一理念，法国在学校实践了多项培育健康校园文化的具体活动，以"润物细无声"的方式对学生的思想认知产生正向积极影响。其中，尤有成效的是"学校毅力周"（La semaine de la persévérance scolaire）活动的定期开展，在全国，各学校逐渐孕育了一种与学生学习内驱力相关的校园毅力文化，具体而言，"学校毅力周"活动每届为期5天，基于与学生建立亲密信任关系的需要，该活动的策划非常重视承认学生的个人独特价值以及满足其在读期间的学习获得感与成就感，从而不断稳固、提升学生的学习积极性和生活自信心。❶ 正所谓"蓬生麻中，不扶而直。白沙在涅，与之俱黑"。这种校园毅力文化是法国学校经过长期发展与积淀而形成的一种学习理念以及价值追求，为整个校园培育了一种乐观向

---

❶ Ministère de l'Éducation Nationale et de la Jeunesse. SEMAINE DE LA PERSÉVÉRANCE SCOLAIRE［EB/OL］.［2022-09-28］. https：//eduscol. education. fr/document/986/download? Attachment.

第四章 学生学习内驱力不足的他国治理经验

上的求学务实精神，能够切实引导学生形成正向的学习态度和行为认知。

2. 强调智志双扶的校外支持手段

立足于因学习内驱力不足而学业失败的青少年的社会融合、职业发展以及未来生活保障，法国政府通过实施合同支持帮扶制度、建构"三联式"职业再培训模式以及设立公民服务与志愿机构等职业生涯支持手段，为这些青少年提供了个性化、整合化和密集化的发展帮扶，使得每个学业失败的青少年都能顺利过渡到职业生涯并成功建构自己的职业未来计划。

首先，开展就业合同化支持帮扶计划，为学业失败的青少年的职业生涯提供制度保障。为确保学业失败的青少年顺利进入职业生涯，法国形成了合同化支持帮扶制度，以提供合同式支持路径的方式保障他们获得自主就业的机会。早在2013年10月，法国政府就颁布了关于"'青年保障'的试验"计划（relatif à l'expérimentation de la "garantie jeunes"），在试验地区成立了青年保障计划监测委员会，致力于探索促进学业失败青少年就业的培训支持路径。❶ 2016年12月，法国政府在2016-1855号法令中明确提出了关于支持学业失败的青少年就业的合同化路径的相关条款，即通向就业和自主权的合同支持路径计划（parcours contractualisé d'accompagnement vers l'emploi et l'autonomie，PACEA）。具体而言，PACEA是一种实施合同规定

---

❶ RépubliqueFrançaise. Décret n° 2013 - 880 du 1er octobre 2013 relatif à l'expérimentation de la " garantie jeunes" [EB/OL]. [2023-03-07]. https：//www.legifrance.gouv.fr/jorf/id/JORFTEXT000028022726.

的就业帮扶以及青年保障的支持途径，其包括培训期、专业发展期、社会行动支持期以及其他支持期四个不同阶段（总时长达12个月，最长可延期至24个月）。其中，PACEA会对学业失败的青少年的现有知识基础以及未来职业期望进行初步正式诊断，并据此与之签署一份囊括确定支持课程期限、规范支持课程内容、合理分配津贴数额（一般每月会发放不超过300欧元的津贴）等内容的承诺合同。同时，国家中央政府、地区政府以及参与支持工作的其他地方政府也需要通过该合同协议确定个性化支持框架，特别是明确支持的持续时间、范围以及各方需调动的资源、应尽的义务等。❶据法国有关数据系统统计，PACEA于2021年提供了8万个支持合同，支持总人数高达42万人，对促进处境不利的年轻人尤其是学业失败的青少年的社会职业融合发挥了巨大支持效用。❷

其次，建设"三联式"职业再培训模式，为学业失败的青少年职业融入奠定知识基础。法国联合政府、学校与企业，从实践探索出发，逐渐形成了基于职业培训、工作实习以及跟踪支持的"三联式"职业再培训模式，全面护航学业失败的青少年顺利过渡到职业生涯。其中，在专业培训环节，通过有针对性地传授各个职业领域的专业基础知识、专业课程和相关通识

---

❶ RépubliqueFrançaise. Décret n° 2016-1855 du 23 décembre 2016 relatif au parcours contractualisé d'accompagnement vers l'emploi et l'autonomie et à la garantie jeunes ［EB/OL］.［2022-10-15］. https：//www.legifrance.gouv.fr/jorf/id/JORFTEXT000033692654/.

❷ Ministère du Travail, du Plein emploi et de l'Insertion. Parcours contractualisé d'accompagnement vers l'emploi et l'autonomie（PACEA）［EB/OL］.［2022-10-15］. https：//travail-emploi.gouv.fr/emploi-et-insertion/mesures-jeunes/pacea.

课程知识,使学业失败的青少年获得理论与实践的双重培训。例如,融入就业机构(établissement pour l'insertion dans l'emploi,EPIDE)侧重于对学业失败的青少年进行阅读、写作和计算等基础知识的培训,会对考试合格的青少年颁发相关培训证书,为其之后的就业扫平了基础性障碍。❶ 在工作实习环节,法国企业提供了大量实习机会,以此帮助学业失败的青少年获得相关职业领域的专业知识实践训练。值得一提的是,法国政府为学业失败的青少年提供的职业培训与公司实习可以通过校企合作的方式交替进行,极具灵活性地打通了专业知识习得与实践能力发展之间的桥梁。例如,第二次机会学校(l'école de la 2e chance,E2C)的职业培训学员在合作伙伴公司实习的时间应约占总培训时间的30%,且平均每月可以获得500欧元的实习津贴。❷ 在跟踪支持环节,学业失败的青少年在职业培训课程结束后,会得到一个长达12个月的个性化公司实习跟踪支持,这种持续的跟踪保障了学业失败的青少年职业生涯融入过程的完整性和连续性。

最后,设立公民服务与志愿机构,为学业失败的青少年的职业发展增强高远志气。法国政府将学业失败的青少年在思想观念层面的内生动力发展视为问题治理的根本,通过"志愿"与"兴

---

❶ Ministère du Travail, du Plein emploi et de l'Insertion [EB/OL]. [2022-10-10]. https://travail-emploi.gouv.fr/emploi-et-insertion/mesures-jeunes/epide#L-EPIDE-c-est-quoi.

❷ Réseau E2C France. Une pédagogie active et personnalisée [EB/OL]. [2022-10-10]. https://reseau-e2c.fr/pedagogie.

趣"等方面的尝试与引导来帮助学业失败的青少年坚定摆脱困境的勇气，激发斗志，逐步树立终身学习理念与生活幸福感。如法国政府于 2010 年依法设立了公民服务处（Service civique décrocheur），为学业失败的青少年提供了以团结、健康、全民教育、文化和休闲、体育、环境、公民记忆和身份意识、国际发展和人道主义行动等为主题的九项服务领域，引导学业失败的青少年选择自己感兴趣并擅长的领域进行志愿活动。在服务他人的过程中，青少年可以发现并发挥自己的特长优势，逐渐发展合作能力、自主能力、创造能力、责任感、组织能力和适应能力等内生发展能力，增强面对未来职业生活的自信心和掌控感。与此同时，学业失败的青少年需要与公民服务机构（l'agence du service civique，ASC）签署 6~12 个月的自愿性承诺协议，保证每周至少做 24 小时的志愿任务，由此每月可以得到 601 欧元左右的薪酬补贴。❶ 可以说，这种由服务他人而形成的社会生存力来自学业失败的青少年对内在生命的体验与驱动，其不只于驱使学业失败的青少年完成志愿服务任务，更指向该个体获得全面而完整的个体化发展，具有极强的价值引领性和行为规范性。

三、法国提升学生学习内驱力的治理经验

通过法国提升学生学习内驱力的治理行动可以发现，法国

---

❶ Service Civique. Décrochage scolaire［EB/OL］.［2022-10-10］. https：//www.service-civique.gouv.fr/accueillir-un-volontaire/enjeux-prioritaires-service-civique/decrochage-scolaire.

第四章 学生学习内驱力不足的他国治理经验

政府在系统治理方面协同推进民主化治理进程，在依法治理方面统筹建设法治化治理空间，在综合治理方面不断创新科学化治理模式、在源头治理方面深度回应个性化治理需求、在过程治理方面持续激发内生性治理活力，体现了政府主导与多方参与、刚性治理与柔性治理、科学精神与人文关怀、治标与治本、统筹与补偿等形式的有机结合。基于此，本研究理性摭探法国治理学业失败学生学习内驱力的可为经验，或能对我国的教育改革进行经验性回应。

（一）系统治理：强调参与主体的专业性，协同推进民主化治理进程

系统治理，是指治理主体要从政府包揽向政府主导、共同治理转变，明确了治理主体及其相互关系。法国政府非常重视将专业化社会人士纳入治理主体，不仅建立了以学校管理人员、教师、家长、社区服务助理等为中心的监管型社会支持网络，而且注重发挥心理指导顾问、专业预防辍学者、精神科医生等社会专业人士在治理中的巨大智力支持效用。同时，这些社会专业人士的积极介入在法国形成了诸如教育联盟（alliances éducatives）❶、辍学预防小组（GPSD）等民间的"草根"组织。关键在于这些组织内的专业人士在功能上往往呈现出互补性，如可根据自身专业性优势承担教导者、协调者、联络者、咨询者、治疗者、"学

---

❶ Ministère de l'Éducation Nationale et de la Jeunesse. Tous mobilisés pour vaincre le décrochage scolaire [EB/OL]. [2022-10-24]. https://eduscol.education.fr/document/20527/download.

生知心人"等角色，能够因个体学业失败原因和发展需求的不同而对学生提供具有针对性、多元性、动态性的个性化专业支持服务，从而为法国的教育治理行动提供全方位的工作配合。与此同时，法国政府以数字信息技术保障为支撑，通过 SIEI 等国家规模级数字信息系统在空间上突破了教育治理中行政边界与地界的阻碍，将治理中单链条式信息流动机制完善成闭合式全通道信息互动机制，切实加强了各机构与组织间的联通互动与共建共享。

学生学业失败往往不只是教育本身的问题，还关涉教育与社会、经济和文化之间的相互影响与作用，需要政府、各种非政府机构和社会组织、政府与社会组织之间的合作联盟体以及社会公民等在内的多方利益相关者共同发力予以解决。也就是说，不仅在价值理念上将专业、信任、互动、协商、分权、责任、合作等美好价值融入治理过程中；而且在实践推进中应建构政府、社会、学校、家庭、学生等多方参与主体利益相互依存的协同治理信息网络，以保障学生通过动态性的信息互动与交流平等有效地参与治理行动以及表达各自的利益诉求，尤其要保障处境不利学生根本利益诉求的充分表达，进而巩固愈加联动互通的积极合作关系来推动中职学生学习内驱力不足的问题解决。

（二）依法治理：重视保障制度的体系性，统筹建设法治化治理空间

依法治理，是指治理方式要从管控规制向法治保障转变，

第四章 学生学习内驱力不足的他国治理经验

强调在法律范围内开展治理行动。不难发现，法国对学生学业风险的治理行动都是在法律制度的架构中进行的，而制度的重要职能是通过硬性约束机制保障、规范以及合理分配权利。法国政府将学生的学业风险治理纳入国家优先发展战略，自1985年开始尝试在国民教育的一体化整合任务（mission générale d'insertion，MGI）中对学生（尤其是弱势群体学生）的学业风险治理进行制度探索与规划。诸如勤工俭学系统（cycles d'insertion professionnelle par alternance，CIPPA）、青年人国家教育融合系统（dispositif d'insertion des jeunes de l'éducation nationale，DIJEN）、《全体动员起来克服失学》（tous mobilisés pour vaincre le décrochage）等制度系统和法律法规的顶层设计推进了法国走上依法治理学生学业风险的道路，其本质是治理的法治制度自觉。同时，法国政府正依法有序通过辍学跟进和支持平台（PSAD）将辍学治理行动管理权责逐步让渡、下放给各大区区长，这种行政权力的"转移"也使得PSAD成为协调区域层面辍学治理行动的良性操作媒介。❶ 与此同时，法国政府对学生学业风险治理行动相关各种公约以及道德宪章（Charte de déontologie）❷ 等制度文本的制定，明确了各级治理主体的合法权限、职能边界、责任范围以及共同治理目标，减少甚或消除

---

❶ François Burban et Yves Dutercq. L'animation régionale de la prise en charge du décrochage scolaire: une action publique en tension [J]. Formation Emploi, 2018 (144): 35-54.

❷ Ministère de l'Éducation Nationale et de la Jeunesse.《Tous mobilisés pour vaincre le décrochage scolaire》[EB/OL]. [2022-10-30]. https://eduscol.education.fr/document/20527/download.

了治理行动中多级政府协作的制度障碍与业务藩篱，以此营造一个平等对话、抵制专断、协同合作的法治化治理空间。

（三）综合治理：注重成效评估的循证性，不断创新科学化治理模式

综合治理，是指治理手段要从单一向多元转变，重视综合运用除法律外的其他手段来进行治理。法国政府在推进学生学业风险治理行动的进程中，通过科学技术手段调查发现问题、提供证据、形成解决方案的循证化评估特征十分明显。循证化评估的目的是基于海量治理决策的实施数据，对治理主体整体参与性和关注焦点相关性进行科学分析和深度研判，进而在大数据的深度挖掘中检验现实治理效果，并建立回溯性和前瞻性的治理证据分级体系，使得基于数据证据制定的治理决策更准确、更科学和更全面，最终破解治理难题。❶例如，为了回应大众对学生学业风险治理中各层级机构合作效果的质疑，法国政府运用大数据思维开展了伙伴关系调查评估，通过对收集到的数据进行大数据分析和聚类分析，建立了基于数据证据的全面治理方案。❷可以说，法国这种循证评估聚焦于尽可能多的学生发展的事实，利用先进的科学技术和手段对学生发展情况进行了

---

❶ 薛二勇，李健，田士旭.循证教育政策研究：一个应然命题的实然问题［J］.教育研究，2022，43（12）：141-150.

❷ Vie-publique.fr. Evaluation partenariale de la politique de lutte contre le décrochage scolaire：rapport final［EB/OL］.［2022-10-22］. https：//www.vie-publique.fr/rapport/34451-evaluation-partenariale-de-la-politique-de-lutte-contre-le-decrochage-sc.

全体调查评估，倡导"利用所有数据"再生产更为精细化、科学化、人性化的治理证据。例如，法国政府近年来利用评估、预测和绩效部（direction de l'évaluation, de la prospective et de la performance, DEPP）以学生为中心开展了诸如"全国学校氛围和受害情况调查"（l'enquête nationale de climat scolaire et de victimation）、"学校安全和警戒系统情况调查"（système d'information et de vigilance sur la sécurité scolaire）等自下而上的循证调查评估，可以精确地了解每个学生的教育发展现状以及需求，以便为学生提供更为正确的、丰富的、定制的个性化支持。❶

（四）源头治理：关注行为成因的内生性，深度回应个性化治理需求

源头治理，是指治理环节要从事后处置向源头治理前移，强调标本兼治、重在治本。从法国政府的保学措施中可以看出，法国非常重视源头治理，着重关注学生学业失败成因的内生性，对心理安全缺乏保障、情感关怀缺乏重视、思想认知缺乏正向引领等不同原因产生学习内驱力不足的学生，展开对应的个性化保学稳固对策，进一步推动教育回归对于学生内心情感关怀需求、个人价值认同需求的人文关怀。学生因为各种原因游离课堂空间、远离教育生活以及逃避教育成长，是个体发展中不容忽视的重要学习行为越轨现象，而源头性治理注定要

---

❶ Ministère de l'Éducation Nationale et de la Jeunesse. Enquêtes et dispositifs statistiques [EB/OL]. [2022-10-22]. https://www.education.gouv.fr/enquetes-et-dispositifs-statistiques-303285.

从细微教育实践中深入学生内心,挖掘出迫使学生缺乏内在学习动机和学习意义的深层次影响因素,进一步提前规避学生出现学业失败倾向的行为表征。例如,法国基于内外共生的理念提出诸如"家长公文包""通向就业和自主权的合同支持路径计划"等保学措施,从个体成长环境净化、未来发展制度建设等多方位保障学生的个性化、多元化、创造化发展,深度回应了不同时期、不同主体以及不同类型学生学业失败风险的治理需求。

(五)过程治理:加大弱势群体的补偿性,持续激发精细化治理活力

对于广大中职学生来说,社会中"读书无用论"等不当观念的区域性蔓延是造成其漠视学习的主要诱因。在分配正义逻辑下,教育治理政策制定应继续坚持资源配置的"差别原则"和"补偿原则",努力缩小因阶层、地区经济差异等因素而在教育资源分配份额上产生的差距。其分配的合理性就在于产生分配体系的正义性和对介入其中的个人要求的回答。

法国对欠发达地区学生群体的教育治理行动坚持系统治理、依法治理、综合治理、源头治理和过程治理,较好地推进着治理主体多元化、治理制度体系化、治理评估科学化、治理手段个性化、治理过程精细化等改革进程,不断提升其教育治理能力。从简政放权、协同联动、证据驱动、循证评估、依法问责等一系列改革举措中可以确证:对学生群体教育治理的逻辑起点不是治理,而是教育,"人的发展"才是教育治理的终极目的和根本目标。我国的教育治理也需要经历从"人治"到"法治"、从"失序"到"协调"、从"混乱"到"系统"的改革，不断提升治理能力、完善治理实践，彰显出更加显著的治理效能。

第二节 美国提升学生学习内驱力的治理逻辑与机制

文化冲突使各国学生在学校教育中遭遇着文化的不适应和被排斥，进而造成语言障碍难以跨越、心理压力难以舒缓和学业逆境难以摆脱等问题。更进一步说，各国学校主流文化对流动学生亚文化的压制，使得他们在文化的孤独感和被剥离感中产生抵制学习的行为。由此，这种由文化冲突引发的学习内驱力不足问题在世界各拥有多元文化的国家引起广泛关注。作为多民族、多语言、多文化的移民国家，美国始终将移民家庭学生、流动儿童因文化冲突而产生的教育问题视为社会治理的重要内容。美国政府以包容、尊重与理解文化差异性为政策理念，通过打造包容的文化生态，使流动儿童能主动融入新的文化场域、内化主流文化价值观。

一、以承认正义促进文化适应与情感关怀的治理逻辑

流出地与流入地之间文化的冲突，使流动学生这一外来文化群体遭遇着来自主流文化的冲击甚至排斥。在面对着语言适

应、心理适应和学业适应等诸多方面的文化适应难题时，流动学生会努力在这种文化冲突与适应中建构出一套专属的群体亚文化来对抗主流文化带来的冲突感与被剥离感，实现自身群体文化身份的认同。针对这种文化限制与文化冲突导致的学生学习内驱力不足现象，承认正义的观点认为正义不仅关乎分配，更在于重视从文化关系互动层面去扩张正义内涵，教育优质公平发展应关注不同学生群体多元文化间的平等交流诉求以及相互尊重，尤其强调消除各种致使弱势阶层文化群体边缘化的主流文化宰制❶，应进一步回归对学生情感关爱、人格尊重、价值赞扬等深层次的终极关怀正义❷。

（一）治理目标：促进流动学生的文化适应与情感关怀

为了有效回应流动儿童面对文化冲突时的诸多适应难题，美国政府在语言、心理和学业等多个方面做出了努力。在语言适应方面，流动儿童拥有自身群体的语言与文化特性。摩尔斯（Morse）曾指出，流动儿童作为英语能力有限（Limited English Proficient，LEP）学生，由于语言等方面的隔离，其学业失败率是熟练使用英语学生的两倍。❸ 基于这一认识，美国政府将打破

---

❶ 罗云，钟景迅，曾荣光. 进城务工人员随迁子女教育公平问题的分配正义与关系正义之考察［J］. 北京大学教育评论，2015，13（2）：146-167，192.

❷ 金金，柳海民."为承认而斗争"：论教育场域中"蔑视"的祛除［J］. 教育科学，2019，35（2）：7-13.

❸ MORSE A. A Look at Immigrant Youth：Prospects and Promising Practices［EB/OL］.［2022-11-20］. https：//www.ncsl.org/research/immigration/a-look-at-immigrant-youth-prospects-and-promisin.aspx.

第四章　学生学习内驱力不足的他国治理经验

流动儿童教育交往过程中遇到的语言障碍作为解决流动儿童文化适应问题的重要枢纽，颁布实施了一系列关于流动儿童语言教育的法案。其中尤有成效的是《双语教育法》（Bilingual Education Act）的颁布，此法案明文规定在公立学校对流动儿童实施具有多元文化理念的双语教育。

在心理适应方面，流动儿童跨越物理空间和文化质层进入新的文化场域，涉及再社会化的身份认同过程和获得心理归属感过程。为协助流动儿童将过去文化情境中的自我与新文化场域中的自我融合统一，美国政府在"流动儿童教育计划"（Migrant Education Program，MEP）中以资金拨款模式敦促各州加强对流动学生身份认同的工作力度。同时，鉴于社区能帮助流动儿童家庭与美国本土家庭快速建立文化联系，美国政府建立了以社区为核心的社会支持网络，通过开展特定文化交流活动，推广社区文化和促进社区身份认同，协助流动儿童克服因文化冲突造成的心理障碍。❶

在学业适应方面，为向流动到新文化场域的学生提供及时、积极且有效的学业引导，帮助他们快速建立明确的学习目标和学习动力，美国政府出台了助力流动儿童在新教育环境中获得学习适应能力的一系列计划。例如，《初等和中等教育法》（Primary and Secondary Education Act）提出为流动儿童建立"补习学习中心"以改善他们的受教育状况；《不让一个孩子掉队法

---

❶ PEWY, JOHN D. Migrant Education: Thrity Years of Success, but Challenges Remain [EB/OL]. [2022-05-27]. https://eric.ed.gov/?id=ED421313.

案》(No Child Left Behind Act, NCLB) 旗帜鲜明地强调 "提高移民子女的受教育水平",还明文规定学校要追踪流动儿童的学业成绩并形成报告,同时构建学业预警系统,预防流动儿童陷入学业危机等。❶ 可以说,美国政府的三维文化适应政策实现了拥有不同文化因子的学生群体能够同荣共生、共同发展,从而减少了因文化冲突产生的学生学习内驱力不足现象。

除了促进流动儿童在语言、心理、学业等方面的文化适应,美国政府还注重流动儿童的人格关怀与情感关怀,以流动学生的人格完整发展为政策取向,以流动学生的个性教育需求为指导方针,促进了流动学生的学习内驱力和自主学习能力的提升。1995年,美国建立流动儿童信息传递系统(Migrant Student Record Transfer System)❷,该系统是一个基于计算机和网络系统传递和更新流动学生信息的全国性流动教育数据系统,其既保障了流动学生学习的连续性,还可以使流动学生获得适合自身发展的教育,以提升其学业水平。这种尊重流动学生个性化的教育需求使学生的学习方式转向"我要学"的向学性内驱动机,也促进教育方式转向学生自主学习、自主思考的"反思式"教育。同时,美国政府授予社会团体、企业拥有特许学校(Charter School)的办学权,办学者拥有高度的自主权,可自行决定校长任命、教师聘任、教材选择等管理事项。特许学校实

---

❶ 薛二勇,朱月华. 美国促进移民子女教育公平政策研究 [J]. 比较教育研究, 2016, 38 (3): 20-25.

❷ LUNON J K. Migrant Student Record Transfer System: What is it and who uses it? [J]. Computer Oriented Programs, 1986 (4).

第四章　学生学习内驱力不足的他国治理经验

行开放性的入学政策，开设极具特色的课程吸引学生，允许学生在不同学区之间进行自由择校，为流动儿童提供了新的入学机会。美国对流动儿童的情感关怀还体现在加强与流动儿童家庭的联系上。

2002年，为更好满足流动儿童的教育需要，美国成立流动教育综合需求评估系统（Migrant Education Comprehensive Needs Assessment）[1]。该系统的运作模式为：分析教育需求；制定评估计划；设计需求评估表；归档评估结果。最后，通过对评估结果的分析归纳出流动儿童教育所存在的问题以及未被考虑在内的需求。这一系统不仅满足了流动儿童个性化的教育需求，而且使流动儿童教育政策更具时效性和针对性。

1989年，美国教育部实施流动教育同等起步家庭读写项目（Migrant Education Even Start Family Literacy Program）[2]，该项目通过为流动儿童的家庭成员提供读写服务、教授教育知识与技巧等方式，提升流动儿童家庭成员的文化水平，最终实现利用流动儿童的家庭资源激发流动儿童的学习潜能。此外，美国各学区还开展各种活动以充分调动流动儿童家长参与学校教育的积极性，如"家长拓展服务行动"（Parent Outreach Initiative）、"朋地计划"（Puente Project）、"迷你教师项目"（Mini Teacher Program）、"家庭帮助家庭"（Families Helping Families）计

---

[1] WRIGHT A L. Children of the Road: Migrant Students, Our Nation's Most Mobile Population. [J]. Journal of Negro Education, 2003.
[2] BRANZ-SPALL A, WRIGHT A. A History of Advocacy for Migrant Children and Their Families: More than 30 Years in the Fields [J]. Child Advocacy, 2004 (10).

划等。

（二）价值特征：聚焦文化生态构建的承认正义

基于美国对流动儿童的治理政策可知，美国政府通过塑造并传扬一种尊重、理解文化差异性的交流理念，在全社会打造一种包容他者文化的教育生态，使得流动儿童可以在多元文化的接触、适应与交融中实现主流社会的平等融入。这一打造包容文化生态实现流动儿童治理的政策背后突显出一种不同文化间承认正义的价值特征。这种承认正义隐含着"一种民主文化多元主义的解放理想，强调不同群体虽然在文化上存在差异，但彼此平等，应相互尊重，在分歧中肯定"❶。带有支配性意识形态的学校主流文化往往会在语言上呈现为一种精致型符码，而这就与流动儿童原有群体文化所形成的限制型符码产生巨大的文化冲突。❷ 正如《美国双语教育法》颁布的最初目的是保护亚文化学生自身群体的语言与文化不受影响的同时，发展英语交际能力快速融入主流文化，这些双语教育法案的颁布为非英语学生打造了习得英语的环境，在一定程度上缓解了语言文化冲突带来的不利学业处境。

显然，包括美国在内的任何一个国家，其文化多样性发展都必须以国家完整性和一体性为前提。美国政府对流动儿童的

---

❶ 艾丽斯·M.杨. 正义与差异政治 [M]. 李诚予，刘靖子，译. 北京：中国政法大学出版社，2017：70-72，198.
❷ 鲍尔德温. 文化研究导论 [M]. 陶东风，等译. 北京：高等教育出版社，2007：58-70.

第四章 学生学习内驱力不足的他国治理经验

治理政策背后体现了美国"多元共存，政治一体"的政治信念：在坚持建立美国核心价值理念认同基础上，尊重文化差异性、保持文化多元性。也就是说，处理好流动学生亚文化与主流文化之间的关系是美国政府解决流动儿童学业问题的关键之匙。其中，关系论者艾丽斯·杨根据不正义文化关系的表现归纳出了"文化帝国主义"（Cultural Imperialism），即主流文化既对其他群体文化差异视而不见，又以刻板、劣等印象为其贴上标签，并使之内化为该群体成员自我身份认同的一部分。❶作为流入地教育系统的"非主流成员"，当流动儿童进入并接触带有精英特征的学校文化时，不得不陷入学校主流文化意识和自身"次要"文化意识的"双重意识"冲突中，产生"一种始终透过他人的眼睛来看待自己、用另一个世界的尺度来衡量自己灵魂的感觉"❷。换言之，主流文化对流动儿童原有情境文化的压制，引发了他们自我身份认同的危机，促使其创造出一种与主流文化相抗衡的"反学校文化"来给自身进行文化定义，以塑造自身文化认同。针对流动儿童在文化孤独感和被剥离感中呈现出抵制学习的现状，美国政府加大对流动儿童双重文化身份的社会认同，如发布《流动儿童教育计划》对流动儿童原有文化符号与身份进行接纳等，极大程度上提升了流动儿童的身份认同感和心理归属感，为缓解文化冲突提供良好环境。

---

❶ 艾丽斯·M.杨.正义与差异政治［M］.李诚予，刘靖子，译.北京：中国政法大学出版社，2017：70-72，198.
❷ 艾丽斯·M.杨.正义与差异政治［M］.李诚予，刘靖子，译.北京：中国政法大学出版社，2017：70-72，198.

从各项政策中可以看到，美国政府对流动儿童的治理政策为在坚守文化交往中注重对学生情感的关爱以及价值的承认，其通过积极打造一种接纳文化多元性的文化生态与关注学生体验性的人际生态，持续加强文化间的开放性和包容性来促进社会的正义。换言之，充裕的教育资源于教育正义而言是必要条件，却非充分条件。❶ 真正的教育正义更应该指向一种培养学生个性、自主性、创造性为主的对承认正义的价值追求。这种价值追求把教育过程中爱的关怀、对平等对待权利的尊重和对独特价值的重视连成一体，❷ 始终重视学生人格优异性的完整发展。也就是说，教育正义除了要关注外部性资源层面上的分配问题，还要着眼于社会关系层面的不公平问题。❸ 只有外部性资源层面上的分配问题和内部性关系层面上的承认问题相互作用，才能使流动学生群体享受到较为公平的教育权，进而激发其学习积极性。美国政府关注并重视流动学生的教育问题，除了经费投入、资源供给等外部性保障，还重视流动学生在语言、心理和学业等多个方面的文化适应问题，以及对流动学生的人格关怀与情感关怀。这些从内部性关系层面维护学生自尊、重视"孵化"个性、培养自主学习能力、满足人文诉求的流动学生治理政策在一定程度上消解了流动学生所面临的学业困境，这一逻辑与具身认知理论所提倡的学习认知范式不谋而合，即遵循

---

❶ 石中英．教育公平政策终极价值指向反思［J］．探索与争鸣，2015（5）：4-6.
❷ 金生鈜．承认的形式以及教育意义［J］．教育研究，2007（9）：9-15.
❸ 胡金木．教育正义的多维审视：资源分配、文化承认抑或自由发展［J］．教育学报，2022，18（1）.

身心一体性、知行合一性与人境相融性。❶

霍耐特（Axel Honneth）指出，为承认而斗争的目标"不是消除不平等，而是避免羞辱或蔑视代表着规范目标；不是分配平等或物品平等，而是尊严或尊敬构成了核心范畴"❷。在教育场域中，对流动学生的"蔑视"主要体现在对其文化适应与融入、平等对待权利和个人独特价值的羞辱。具体表现为，流动学生的原有文化与流入地的主流文化之间的差异使其产生了语言、心理、学业等方面的适应问题，这种问题也直接影响着流动学生的教育融入；由此产生的教育融入困境使流动学生容易产生在集体中享受平等对待权利被剥夺的感觉，从而贬低自我存在的意义与价值；这种自尊的丧失通常会使受"蔑视"的学生否定自我作为教育系统中不可替代一员的独特价值。质言之，对流动学生人格关怀与情感关怀的缺位所引起的"蔑视"，"导致学生自我承认与自我重视的失落，即丧失了将自己作为能力与特性均得到重视的存在来自我敬重的机会"❸。追求承认正义的美国流动儿童治理政策，通过对学生文化融入的关怀、平等对待权的尊重和个体独特价值的赞扬，实现了对其人格、尊严与独特价值的肯定与承认，富有成效地解构了文化区隔对流动学生的"蔑视"，很大程度上解决了他们厌恶学习的问题。

---

❶ 孟宪云，刘馥达．走向具身教学：学业负担问题消解的逻辑与路径［J］．课程·教材·教法，2022，42（2）：73-79．
❷ 霍耐特，胡大平，陈良斌．承认与正义：多元正义理论纲要［J］．学海，2009（3）：79-87．
❸ 霍耐特．为承认而斗争：论社会冲突的道德语法［M］．胡继华，译．上海：上海人民出版社，2021：186．

二、社会情感学习和职业劳动力发展融合的治理机制

推动社会情感教育的研究和实践是当前促进人才培养与提升教育质量的重要议题之一，大致上经历了从"智力"到"能力"发展的内在逻辑、从心理学范式转向教育学范式的发展过程，从而使得学界近年来对社会情感教育的关注从智力测验走向了能力培养。❶ 一般而言，社会情感能力又被称为"非认知能力"或"软技能"，是生理因素与环境因素相互作用的个体特征，具有认知、情感与行为的一致性，对于评估个人是否适合从事一系列复杂程度不同的工作至关重要，影响着个体一生中重要的社会经济结果产出。❷ 同时，社会情感能力具有可塑性，可以通过社会情感教育培养形成，并且不同的校本干预措施、师生互动、课堂组织都会影响学生的社会情感能力发展情况。❸ 为推进社会情感能力的教育与培养工作，美国学业、社会与情感学习联合会（Collaborative for Academic, Sociol, and Emotional Leaming, CASEL）于1994年首次提出了社会情感学习概念，认为"社会情感学习是个体掌握并且有效地将知识、态度与技能

---

❶ 黄忠敬. 从"智力"到"能力"：社会与情感概念史考察［J］. 教育研究，2022, 43（10）：83-94.

❷ De Fruyt F, Wille B, John O P. Employability in the 21st century：Complex (interactive) problem solving and other essential skills［J］. Industrial and Organizational Psychology, 2015, 8（2）：276-281.

❸ 王萍，曾家延，李慧芬. 循证教育视域下的社会情感学习研究：体系框架与应用路径［J］. 现代远距离教育，2022（3）：13-24.

第四章 学生学习内驱力不足的他国治理经验

用于理解和管理自我情绪，设定和实现积极的目标，感受和表达对他人的同理心，建立和维持积极的人际关系，以符合道德要求且建设性的方式做出负责任决策的过程"。❶ 也就是说，社会情感学习可以促进学生的认知能力发展，有助于培养学生的自我意识、自我管理、社会意识、人际关系技能和负责任的决策五种相互关联的认知、情感和行为核心能力，在帮助学生获得更优秀的学业成绩和问题解决能力、改善心理健康和行为表现、减少消极行为和情绪困扰等方面具有积极效果。❷

国际上各发达国家早已将学生社会情感能力的培养视为21世纪人才国际竞争的重要战略，纷纷将其列为国民教育的重要目标和内容。换言之，通过学校教育发展学生社会情感能力的可行性也已经在各发达国家得到充分的实践检验。诚如美国学者普遍认为，仅靠学业知识已难以让年轻人获得积极的职业发展机会，他们需要具备更为关键的软技能（如负责任的决策、情绪管理、协同合作、解决复杂问题等社会情感技能）来从容应对未来瞬息万变的就业市场。因此，为促进学生的职业劳动力发展，美国学业、社会与情感学习联合会（CASEL）在2021年明确提出了将社会情感学习（Social Emotional Learning，

---

❶ Collaborative for Academic, Social, and Emotional Learning. Preparing Youth for the Workforce of Tomorrow: Cultivating the Social and Emotional Skills Employers Demand [EB/OL]. (2020-06-01) [2023-07-14]. https://casel.org/casel-gateway-preparing-workforce-of-tomorrow/.

❷ DURLAK J A, WEISSBERG R P, DYMNICKI A B, et al. The impact of enhancing students' social and emotional learning: A meta-analysis of school-based universal interventions [J]. Child Development, 2011, 82 (1): 405-432.

SEL）与职业劳动力发展（Career and Workforce Development,CWD）系统融合的重点战略，其愿景是让所有学生为未来职业成功做好准备。

（一）社会情感学习和职业劳动力发展融合的目标框架

当今美国将沟通和人际交往技能、自我管理技能、协作能力、做出决策能力等社会情感技能视为未来工作场所最受欢迎的劳动力软技能。❶ 在此现实基础上，美国学业、社会与情感学习联合会制定了SEL-CWD融合框架（见图4-2），以此在社会情感学习中连续发展个体从出生到成年的职业技能，进而将未来职业劳动力发展与社会情感技能培养之间建立起紧密联系。

鉴于学生社会情感能力具有认知、情感和行为的一致性，美国对社会情感学习和职业劳动力发展的融合既包括学生对职业领域的认知、理解、情感、归属感等心理活动，又包括将这些心理活动分阶段外化为具体职业实践的过程。具体来说，美国社会情感学习和职业劳动力发展融合仍旧以系统地为学生提供从学前到高中的循证化社会情感学习项目为基础，其同时指向以下两个根本性转化：一是由职业认知到职业情感的内化；二是由职业情感向职业行为的外化。总的来说，美国社会

---

❶ Collaborative for Academic, Social, and Emotional Learning. Preparing Youth for the Workforce of Tomorrow: Cultivating the Social and Emotional Skills Employers Demand [EB/OL].（2020-06-01）[2023-05-28］. https：//casel.org/casel-gateway-preparing-workforce-of-tomorrow/.

第四章　学生学习内驱力不足的他国治理经验

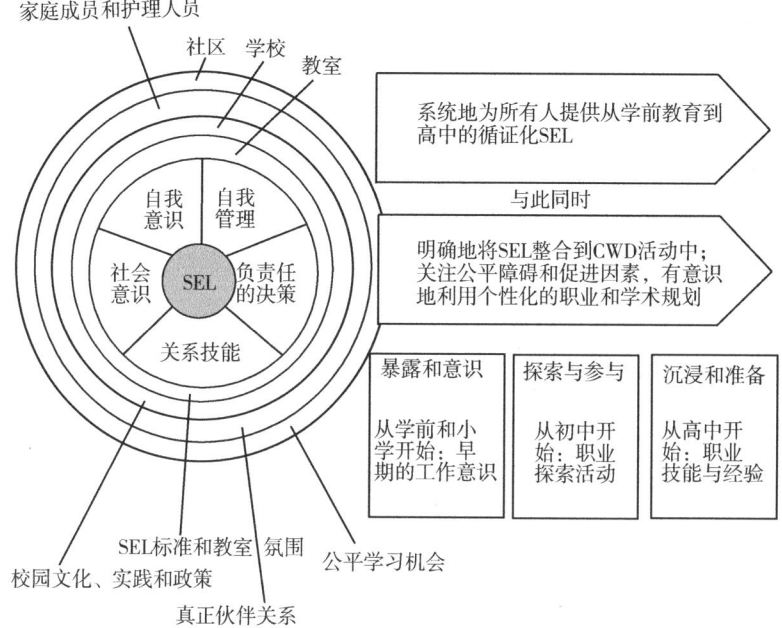

图 4-2　SEL-CWD 社会情感学习和职业劳动力发展融合框架

资料来源：Collaborative for Academic, Social, and Emotional Learning. A Developmental Framework for the Integration of Social and Emotional Learning and Career and Workforce Development [EB/OL]. (2022-03-08) [2023-05-28]. https://casel.org/sel-workforce-brief-03-2022/.

情感学习和职业劳动力发展融合框架的目标包括以下三个：第一个是通过学前和小学阶段开始的认知教育，生成学生关于职业概念的自我意识能力；通过对职业世界的认知，在学生了解职业是什么的过程中，形塑学生的自我职业意识。第二个是通过初中阶段开始的情感教育，重视激发学生的社会意识以及人际关系技能的培养;基于学生对职业本质的初步认知,通过特定的职业情境体验探索活动,激发学生社会意识的形成以及生成职业自我效能感。第三个是通过高中阶段开始的价值观教育,着重训练学生在职业场域制定负责任决策的能力。通过大量的职业实习机会,在情感教育基础上促进学生形成对职业领域的价值理性,引导学生将价值理性自觉转变为职业行为实践。

1. 认知教育:认知职业世界,形塑自我意识

认知是人们获得知识或应用知识的心理过程,其依赖于人脑,以想象、语言、思维、记忆等形式感知和判断客观事物的本质及其内在的规律关系,进而形成对客观事物的主观认识。其中必然涉及一个由意识(对客观事物的认知)到自我意识(对意识自身的认知)的转换过程,只有实现这一过程的过渡,个体的自我意识才会显现。作为个体社会情感能力中的核心能力之一,自我意识以个体自我为导向,以感知、理解、记忆和思考自我等几种形式帮助个体形成对自身认知系统、认知结构和工作方式的认识。❶ 换言之,自我意识能够引导个体在整个职业生涯中为自身学习和工作去发展与之适配的社会情感技能,如处理个人情绪的自我管理能力,这不仅使个体能够理解客观事物以及监控自身认知、情绪状态,还能将自身思维过程概念化,并对自己的现实能力有精确的评估和充分的自信,从而使

---

❶ Papleontiou-Louca E. The concept and instruction of metacognition [J]. Teacher Development, 2003, 7 (1): 9-30.

其能够轻松地处理未来职业生活中出现的事件。

从学前和小学开始的职业认知教育，是个体通过作用于自我的外界职业活动进行信息认知加工，形成对自我意识、职业世界以及两者之间关系最基本的认知，❶ 进而认知职业世界中的自我的教育手段；其尤其强调个体职业自我意识的建构，即个体如何认知、评价和抉择未来职业途径，因为自我意识"不仅仅支配和指导个体正在进行的学习行为，实际上还可以调控个体未来的职业行为"❷。具体而言，这种职业认知教育一方面涉及个体对职业性质的自我意识，即了解并领悟职业在自身未来生活中的重要地位，厘清现有学习与未来工作的因果关系，养成对职业的正确认知和态度；另一方面涉及对职业类型、职业技能、职业知识、职业伦理等职业基本信息的内容认知，形成完整清晰的职业认知结构。❸

2. 情感教育：体验职业情境，催生社会意识

个体是情感的存在❹，其"本质不是单个人所固有的抽象物……它是一切社会关系的总和"❺。个体虽获得了关于职业的记忆知识，但这并不意味着职业情感的必然形成且一定可以将

---

❶ 刘晓，黄卓君. 青少年儿童职业启蒙教育：内涵、内容与实施策略［J］. 中国职业技术教育，2016（23）：32-37.

❷ BRUMMELMAN E, THOMAES S. How children construct views of themselves: A social-developmental perspective［J］. Child Development, 2017, 88（6）：1763-1773.

❸ 陈鹏，李蕾. 职业启蒙教育的内涵探源与维度界分［J］. 中国职业技术教育，2018（27）：5-12.

❹ 蒙培元. 人是情感的存在：儒家哲学再阐释［J］. 社会科学战线，2003（2）：1-8.

❺ 马克思恩格斯选集（第1卷）［M］. 北京：人民出版社，2012：135.

其外化于职业行为实践中,因职业情感需要个体在真实的职业情境体验中不断予以强化。对此,美国从初中开始的情感教育推动职业认知教育进一步提升,"以个体的生命活动规律及其呈现出来的情绪、情感状态为生理依据,以教育的方式,将与人的发展密切相关并且对于人的发展具有重要影响的情绪、情感进行正向、积极的引导,并使其生长出新的情感品质"❶。可以说,职业情感的培育是职业情境、具身体验以及情感引导交互作用的结果。

体验是个体以全部"自我"(原有认知和心理结构)去真切感受、深度理解和不断发现事物与自我关联而生成情感反应的活动,❷是职业知识内化以及职业情感生成的关键之匙。职业情境则是个体进行职业活动时所处的场域,是个体亲身探索职业活动、产生直接情感体验的客观途径,对个体职业情感走向有着很强的巩固、深化和引导作用。这也就意味着,在职业情感教育中应以学生为体验对象,将学生原有认知的职业性质和职业基本信息置于特定职业情境中,通过具身体验方式帮助学生生成职业情感,并在教育的正向积极引导下,促进个体生成以关系为导向的社会意识。社会意识这一社会情感能力可以帮助个体在职业情境中学会从他人的角度看待问题,理解他人的情绪变化,避免人际交往冲突,积极建立和发展长期、信赖和高效的合作伙伴关系,并由此逐步获得有效处理人际关系中情

---

❶ 朱小蔓,王平. 情感教育视阈下的"情感—交往"型课堂:一种着眼于全局的新人文主义探索[J]. 全球教育展望,2017,46(1):58-66.

❷ 陈佑清. 体验及其生成[J]. 教育研究与实验,2002(2):11-16.

第四章 学生学习内驱力不足的他国治理经验

绪的另一社会情感技能——人际关系技能。

3. 价值观教育：践行理性职业观，制定负责任的决策

职业价值观是个体工作目标确立的一种思想依据以及衡量社会上某种职业价值高低的重要标准，其背后体现出个体对职业的认知态度和情感走向，对个体职业生涯中的一系列职业决策制定起着重要的指导、解释和驱动作用。美国从高中阶段开始的职业价值观教育的目标正是通过职业价值理性教育，使得某种理性职业价值观经由学生的职业认知和职业情感体验转化为行为自觉状态，从而让学生更加理性地反思当下的职业现状并不断躬行实践，引导学生形成对职业目标的正确追求和期许。

职业价值观教育不仅要塑造学生的职业价值理性，还要将内化的职业价值观通过工作实践外化为学生的自觉职业行为。就由内到外的职业价值观转化过程而言，其从学生内部的心理活动转变为外显的实践行为，而这需要着重培养学生制定负责任的决策这一社会情感学习能力，即要求学生正确考虑是否是自己所认同和擅长的、是否属于自己的职业兴趣、是否有较大职业发展空间以及是否有利于个人的未来可持续发展等关于职业的所有相关因素，并据此制定自己的职业实践方案，在可能产生的后果的基础上做出职业决策，并对自己的职业决策负责。同时，职业实践可以使学生浸润在职业情境中，以更多的职业实习机会深化对职业的认知和情感，是检验学生的职业价值观是否具有合理性和科学性的客观途径。

总而言之，美国关于社会情感学习和职业劳动力发展融合

的目标框架遵循着一个螺旋式上升的逻辑层次，主要通过职业认知、职业情感以及职业价值观等教育途径贯穿于学校教育的全过程。一方面，其由统一的SEL-CWD框架来指导，在力求符合学生心理发展的阶段性特征及教育规律的同时，规定了学生在整个成长过程中可以增强的关键社会情感技能；另一方面，其开展过程清晰地体现了学生幼儿期、儿童期、少年期、成熟期每个发展阶段中职业实践领域的社会情感技能发展的应然情况，强调了自我意识、自我管理、社会意识、人际关系、负责任的决策等社会情感技能的获得以及累积投资的重要性。美国特拉华州就在"个性化职业和学术规划"（Personalized Career and Academic Planning，PCAP）理念指导下因地制宜地研制了特拉华"学生成功计划"（Student Success Plans，SSP）来推进社会情感学习与职业劳动力发展的融合进程，其也将SSP过程的主要任务设定为满足不同学生发展水平阶段的职业道路探索需求，即将SSL过程精细划分为四个职业规划阶段，包括学生七、八年级的"早期开始"（Start Early）阶段，九、十年级的"提前计划"（Plan Ahead）阶段，十一年级的"专注目标"（Focus on Goals）阶段以及十二年级的"保持正规"（Stay on Track）阶段。❶ 其中，"早期开始"阶段从七年级开始，主要为学生提供教育机会和资源倾斜，让他们能够掌握社会情感技能，在学业上脱颖而出，从而提前做好职业规划、自信地探索职业

---

❶ Delaware Student Success. Plan for Success：A Delaware Department of Education Website［EB/OL］.［2023-07-27］. https：//delawarestudentsuccess.org/.

道路。"提前计划"阶段要求九、十年级的学生继续保持学业发展以及职业道路探索的状态,同时进一步思考高等教育的可能性、如何负担高等教育费用以及如何为高等教育申请过程制定策略等重要问题,这些问题的解决都为学生学习、加强和练习社会情感技能提供了重要机会。"专注目标"阶段是学生为自己职业未来做决定的关键时期,也是考验学生以负责任的决策为核心的社会情感技能应用能力时期,要求学生专注于自身职业发展目标,为高中后教育过渡做好充分准备。"保持正规"阶段要求十二年级学生将年度时间精细化为每月高级任务清单并逐步完成,以此为未来发展做好时间管理准备,如在3月考虑大学财务问题;在4月做出重大学校选择决定;在5月进行筹备以满足所有入学要求;等等。

(二) 社会情感学习和职业劳动力发展融合的治理举措

社会情感教育是一个复杂的体系,存在诸多内涵深刻的动态机制和实时交错的多元关系,而有效的社会情感学习正是产生于这种支持性关系。美国的社会情感学习和职业劳动力发展融合以弱势保护为基本原则,基于职业路径系统为每一位学生开发了有针对性的课程体系,并为处于不同认知发展阶段的学生提供与之相对应的学习模式,进而为学生创造安全公平的支持性学习环境。

1. 学习主体:基于弱势保护原则面向全体学生

SEL-CWD 框架强调,美国各州应特别注意利用 PCAP 将社

会情感学习个性化地整合到所有学生职业劳动力发展阶段中。❶
PCAP要求每位学生均应理解目前社会的职业发展机会（社会
意识），明确自己的专业才能和职业意向（自我意识），从而计
划和设定自身职业发展目标（自我管理），主动采取校外实习或
社区实践等行动为自己创造职业体验机会（负责任的决策），并
利用与成年人建立的亲密社会关系来助推自身职业发展目标的
实现（关系技能）。❷ 例如，美国特拉华州在PCPA理念指导下
因地制宜研制了特拉华"学生成功计划"（Student Success
Plans，SSP）来推进社会情感学习与职业劳动力发展的融合进
程。特拉华行政法典（Delaware's Administrative Code）第14卷
第507节明确规定，所有学生必须参加SSP过程，从而能够根
据自己的职业兴趣、学业优势、技能特长设定自身中等或高等
教育的发展目标。❸ 同时，有研究表明，美国被边缘化的弱势学
生群体参与社会情感学习以及培养职业技能意识的比例低于同

---

❶ Advance CTE：State Leaders Connecting Learning to Work. Using Individualized Learning Plans to Produce College and Career Ready High School Graduates ［EB/OL］. ［2023-06-07］. https：//careertech. org/resource/using-individualized-learning-plans-produce-college-career-ready-high-school-graduates.

❷ Advance CTE：State Leaders Connecting Learning to Work. Promoting Quality Individualized Learning Plans throughout the Lifespan：A Revised and Updated "ILP How to Guide 2.0" ［EB/OL］. ［2023-06-07］. https：//careertech. org/resource/promoting-quality-individualized-learning-plans-throughout-lifespan-revised-updated-ilp-guide.

❸ Delaware's Government. 507 Student Success Planning ［EB/OL］. （2021-10-12） ［2023-06-01］. https：//regulations. delaware. gov/AdminCode/title14/500/507. shtml.

龄人。❶因此，为创造更加包容的社会情感学习环境，美国各州重视通过以数据证据为基础的循证化系统来改善学校氛围，如早期学业预警系统可以帮助教育工作者使用学生数据板块来识别有学业风险的学生，从而给予弱势学生及时的学业帮扶、情感抚慰抑或职业技能发展等方面的个性化支持。与此同时，美国政府非常关注教育公平的阻碍因素以及促进因素，往往遵循弱势保护原则，借助公平审计不断探索如何为有色人种、边缘化群体等服务不足学生群体（underserved student subgroups）提供社会情感技能培养服务，并提议各州持续支持每一位学生走向未来成功之路。

也就是说，美国社会情感学习和职业劳动力发展融合工作始终坚持增强每个学生的未来胜任力，SEL-CWD框架更是要求以儿童终身发展的视角看待社会情感技能培养的各个阶段，使儿童的发展性以及社会性得以充分体现。换言之，美国社会情感学习的实践活动一直遵循教育可持续发展原则，在理解其本质内涵的基础上，积极为所有学生营造安全、支持以及包容的资质培养环境，努力发现和发展所有学生在不同职业领域的兴趣爱好，对其高阶思维、情感与态度、人际关系、社会意识、自我意识等方面的发展提出细致化要求。在这种充满安全感、信任感的成长氛围中，学生可以与值得信赖的教育工作者进行持续、可靠的教育互

---

❶ The Hechinger Report. First nationwide look at racial breakdown of career education confirms deep divides［EB/OL］.（2021-09-16）［2023-06-06］. https：//hechingerreport. org/first-nationwide-look-at-racial-breakdown-of-career-education-confirms-deep-divides/.

动,从而使自身大脑线路的连接、修剪、成熟模式随着成长阶段逐步得到强化,在良性教育互动中促进学生主动创造自身确定性,以便于他们在一个连贯的职业自我意识中将过去、现在和未来的技能经验联系起来,为自身职业生涯技能累积奠定基础。

2. 学习内容:基于职业路径系统开发课程体系

美国特拉华州前州长马克尔(Markell)曾提出:"学生未来成功的秘诀是K-12、高等教育机构和企业雇主之间的深度协同式合作。"❶ 因此,特拉华州教育部联合特拉华劳工部(Delaware Department of Labor)等多个组织机构,合作制定了促进学生从学校到职场顺利过渡的战略计划,即职业路径系统(Career Pathways)的系统性创建与协同性支持。可以说,职业路径系统是这样一个以雇主所需社会情感技能培养为导向,并无缝衔接教育体系与就业途径的系统,旨在帮助学生不断强化在该州从事高级高薪职业领域所需的社会情感技能,进而将社会情感学习全面融入职业劳动力发展规划过程中。当有意地与社会情感学习项目相结合时,职业路径就会将学生置于一个"知情"的职业发展体系中来助推他们实现职业成功目标。换言之,职业路径在促进社会情感学习与职业劳动力发展融合的过程中,鼓励学生利用社会情感技能积极了解就业行情、不断探索职业领域,最终形成职业抱负并获得行业认可的职业证书,成为未来世界中的终身学习者和有效贡献者。

---

❶ ROTHMAN R. In Delaware, creating pathways and opportunities for youth [J]. Phi Delta Kappan, 2017, 99 (3): 19-24.

与此同时，特拉华州为落实职业路径，一方面建立了由农业科学、建筑与施工、艺术、数字通信技术、商业管理与行政、教育培训、财务职业、健康科学、酒店与旅游等16个职业领域所组成的职业集群课程，致力于扩展学生未来职业选择空间；另一方面为培训学生入门级就业所需社会情感技能，建构了"特拉华途径"（Delaware Pathways）课程框架，并通过相关部门不断监督支持学校切实落实"特拉华途径"课程，❶从而在常规课堂中培养学生团队合作、人际关系技巧、同理心、沟通技巧、解决问题、自我调节、自尊等一系列社会情感技能。值得一提的是，为提升学生的学习以及工作体验，职业途径增设了包括美国手语、阿拉伯语、汉语、法语、德语等在内的双语衔接教育项目，以此培养学生在工作场所使用全球语言、人际交往的职业技能。❷总的来说，基于职业路径系统开发的课程体系能够使学生全面深入地了解职业生涯以及深度挖掘职业世界中的"自我意识"。

3. 学习模式：基于学生认知发展提供不同模式

特拉华技术社区学院（Delaware Technical Community College）创建了基于工作的学习办公室（Office of Work-Based Learning，OWBL），承担推进学生社会情感学习与职业劳动力发展融合的主要责任，并开发了基于工作的学习模式（Work-Based

---

❶ PATHWAYS D. Your Future Career Starts Here Delaware Pathways [EB/OL]. [2023-06-04]. https：//delawarepathways.org/pathways-programs/.
❷ PATHWAYS D. Enhance Your Learning Experience Dual Language [EB/OL]. [2023-06-04]. https：//delawarepathways.org/languages/.

Learning，WBL）来综合推进职业劳动力发展与学生社会情感学习的融合。它是一种打通课堂学习场域和职业工作场域来培养学生社会情感技能，并将学生社会情感学习与当地就业需求建立紧密联系，来增强学生对未来职业自信心的学习模式。❶ 其中，为进一步促进社会情感学习和职业劳动力发展的相互融合，"基于工作的学习模式"一方面通过提供相关不同类型的职业探索和体验机会，允许学生在职业环境中实践和应用在课堂场域中习得的社会情感技能，从而助力学生更好地发展社会情感能力；另一方面通过在特定工作场域中直接教授学生社会情感技能，并进行各职业领域所需的社会情感技能指导，来提升学生未来职业核心竞争力。可以说，"基于工作的学习模式"既可以为学生提供不同职业类型的第一手实践资料和具身学习机会，又可以帮助学生学会如何将当下课堂学习与未来职业发展建立勾连关系，这对学生职业意识、职业情感以及职业价值观的形成至关重要。与此同时，"基于工作的学校办公室"与学校、雇主、社区组织等利益相关者建立了紧密的合作伙伴关系，根据不同教育阶段学生认知发展需求，将"基于工作的学习模式"分为意识（Awareness）模式、探索（Exploration）模式以及沉浸（Immersion）模式三种类型。其中，不同模式的活动类别、参与者、参与时间、参与形式、企业应尽义务、教学愿景等都不

---

❶ Delaware Office of Work-Based Learning. Work-Based Learning ［EB/OL］.［2023-05-31］. https：//deowbl.org/work-based-learning/.

尽相同。❶

具体来说，意识模式的重点任务是通过演讲嘉宾进课堂（Guest Speakers）、职业招聘会（Career Fairs）、工作场所之旅（Workplace Tours）等活动形式，为小学阶段学生介绍各个职业领域所期望的基本工作要求与专业软技能（社会情感学习技能），如着装规范、职业道德、自我价值感、积极意识等，帮助学生了解其所在区域的各种职业选择、工作环境以及工作内容的总体情况，从而使学生对不同职业领域产生好奇心，培养自身社会情感能力的积极意识。

探索模式主要面向初中阶段学生，开设工作剪影（Job Shadows）、引领企业项目（Industry-led Projects）、模拟面试（Mock Interviews）等实践活动，要求企业专业人士引导学生亲身接触、探索职业工作场域，并为学生普及企业文化、工作类型、组织运作、工作间联系以及企业运营等相关职场进阶知识，助力学生找到自己感兴趣的职业领域。同时，学生在不同的职业活动中还可以习得、练习、实践社会情感技能，如引领企业项目要求学生参与由企业专业人士与教师合作设计的、与企业所涉行业相关的学生挑战项目，这需要学生自己收集行业数据信息、共同制定工作决策以及权衡工作决策方案的可行性，从而培养批判性思考思维，从多个来源评估、协作处理信息数据，分析、解决复杂问题以及制定负责任决策的社会情感能力。

---

❶ Delaware Office of Work-Based Learning. Work-Based Learning [EB/OL]. [2023-05-31]. https：//dowbl.org/work-based-learning/.

沉浸模式主要面向高中及之后教育阶段学生，为他们提供校本企业实践（School-based Enterprises）、合作教育项目（Cooperative Education Program）、预备学徒计划（Pre-apprenticeships Program）等活动，并通过 Delaware Pathways 课程框架为其分发实习学分。沉浸模式注重通过结构化、完整化、程序化的实习任务使学生逐渐融入职场生活，这需要学生持续接触不同的企业工作场所、积极完成实习工作任务、掌握工作流程以及培养自身职业道德精神和专业职业技能。

三、美国提升学生学习内驱力的治理经验

美国政府通过建构统一化能力标准、寓职业性于教学以及诉诸政府主导力量形成教育合力，重新构造教育体系，并借助教育公平的视角不断协调整合职业劳动力发展和社会情感学习融合的实践，使得面向未来的学生均能获得自身取得成功所需的社会情感技能，有针对性地使他们成为有效的终身学习者，为他们可能选择的任何职业道路提供引领。

（一）强调教育关爱的人本性政策价值

对学生学习内驱力提升政策的制定还应重视教育交往过程中的承认正义，以学生人格的完整发展为政策取向，通过爱的关怀、教育权利的平等以及成就的赞许三种积极正义形式，积极解构教育场域中可能存在的"蔑视"，使学生的学习和成长不被内在阻碍和心理抑制所影响。换言之，学习内驱力提升政策

第四章　学生学习内驱力不足的他国治理经验

应当以保证爱的承认这一最基本的承认形式为前提，以关爱为基础尊重每个学生的独特性和个性，营造情感接纳、包容鼓励、信任他者的人性化育人空间，帮助学生从担忧、恐惧的心理中解脱。

具体而言，以承认正义为价值理念的学习内驱力提升治理应坚决消除教育场域中的"蔑视"行为，纠正命令式、打压式甚至是支配式的家庭教育行为，积极满足学生在家庭中的承认需求，以基于家庭关爱的信任感使学生逐渐形成自主学习能力。一方面，应推进家校合作育人工作的深度式合作与协同式联动，从根本上修复和维护职业教育生态系统，实现内源性发展。也就是说，以协同育人的共育目标校正牟取考试成功利益的合作育"分"思维、以平等共创的共育关系赋予家长更多教育责任和实质性共育话语权、以根植教育现场的共育形式消弭教育应试场景中"赢取考试剧场"的功利教育价值观。❶ 另一方面，应推进学校课程管理走向课程治理。也就是说，打破学校课程管理模式的封闭性，鼓励行业、企业、家长等主体参与学校课程的整体性建设，共同开发满足学生多样化、差异化发展需求的高质量课程内容。❷ 只有充分满足企业的职业化教育需求和家庭的个性化教育需求，才能使学生回归自主学习与成长的生命意义。

---

❶ 龙宝新，李海英．"双减"背景下家校共育思维的转变与落地［J］．苏州大学学报（教育科学版），2022，10（3）：29-37．

❷ 罗生全，吴志敏．"双减"背景下学校课程治理的内容体系及优化机制［J］．现代教育管理，2023（2）：1-11．

（二）打造包容互通的共生性文化生态

在美国，对于流动学生来说，在语言类型和思维习惯等方面遭遇的"文化帝国主义"压制与排斥是其学习内驱力不足的主要原因。学校首先应认识到，流动学生的文化身份认同都是在自身原生文化和城市主流文化的不断接触、冲突与融合中逐步建构的，是每位流动学生必经的、动态的成长过程。

为此，对于文化冲突型学习内驱力不足的治理应以一种文化间性的、交往理性的集体参与式承认正义为重要前提，创设条件推动流动学生积极参与班级生活和课堂教学，在集体中不断使其再构"自我"身份认同与社会人际关系，不断培养其多元文化适应能力。一方面，以社区为中心建立流动学生的社会支持网络，强化社区、学校、同伴等非正式社会支持主体对促进流动学生文化身份认同的积极作用，加快推进流动学生在城市环境的再社会化进程。另一方面，以学校为平台打造多元共生、和谐共荣的文化交流环境，努力营造不同语言文化使用者和平共处的语言平等氛围，为流动学生提供充分的自主探索、自由表达、展现个性的文化适应空间，突破因文化冲突造成的文化认同偏差、心理归属感缺失等发展困境。

（三）强调政府主导的多元化主体关系

美国认为社会情感学习和职业劳动力发展融合的关键，在于形成某种协调的、动态的良性融合秩序，并促进未来社会雇主所需的社会情感技能的确定性向教学实践上合理的确定性转化,从而不断研究、深化以及传播这种调节转化理念。换言之,这种融合秩序的维持首先需要明确的是"谁来负责"这一基本问责问题,其核心要义在于政府发挥宏观主导作用,以政府牵头,培养多元参与主体交互式教学能力,以便于这种由社会场域关系中建构而来的融合秩序进一步在学校场域中施加教育影响。例如,美国政府鼓励诸如"基于工作的学习模式"导师、企业员工、雇主等商务专业人才进入教育领域发挥企业主体育人作用,并让教育工作者、教育指导顾问等专业教育人员进入职业领域进修职业知识。这种更为广泛、多样化的多元主体交互参与在社会层面为学生形成了积极的网状支持关系,在学校层面拉近校企合作的广度和深度,为学生社会情感技能在课堂场域和工作场域的交叉培养提供最大程度上的便利,在课堂层面进一步给予学生专业学习支持指导以及特定职业角色认同指导。

具体来说,第一,政府的主导作用在社会层面丰富了学生的人际关系网络。人际关系和社会资本对年轻人的职业生涯至关重要,美国各州通过扩大以工作为基础的学习、工作参观、工作实习、学徒机会,以及对企业导师项目的投资,为学生提供在课堂外接触增加他们未来可能性的企业导师并与之建立积极社会关系的额外机会。第二,在学校层面建立了多元化教育工作者队伍。美国政府有意地通过资金倾斜分配、服务奖学金或贷款减免项目增加多样化人才进入教育行业的机会,并扩大高质量教师培训项目的覆盖面,如自己成长计划(Grow Your

Own，GYO），确保教师能够为学生提供基于社会情感学习原则的未来职业发展建议。第三，在课堂层面为学生提供全面的心理咨询服务。美国政府要求将社会情感学习项目实践和教学法纳入学校辅导员的专业发展，并提供经费予以保障咨询课程的顺利开展。通过帮助学生熟练掌握调控自我管理策略、关系技能、职业认同意识等软技能，能够帮助其为充满不确定性的未来职业生活做好层级化准备。

（四）建构趋向公平的统一化能力标准

为保障职业劳动力发展和社会情感学习融合的有效性，美国各州建立了趋向公平的统一化社会情感能力标准，使学生能够得到全面、规范和多元的社会情感能力评价。一旦这种统一性能力标准确立，各级州政府便进一步将其融入战略计划、教育使命以及其他政策指导文件中，从而打破各州体制内的制度障碍与业务藩篱。

第一，明确统一化的社会情感能力标准，测评学生应达到的社会情感能力期望。为了能保证每一个学生拥有同等的社会情感能力培养机会，从教育机会均等走向教育对待平等乃至实现教育结果公平，美国各州基于自身社会情感技能标准，共同界定了学生在学术与认知发展、社会情感技能、心理和身体健康发展等方面于未来应达到的发展水平，并将这些标准纳入现有的学业标准体系和问责制。同时，美国政府通过打通社会情感能力标准和职业准备基准之间的交叉通道，帮助教育工作者深入理解这两个领域的交集与互嵌，从而推进 SEL-CWD 框架的地方化实施。

第二,以精准性的数据系统评估职业劳动力发展和社会情感学习融合的实现进度,考察学生实际上是否具备了所期望的社会情感能力。美国各州通过国家级整合化的数据系统收集社会情感学习和职业劳动力发展融合项目对所有学生产生的效果数据,并对其主体整体参与性和关注焦点相关性进行科学分析和深度研判,以此在大数据的深度挖掘中检验职业劳动力发展视域下社会情感能力培养的成效性;同时,在数据分解中及时监测哪些学生需要支持,从而确保不同学生群体公平地获得未来成功的机会。总的来说,美国社会情感学习和职业劳动力发展融合将学生从个人发展规划不明确而导致的学业失败、职业规划失败的闭环中解救出来,为他们构建了属于自己的职业未来成功之路。

(五) 重视具身心智的职业化教学方式

在不断变化的工作情境中,教育如何才能最有效地帮助学生为未来的成功做好准备?从知识呈现特征来看,当今时代的知识已不是静态的意义符号,学习发生过程也不再是单一、线性的过程,而是一个多维、立体的复杂动态过程。在这种个体多元智能发展理念作用下,美国认识到,面对未来不断变化的劳动力市场趋势,学生的学习如果仅仅停留于固有的核心学术知识,是远远不够的;值得注意的是,教学过程更应重视职业体验,并引导学生把各种强度的身体体验活动融入自身职业认同意识建构中,帮助其将身体知觉理解以及体验共同作用于学习过程，获得感受的、动态的、能动的职业技能知识，塑造认知、思维和判断等高级社会情感能力。例如，特拉华技术社区学院"基于工作的学习模式"的设计可以多样化地赋予学生一个能激发自身兴趣的学习环境，通过具身参与职业体验活动或在工作世界探索中接受技能知识教育，使学生的感知能力、自我意识、责任意识等社会情感能力得到训练。

在教学环节，美国政府非常重视鼓励雇主参与正规教育育人活动的设计，以雇主所需劳动力软技能标准为准绳，着力提升学生的社会情感能力，培养了大量满足雇主需求的高素质技能人才。换言之，美国政府采用匹配社会情感技能供应与技能需求的方式应对劳动力软技能短缺问题，组织专业机构进行企业调研，汇总相关企业雇主的社会情感技能需求，以此将收集到的数据作为制定人才培养标准的基础。例如，《2019 全球人才趋势报告》（*Global Talent Trends 2019 Report*）结合对全球5000 多名企业专业人士的调查后发现，91% 的雇主认为社会情感技能（该报告称为"软技能"）对未来的工作非常重要。❶因此，从未来劳动力社会情感能力发展需求出发，美国的教育正不断强化雇主在教学环节中的作用，以期通过帮助学校和有关教育部门把握行业动态，实现人才需求与供给上的动态平衡。与此同时，社会情感学习和职业劳动力发展的融合要求企业雇主主动积极承担相应的教育责任，积极参与到人才培养中，为

---

❶ Linked in. LinkedIn Report：These 4 Ideas Are Shaping the Future of HR and Hiring [EB/OL]. (2019-01-28) [2023-06-03]. https：//www.linkedin.com/business/talent/blog/talent-strategy/global-recruiting-trends.

学生提供良好的工作场所和实习环境,以此提高学生的社会情感技能、实践能力以及职业发展力。此外,企业雇主也可以在学生的实习过程中为本企业寻找能创造更多价值的优秀人才,最终实现企业和学生的共赢。总的来说,这种重视具身心智的职业性教学方式为学生提供了以自我感知为基础的灵活化发展道路,可以帮助他们从容地面对快速变化的未来职业情境。

第五章　提升中职学生学习内驱力的治理策略

　　为了有效实现提升学生学习内驱力的目标，推动中等职业教育的良性发展，针对学生学习内驱力不足的治理工作需要强调以工具理性为主导，注重防控学习内驱力提升的效果与效率之间的关系；当学生的学习内驱力提升之后，治理工作需要以价值理性为指引，重视职业教育中学生的专业成长问题与全面发展问题。由此，需要系统地推进中职教育发展、促进产业升级、实行生态补偿等不同政策与机制间的内在联系，从而在"中职教育促进学生发展需要"与"中职教育满足社会发展需求"这两个根本目的下实现中职教育的内生治理逻辑。由此，在内生治理逻辑的指引下，提升中职学生的学习内驱力就需要继续保持并加强制度所释放出的拉力作用，同时缓解并消除教育供需矛盾所引发的推力作用。以个体思想与情感的内生需求为核心，以多元协作与参与的协同治理为路径，以文化资本的制度化为保障来实现这一提升路径，就需要以中职学校为着力点，促进校社合作、校企合作以及校际合作；为学生的健康成长营造良好的家庭教育氛围，重视学生内在的心理健康与情感

第五章 提升中职学生学习内驱力的治理策略

支持；同时开展多元文化教育，打造和谐的教育生态。

第一节 深化中职教育机制改革，推进协同治理

对学生学习内驱力不足进行的治理是一种典型的多元主体参与的共同治理，即"共治"。提升中职学生学习内驱力需要加大社会、学校、企业等多元主体共同参与的力度，合力破解中职学生内驱力不足背后的结构性约束。一方面，作为学习内驱力不足学生教育的最主要社会支持主体，政府在参与教育治理的过程中，以其自身的组织、决策、资源、信息等方面的相对优势居于主导地位，有效地保障了教育治理的效益性与效率性。政府推进的家庭支持、学校支持、社区支持、同伴支持均可发挥促进效应。❶ 政府可基于学习内驱力不足学生的教育需求制定关爱政策与制度，也可加大对中职教育发展的物力支持力度与人力支持力度，其凭借在国家政策制定与经费拨款等方面的主导地位，可以在学生学习内驱力不足这一问题的解决中发挥引领作用。因此，政府应明晰自身在针对学习内驱力不足学生的关爱与服务工作中的引领者角色，全方位关注学习内驱力不足学生的心理、道德、行为、安全等方面问题的解决。

另一方面，在面对学生学习内驱力不足的产生原因复杂、

---

❶ 赵磊磊.农村留守儿童学校适应及其社会支持研究［D］.上海：华东师范大学，2019.

识别难度较大等发展特征时，相应的治理就不能仅仅局限于教育系统内部，而是需要将地区产业结构、地缘环境等多种外部系统要素考虑在内，加强政府、学校、企业、行业等多方主体的共同参与和协同治理。换言之，面对学生学习内驱力不足原因的多维性、状态的可变性、识别的困难性等新表征时，提升治理体系的治理权力与治理资源应当在政府、学校、企业、行业、社会组织、社区等多元主体之间得到转移、分散、配置和利用，进而使政府的顶层设计、学校的问题解决以及个体的发展需求能够得到充分的交互联动。也就是说，应该形成以政府为主导，相关企业、行业、社会组织以及学生家长在内的协同治理新格局，进而为提升中职学生学习内驱力工作的实效性与精准性提供保障。

一、强化体系建设：统筹校际合作中的资源共享

校际合作是缩小中职学校之间发展差距、创新教育资源共享的重要举措，同时也是提高教育资源的生产和配置效率与解决学校投入不足的有效途径。❶"以教育促教育"不仅有利于激发中等职业教育的内生发展，还是提升中职教育质量的合作之策。于中职学校而言，与同等类型的中职学校开展横向合作是为了借鉴发展经验，与高职学校开展纵向合作是为了促进培养体系的贯通，与普通高中开展交叉合作是为了厚植学生的文化

---

❶ 许可. 论英国中小学的校际合作 [J]. 教育评论, 2010 (4): 157-159.

基础,而以信息技术为手段的资源共享便成了校际合作顺利开展与深入推进的重要依托。由此,中职教育的内在价值得以提升,其实用性也随之被认同,从而不断地激发个体文化的内生发展,进而提升学生的学习内驱力。

(一) 推进现代职业教育体系建设

在推进职业教育高质量发展背景下,构建现代职业教育体系既要持续推进横向不同教育类型融通,也要不断完善纵向不同办学层次内部衔接。中职教育在职业教育体系中居于基础性地位,是职业教育可持续发展的关键一环,因此更应稳步推进中职教育的横向融通和纵向贯通。从完善学历层次到转变人才培养导向,我国的中职教育政策供给始终紧跟时代发展需要,为中职教育高质量发展提供宏观政策保障。教育部在2022年2月23日的新闻发布会中明确提出:要推动中职学校多样化发展,从单纯"以就业为导向"转变为"就业与升学并重",这为中职学生提供了更多的选择空间和发展通道。可以说,推进中职教育"纵横双向发展"过程的政策蓝本已然绘就,但政策落实的实践仍面临着诸多的不确定因素。对此,应在实践中进一步调整健全政策体系,为中职学生树立"读书有希望"的价值观念提供坚实制度保障。具体而言,应促使教育分流回归到正确的价值取向,充分发挥职业教育的低位价值和高位价值,矫正"职业教育是弱势阶层复制工具"的错误观点,在观念上破解中职学生与中职教育的"污名化"困境。已有实证研究表明,相较于普通高中教育,中职教育在职场中的联结强度和收入回报均显著更高,❶ 其在促进人力资本累积和社会流动方面起到一定的"稳定器"作用。因此,应积极推进普职二元对立结构转向普职二元融合结构,重点以提升中职教师队伍水平为关键抓手,大力推进中职办学质量提升,重塑中职学校良好的社会形象,让中职学生升学有优势、发展有通道。

具体而言,一是要明确人才培养观念,始终坚持以学生发展为本的育人本质。要破除"就业就是一切"或"升学才是出路"等二元对立的认知误区,将办学发展定位于职业性与学术性的深度结合、专业设置与产业发展的深度契合、人才培养与企业成长的深度对接。二是要科学优化专业设置,适应区域经济社会发展。要充分考虑区域资源禀赋和办学条件,不断提升市场敏感度,通过前瞻性市场调研,使人才培养动态适应地方产业结构变化,优先供给地方经济社会发展所需劳动力。三是要厘清中职、高职衔接的本质特征,科学定位不同培养阶段的培养目标。要坚持中职教育的基础性、支撑性作用和高职教育的高等性、区域性特征,在课程教学、技能培训、文化建设等各环节的一体化设计下体现层次差异和自主选择,避免中职、高职衔接形式化、人才培养趋同化。四是要优化"教育—产业"的双布局重合,❷ 积极推进企业和学校间的双向互动沟通。这需要不断提升市场类主体在人才培养活动中的关键性作用,持续

---

❶ 李晓光,刘无霜,冉运涛.普职分流之后:学校到职场的联结强度及其收入效应[J].青年探索,2023(4):15-32.

❷ 尹秋玲.去工业化条件下的职业教育:中西部中职的办学逻辑与未来出路[J].文化纵横,2022(4):120-128.

优化基于"需求本位"的职教人才联合培养模式，共同促进中职教育的结构性优化与升级。要善于利用县市两级工业产业园聚集区等在地化优势资源，将职教园区与工业园区进行协同发展，及时将企业需求和行业标准转化为中职学校人才培养的新方向，让人才供给规模、供给结构、供给质量与劳动力市场的需求标准的契合度更高。

（二）贯通职业学校的纵向合作

在职业教育体系中，中职教育与高职教育既相互区别又相互联系。一方面，培养目的的不同决定了二者在任务难度、内容深度、内容广度以及培养层次上的区别；另一方面，二者在课程资源、项目资源等方面的共享与联系是职业教育体系的内在规律，也是激发中职教育文化内生性的重要举措。而中职教育与高职教育之间的合作就是要深化二者的联系，突出二者的区别，从而使二者的合作为中职发展注入活力，为高职发展提供基础，丰富职业教育体系的内涵，增强其为经济高质量发展服务的能力。为此，促进职业教育体系各层次的教育合作不仅要注重宏观层面的管理合作与学制衔接，更要推进中职与高职的课程合作，促进学生能力的衔接，体现中职学校的培养目标以及职业教育课程的梯度与层次。

贯通职业学校的纵向合作，首先要促进宏观层面的形式合作。宏观层面的形式合作体现在打通中职教育与高职教育之间的升学渠道，实现二者在学制上的衔接。二者开展合作的必要性主要体现在培养目标的衔接与专业技能水平的提升上。为此，高职教育的招生理应有针对性地向中职教育学生倾斜，并配以适应并凸显职业性的招生办法。伴随着中职学生升学的现实需要，职教高考应运而生，在中职学生升学比例受限的情况下，许多省市探索出了普通高考、自主招生、三校生高考、中高贯通和中本贯通、五年制高职等多种形式的升学路径。这些考试方式与录取方式符合各省特定的地方化设计需要，但也只是为中职学生构建了局部化的升学途径，职教高考制度并没有以国家教育制度的形式推行下去。由此，应该从宏观层面搭建政策框架，为中职、高职合作的顺利实施与深度推进提供政策保障。❶

贯通职业学校的纵向合作，核心是促进课程层面的内涵式合作。这就意味着中职教育与高职教育应该通过课程合作体现出课程设置的梯度与层次。课程维度的合作具有其内在的合规律性与合目的性的理论依据：一是符合学生认知发展的累积性与等级性规律；二是符合学生动作技能形成的长期性与实践性规律；三是符合职业教育课程内在逻辑联系的本质特性。❷ 由此，中职、高职的具体合作理应从课程标准、课程结构、教学内容等方面展开。其一，在课程标准建设上，教育主管部门应积极发挥组织作用。同时，教育专家也应基于宏观高度与顶层视野为中职、高职的课程合作提供建议、明确界限。此外，中

---

❶ 徐国庆．作为现代职业教育体系关键制度的职业教育高考［J］．教育研究，2020，41（4）：95-106.

❷ 黄彬，焦小英，林世俊．中高职课程衔接存在的问题及其解决路径［J］．职业技术教育，2012，33（35）：20-24.

第五章 提升中职学生学习内驱力的治理策略

职、高职学校间合作的关键还在于建立学分互认机制，通过相同课程免修制与选修替换制增强课程设置的合理性与有效性。其二，在课程结构组织上，中职教育课程结构与高职教育课程结构既要体现出课程实践化与实践课程化的双向整合，又要体现出课程难度、复杂度、综合度的层次性。其三，在教学内容定位上，要依据中职教育与高职教育培养目标、岗位目标、能力目标的差异，配置相应的课程内容，以体现出学段界域与逻辑梯度。❶

（三）融通普职学校的交叉合作

普通教育与职业教育并行发展的教育格局为社会主义现代化建设培养了大批实用型人才，但是随着产业结构调整与经济转型，社会发展对劳动者的技能要求与素质结构提出了新的挑战。双轨运行的教育体制使得中职教育忽视基础知识传授，普通高中缺乏职业素养教育，为打破这一局面对我国经济社会高质量发展的桎梏，就需要重视并促进普职教育之间的融通式合作。这种沟通与合作既能满足民众获得制度化文化资本的传统需求，又符合了培养新时代所需高技能人才的旨归，❷ 还与终身教育理念以及全面发展的教育观念不谋而合。

由此，推动普职学校之间的深度合作，就是要促进普职学校之间的资源共享，以大职教观的视野推动职业教育在教育体

---

❶ 张健. 对中高职课程有机衔接的思考［J］. 教育与职业，2012（2）：16-18.
❷ 杨慷慨. 中国共产党发展职业教育的百年考察与未来展望［J］. 教育与职业，2021（16）：5-12.

系内部的延展性。具体来说，将职业启蒙教育嵌套于基础教育之中，通过职业预备教育培养学生对职业的初步了解与认知，并培养学生普适性的职业态度与职业习惯。其一，小学阶段对应初级职业启蒙教育，此阶段通过简单的职业教育课程帮助学生初步形成职业态度与职业意识。其二，普通初中阶段对应中级职业启蒙教育，此阶段通过职业实践活动培养学生良好的职业习惯与职业理想。其三，普通高中阶段对应高级职业启蒙教育，此阶段通过对职业进行深入认识与理性思考培养学生的职业选择能力与职业价值观。❶ 这种贯穿基础教育阶段的普职融通教育是发挥职业教育育人功能的重要途径，也是培养学生职业素养的重要方式。实现普职之间的合作需要以课程为基本途径，通过前瞻性地对课程目标进行规划，实现普职融通的目的。换言之，课程融通是普职融通的重要载体与主要内容，普职之间的深度合作，就是指重构课程体系，实现不同性质知识与能力的整合。这能够使接受普通教育的学生在掌握知识的基础上，扩展其知识的应用能力与实践能力，以加深其对知识的含义与用途的认识；使接受职业教育的学生在学习过程中联系原理性质的知识，锻炼其掌握原理的能力与智力。具体来说，一是要确立普职课程融通的目标导向，培养学生的人文素养以及促进学生创新、实践能力等方面的发展，是普职课程融通的关键所在。二是要开发综合性课程。职业教育课程重视学生实践能力

---

❶ 陈鹏，庞学光．大职教观视野下现代职业教育体系的构建［J］．教育研究，2015，36（6）：70-78．

的养成，这种以实践过程为遵循的课程也存在知识被稀释、道德教育被弱化的现象。而以知识为线索组织起来的普通教育课程，在重视学生学习能力养成的同时，也存在实践能力被忽视的现象。普职融通的综合性课程以实践为载体，并将道德教育、知识教育、能力培养等内容有机地整合其中，以实现提升学生综合能力的课程目标与培养目标。三是为普职课程融通提供组织基础与机制保障。作为一种新课程形态，包含了普职学校的优秀教师、课程开发专家、学校管理人员、学生家长、教育部门相关人员以及企业相关人员等利益相关者的强有力的课程开发团队是普职融通课程开发的组织基础，而课程开发、课程实施、课程评估、课程改进则是课程开发机制的有力保障。❶

（四）联通中职学校的横向合作

我国经济发展的不平衡决定了教育发展水平存在地域空间上的差异，服务于地方经济发展的中职教育也存在这一现象。具体表现为，东部沿海地区的中职教育已经步入良性的循环发展阶段，与地区的经济建设产生相生作用；而中西部地区的中职教育则在发展规模、发展质量与发展水平等方面与东部地区存在一定差距。中职教育自身发展的不足制约着其为地区经济发展作出的贡献，同时也使中职学生群体间传播着"读中职无用论"的观念。由此，应深入推进中职学校之间的横向合作，

---

❶ 赵蒙成. 从全人教育视角看普职融合课程的价值定位与实现路径［J］. 教育与职业，2018（23）：89-94.

总结提炼可借鉴、可推广的发展经验,进而推动中职教育的均衡发展。促进中职学校之间的横向合作应该在国家政策的引领下,探讨中职学校之间合作的核心理念与行动准则,以及在此指导下的合作内容与合作方式。

一方面,"平等协商、尊重差异、利益共享"应该成为中职学校之间合作的核心理念。[1] 校际合作的双方虽然在发展规模、发展水平等方面存在差异,但是二者在合作中拥有平等的话语权,并且在合作时还应该保持自身的优势与发展特色。这就要求二者在合作时充分了解并尊重对方的发展需求,建立共同的发展目标与任务,这是后续合作深入开展的重要行动准则。基于此,校际合作要进一步推进树立利益共享的合作理念,这是合作双方建立长效合作关系的动力基础与最终目标。合作双方价值与利益的实现有赖于对合作事宜的共同治理,由于二者赖生于不同的背景、拥有不同的发展目标,为了避免合作过程中出现矛盾与利益冲突,建立合理的资源流动与共享机制尤为重要,这是实现合作双方共同利益与价值的物质基础,而与之相匹配的共同治理与问责机制则保障了合作的顺利进行与深入推进。

另一方面,中职学校之间的合作应该充分依托互联网实现教育内容、教育实践等方面的共享,推进"互联网+课程""互联网+实验室"等方面的应用,使其成为共享优质教育资源、提

---

[1] 薛海平,孟繁华. 中小学校际合作伙伴关系模式研究 [J]. 教育研究,2011,32(6):36-41.

升学校教育资源拉力作用、提升学生学习内驱力的重要途径。"互联网+课程"是打破空间限制的重要途径,它使优质教育资源跨领域、跨地域的共享成为可能,在一定程度上弥补了发展差异带来的不均衡,从而提升欠发达地区中职教育质量,实现优质职校对普通职校的帮扶作用,增强中职教育整体拉力。"互联网+实验室"则是通过虚拟现实技术实现现有教学实验的数字化与虚拟化。在云计算和大数据的支持下,虚拟实验室具有实用性、易用性、灵活性、集成性、可控性、实时性等特点与优势。❶ 在该技术的支持下,学生可以通过三维模拟实验理解真实的实验过程,借助互联网优势把握当前技术前沿,实现教育供给与社会需求的衔接,弥补因实验器材欠缺、实训条件薄弱等资源短缺形成的教育短板。

二、加强主体协同:释放校企合作中的育人活力

校企合作不仅是促进中职教育发展的重要途径,还是培养新时代高素质劳动者的必由之路。企业的经济导向以及对效率的追求与实用主义所推崇的文化价值不谋而合,校企合作则以此为着力点,增强中职教育的实用价值,进而消减实证主义观念与家庭读书观念之间的一致性所产生的拉力。人才培养、科技协同是推进中职学校与企业深度合作的重要方式,同时也是

---

❶ 余宪泽,赵枫.云服务环境下虚拟实验室在中学物理教学中的应用模式构建[J].课程教学研究,2017(9):50-54.

跨越教育边界与企业边界，实现多元协同育人的重要方式。所以，中职教育的健康发展离不开多元协同治理的校企合作，这不仅取决于中职教育的发展定位，还是消减实证主义观念与家庭读书观念之间一致性的内在要求。由此，校企合作主体必须树立牢固的合作意识，将多元协同的合作理念贯穿于中职教育全过程，以此释放中职教育发展活力，进而提升学生的学习内驱力。

（一）树立校企合作的宏观意识

校企合作的开展离不开多元主体的合作意识，它是决定校企合作程度与成效的关键因素。合作主体只有在观念上树立校企合作的战略思维，才有可能将校企合作落实到教育实践中，并在教育实践中将合作的链条延长、范围扩大，进而增加社会对中职教育的认可度，提升中职学生的学习内驱力，这是消减实证主义观念与家庭读书观念之间一致性的首要体现。校企合作主要涉及政府、中职学校、企业三方主体，三者发挥的作用以及所处的位置各不相同。

首先，政府要树立校企合作的宏观意识，为校企合作创设制度环境，提供政策支持。校企合作是互利多赢、惠及多方的人才培养模式，但是在具体的实践中却存在合作动力不足、合作局限性突出等问题，这些问题在教育实践中制约着中职教育的办学质量，进而使学生从主观上降低了对中职教育价值的认可。国务院发布的《国家职业教育改革实施方案》也提及我国

第五章　提升中职学生学习内驱力的治理策略

职业教育还存在"企业参与办学动力不足"等问题。❶ 由此，政府需要通过政策手段调动企业参与中职教育的积极性。一方面，鉴于企业的逐利本质，政府要通过制定税收减免、贷款优惠等政策对积极参与校企合作的企业实行奖励机制，从而在一定程度上保护企业利益；另一方面，政府要发挥协调作用，既要通过法律法规调动中职学校和企业合作的积极性，又要通过相关的协调政策使校企合作的顺利进行有法可依、有制可束，进而调和校企合作中的问题与矛盾，保护校企双方利益，促成校企合作的深入推进。

其次，中职学校要树立校企合作的主动意识，构建稳定长效的校企合作机制。中职学校是开展校企合作的主体之一，也是实施校企合作的重要场域之一，对于学校而言，校企合作的价值不仅在于利用企业的实习场地、实训设备、专业师资缓解中职学校在场地建设、设备投入、师资培训等方面的压力，❷ 同时还在于提高学校的办学质量以及学生的培养质量。但是在具体的教育实践中，中职学校与企业的合作主要体现在实习阶段与就业阶段的结果合作上，教学阶段的过程合作较为少见。所以，学校主体要增强校企合作的主动意识，其一，在合作伙伴的寻找上要主动，根据学校自身发展的定位，积极主动地与相关企业进行合作事项的筹备；其二，合作范围的商定上要主动，

---

❶ 国务院关于印发国家职业教育改革实施方案的通知［EB/OL］.［2022-01-09］. http：//www.moe.gov.cn/jyb_xxgk/moe_1777/moe_1778/201904/t20190404_376701.html.
❷ 洪贞银．高等职业教育校企深度合作的若干问题及其思考［J］. 高等教育研究，2010，31（3）：58-63.

明确校企合作的双方责任主体，促成学校与企业的深度合作；其三，合作结果的输出要主动，遵循经济市场发展规律，尊重企业发展需求，弹性商定学生的实习时间与间隔周期。此外，还可以推动企业师资与学校师资成立研究共同体，共同推进科学研究。

最后，企业要树立校企合作的主体意识与社会责任意识，为培养社会所需要的高质量劳动者提供技术支持。对于企业而言，校企合作的价值不仅在于人才储备方面的人力资源优势，与学校开展合作取得科研优势，更在于承担社会责任之后所获得的财政优势与荣誉优势，这些都将成为企业参与社会竞争中的砝码。所以，企业要树立校企合作的主体意识与社会责任意识，主动承担起社会责任。一方面，企业要增强与学校合作的主动性，发挥校企合作的主体性。与中职学校共同商定合作的具体事宜，并在不损害企业核心利益的前提下为校企合作的顺利推进提供便利。另一方面，企业要增强社会责任意识，主动承担社会责任。在追求经济利益的同时也要关注反哺社会，主动与学校开展全方位的合作，为校企合作的深入推进提供场地、设备、师资等支持。

（二）保障校企双方的全程参与

在多元主体合作观念的推动下，校企合作的定位应该置于人才培养质量的提升上。也就是说，校企合作不应该只关注就业阶段的结果合作，而应重点关注教育培养阶段的过程合作。只有这样，学习过程的意义才会有所凸显，使学生将重点放在对学习过程的关注上,这也意味着从实践上消减实证主义观念与家庭读书观念之间的一致性。校企合作的过程思维就是要关注教育培养的合作过程,具体包括多元主体在制定培养方案、选定教育内容、确认教育实践的师资等方面的多元协同。

首先,作为校企合作的主体,企业应该积极参与学生培养方案的制定。企业作为市场经济背景下人力资源的需求方,深谙人才需求之道,同时企业也是市场经济发展的感知器,能对经济发展和技术的更迭做出最迅速的反应,而这恰恰也是中职教育发展所追求的目标。具体到学生培养方案的制定上,如果该方案只满足教育发展的需求,那么培养出的学生将难以满足企业和市场经济发展的需求,并且失去了中职教育的职业特性;如果该方案仅考虑企业发展的需要,那么中职学校将沦为企业的人才储备库,失去其教育特性。所以企业与中职学校在人才培养方案上需要推进深度合作,同时体现中职教育的教育性与职业性,使学生的培养既符合教育发展规律,又满足经济发展对人才的需求。

其次,中职学校与企业在教育内容的选定上也应该推进深度合作。对中职学校教育内容的选择应该以国家规划教材书目为基础,并凸显中职学校的办学特色以及地域特点。一是要实现课程体系与职业标准对接,进而将企业岗位所需要的职业标准内容提前融入学生的授课体系,使学校的教学内容能被置换到企业的实践环节;二是要体现社会能力培养与企业文化的衔接,将企业的精神文化、制度文化、行为文化融入学生社会能力体系标准当中,通过校企合作增强学生专业所需要的社会适应性。❶ 三是要实现产业链与教育链的衔接,中职教育所培养的学生主要是服务当地经济的发展,所以教育内容的选定应该体现当地产业发展特色,将地方文化与学校主流文化相融合,以校企合作为着力点实现教育链与产业链的相生。

最后,中职学校与企业尤其应该推进师资队伍建设层面的深度合作。中职教育的教育性与职业性决定了学校教师与企业专家应该共同承担教育职责,以发挥教育合力。一是在治理层面,在学生校内学习与企业实践的过程中,应该为其配备不同的教师进行管理,实行校内教师与校外导师的双重负责制。在双重督促下,学生会开始重视教育与实践的意义,从而提升自身学习内驱力。二是在德育层面,应该重视并充分挖掘企业中劳动模范、技术能手、大国工匠、道德楷模等的德育价值,尤其要对中职学生进行就业指导教育,从而使学生从身边的具体人物与事例中看到中职教育的意义与价值,减少其专业迷茫,进而提升自身学习内驱力。三是在师资队伍的共同提升层面,学校一线教师拥有教学经验与科研经验,而企业的一线教师拥有实践经验与指导经验,二者的深度合作不仅有利于将实践经验转化为可传授、可推广的教学知识,还有利于推进技术更新。这对于学生技能提升、学校发展、企业技术升级、教师专业发展等方面都具有积极意义。

---

❶ 张志强. 校企合作存在的问题与对策研究[J]. 中国职业技术教育,2012(4):62-66.

（三）健全合作育人的评价机制

教育评价是指对学生阶段性学习效果的衡量，对学生的学习既起到检验作用，又起到一定的督促作用。在具体的教育实践中，中职学生的教育评价主要由任课教师完成，并且多为纸笔测验的方式，这种评价方式沿循了普通教育的评价模式，存在一定的参考价值，但是对于中职教育的适用性与合理性却值得商榷。例如，这种评价方式从考评方式上不能凸显中职教育的独特性，从检测效果上不能体现中职学生的实践水平。中职学校的教育评价尤其应该凸显其职业性，通过与企业开展深度合作，实现多元化的评价主体、多维化的评价方式以及规范化的评价标准。

首先，校企合作应致力于实现评价主体的多元化，以增强评价的客观性。以任课教师为主体的单一评价有可能使评价结果失之偏颇，并且在学生人数较多时，过于注重课堂评价反而会压缩教学质量，这样的评价结果会使一些学生丧失学习的积极性。所以，增强评价的客观性就应该以校企合作为契机，引入企业方的评价，重视企业对中职学生职业素养评价的发言权。概言之，客观评价体系的构建要充分考虑利益相关者之间的沟通与协商，学校教师和管理者的评价代表了教育层面的价值观，企业的评价代表了实践层面的价值观。由此，就需要在坚持中职学校办学特色与中职学生发展规律的基础之上，提炼出合理的评价标准，进而筛选、凝练出被中职学生接受的、符合社会需求与教育发展规律的评价准则。

其次，校企合作应致力于实现评价方式的多维化，以增强评价的科学性。对中职学生的评价理应彰显中职教育本质，关注学生综合职业素质的整体提高与个体生存，注重以校企合作为基准发展学生的多元智能。一方面，注重过程性评价与质性评价，发挥评价的督导功能。学校场域与企业场域可以从不同的角度对学生做出具体的评价，进而使学生的人文性与实践性都得到提升，这是中职教育的教育性与职业性的内在要求。另一方面，鼓励中职学生在取得学历证书的同时，积极取得多种职业技能等级证书，以增强自身的文化资本。作为职业技术水平与专业能力水平的代表，职业技能证书反映了个人所从事的职业活动以及职业发展所需要的能力，这也是职业教育有别于普通教育的一种评价方式。

最后，校企合作应致力于实现评价标准的规范化，以增强评价的适用性。对于企业而言，评价结果是其选人用人的重要参考标准，所以评价结果的有效性与规范化就成为该评价是否能够被推广与认可的重要指标。这就要求学校与企业在评价标准的规范化上进行深度合作、开展深度讨论。规范化评价标准体系的构建要依托于国家职业标准体系、行业技术标准以及职业鉴定标准。❶ 在此基础上，学校和企业依据自身办学定位与发展需求，制定出符合各利益相关者需求的评价标准体系，以增强评价的适用性，扩大评价的推广度。

---

❶ 洪贞银. 高等职业教育校企深度合作的若干问题及其思考［J］. 高等教育研究, 2010, 31（3）：58-63.

三、彰显人文关怀：提升校社合作中的情感体验

校社合作是以家长与社区组织为代表的外部利益相关者与中职学校进行的一种合作，这一合作重视学生的职业生活情感，并注重培养学生的人文性，增强学生对中职教育的体验性。同时，校社合作也是促进学校主流文化与学生个体认知交流的一种方式，通过学校与社区的联结以消弭学生个体认知与学校主流文化之间的差距，进而弥合由此产生的推力作用，因此这也是一种从过程上提升学生学习内驱力的合作路径。具体而言，校社合作通过培育社区教育力与发挥中职教育服务力实现对学习内驱力不足学生的影响。一方面，校社合作通过社会资源建设、优质学习资源共享等方式培育社区的教育力，促进中职学校办学质量的提升，同时也使得中职教育的培养目标从工具人取向向社会人取向转变；另一方面，中职教育以培养高素质劳动者为导向，这就意味着中职学生终将成为服务社会的职业人，而与社区的合作则暗含了这一目标的实现路径，因其是从注重学生职业技能向注重学生职业生活的转变，也是增强教育服务力以反哺社会的体现。

（一）培育凸显人文性的社区教育力

社区教育力包括教育作用力以及教育影响力，前者是由一切正规教育活动与非正规教育活动产生的，后者存在于各类教

育活动之中，它是对人的身心发展起作用、有影响的力量。❶ 学校教育与社区教育是互为补充的，它们在育人方面具有不同的任务，但却在整体关联性与动态平衡性中通过协同效应实现了整个教育系统质量的提升。由此，发挥社区教育在教育系统中的应然价值是校社合作的关键所在，这就需要培育社区教育力以助力中职教育质量的提升。对于中职教育而言，就需要以校社实践共同体为依托，发挥社区教育的作用力与影响力，进而凸显中职教育的人文性。

一方面，培育社区教育的作用力就是要形成实践共同体，以此来统整中职教育中的技能性学习与非技能性学习。中职教育重视对学生技能的训练，而企业则较为重视中职学生非技能的养成，如团队精神、敬业精神、乐业精神等职业素养；而后者被大多数中职学校归为德育课程与劳动教育课程教授的内容。不可否认，这些课程使学生对职业素养有了一定的认知，并在一定程度上实现职业素养的培养，但这些课程终究是以授课形式呈现出间接经验，而非技能性知识的习得则有赖于在实践过程中形成的直接经验。由此，以社区教育为依托形成校社合作的实践共同体是发挥社区教育作用力，培养学生职业素养的重要方式。实践共同体理论认为，学习观的核心问题是学习与实践的关系问题：若将学习视作提升实践主体主观生活质量的手段，则会形成拓展性学习；若将学习视为规避限制与威胁的手

---

❶ 叶澜. 终身教育视界：当代中国社会教育力的聚通与提升 [J]. 中国教育科学，2016（3）：40-67，199.

第五章　提升中职学生学习内驱力的治理策略

段,则会形成防御性学习。❶ 由此,正确的学习观念是形成实践共同体的首要关键,也是弥合学校主流文化与学生个体认知之间差距性重要前提,从而凸显中职教育的教育功能与育人本质。校社合作的实践共同体是包含了学校、家长、教师、社区组织等利益关系者的学生学习场、成人学习场以及终身学习场,它是中职学生习得非技能性知识的重要场所。

另一方面,培育社区教育的影响力就是通过校社合作的方式,发挥教育实践共同体的应然价值。谢里·阿恩斯坦曾提出公民参与阶梯理论,将公民的参与划分为八个阶梯,即操纵、治疗、告知、咨询、安抚、合作、授予权力、公民控制。其中,操纵与治疗属于没有参与的状态,告知、咨询和安抚属于象征性的参与状态,而合作、授予权力和公民控制才是真正的参与。❷ 这一理论也为校社合作提供了理论基础,即社区是否拥有施加影响所必需的真正权力是校社合作的关键,也是教育实践共同体发挥作用的前提。由此,充分发挥教育实践共同体的作用就是要赋予社区在合作过程中的决策权。社区参与决策的过程就是教育实践共同体发挥影响力的过程,也是弥合学校主流文化与学生个体认知之间差距的过程,这不仅有利于推进校社合作的开展,对于实践者与参与者而言也具有十分重要的意义。社区参与决策是社区在校社合作中发挥主体作用的体现,这不

---

❶ 张永,张艳琼.家校社合作的反思与重构:基于实践共同体的视角[J].终身教育研究,2020,31(3):41-46.

❷ ARNSTEIN S R. A Ladder of Citizen Participation [J]. Journal of the American Institute of Planner, 1969 (4): 216-224.

255

仅能保证决策的科学性与合理性，也有利于合作的深入推进，从而发挥共同体的应然价值，达到培养实践者获得非技能性知识的目标。除了决策参与，校社合作也需要多个层面的深度参与，如实践过程中直接经验的传授形式、课程组织形式与安排、教育实践共同体人文性的凸显等。深度合作是激发参与各方在教育实践共同体中主动承担应有责任的重要体现，也是发挥校社合作意义感的重要形式。在合作过程中，参与度是形成认同度与满意度的关键，而三者的内在关联性则推动着校社合作达到最高层次与最高境界。❶

（二）增强突出生活性的教育服务力

中职教育以培养高素质劳动者为目标，这一导向决定了其具有促进经济社会发展的重要职能；而服务社会则是中职教育的重要功能和使命，这决定了为本地区发展提供社会服务是中职教育的特殊任务。换言之，中职教育不仅承担着为地区发展培养人才的重要任务，也肩负着促进地区经济发展的特殊使命，还发挥着服务社会的重要功能。此外，中职教育的社会服务有其特殊性：一方面，中职教育对社会进行的服务是发挥自身功能、承担使命的重要表达；另一方面，中职教育的社会服务是增强课程生活性与学生体验性的重要方式。而社区作为社会的组成单元，与中职学校的深度合作能够释放教育服务力，从而

---

❶ 张永．美国家校社合作的两种层次理论及启示［J］．全球教育展望，2021，50（3）：106-117．

第五章 提升中职学生学习内驱力的治理策略

形成二者的互动发展。

　　校社合作的目的是实现人才培养与培养人才的社会化，因此需要激发中职学校教育服务力的发挥。依据合作方式的不同，校社合作又分为阶段式的间接合作与开放式的直接合作。相较于间接合作，直接合作更能充分发挥中职教育服务力。校社的直接合作是指中职学校直接面向社区服务，这不仅打破了人才培养周期性与教育价值滞后性的局限，也推动着中职学校的转型和教育服务理念的更新。由此，发挥中职教育服务力，增加中职学生专业生活性，能够提升中职学生的体验感以增强其学习内驱力，而这一目标的达成需要中职学校与社区双向发力，其一，树立中职学校的服务理念是发挥教育服务力的价值导向。中职学校理应认识到，为社区提供服务是互惠共赢的，学校也可以从提供服务的过程中获益。深度的合作使中职学校提供的服务不只停留在物质性与人力性的表层支持上，而且还体现在技术性与人文性的深度参与上。具体来说，在中职学校为社区提供服务的过程中，学生在学校习得的间接经验得以具体化，并且在真实生活场景中进行的教育实践也更贴近专业实际，使学生对专业有更清晰的认知与体验，而蕴含其中的人文性素材则是培养学生职业素养与道德发展的隐性教育内容。此外，这一过程也在无形中提升了学校的知名度与认可度。其二，建立中职学校的服务机制是发挥教育服务力的制度保障。教育服务力的持续发挥离不开校社合作长效机制的保障，而这种长效机制的建立需要同时发挥中职学校教育服务的特定性、针对性与引领性，社区在校社合作中的主体性、主动性与积极性，以及政府、企业、行业、市场、科研等方面应该发挥

的职能，从而实现教育资源的重组与整合，保障教育服务力的发挥。其三，丰富的校社合作内容是发挥教育服务力的教育价值。校社合作的内容是多元的：既有显性合作，又有隐性合作；既有物质层面的合作，又有文化层面的合作；既有经济效益导向的合作，又有社会效益导向的合作。校社合作的内容还是特殊的：校社合作是以中职学校的文化力培育其服务力；以中职学校的综合实力促进合作的和谐力。❶ 由此，校社合作内容的设定理应以学生发展为导向，通过丰富合作形式增进教育实践的生活性。其四，更新教育服务型职校的评价内容是发挥教育服务力的科学保障。中职学校以培养高素质劳动者为最根本的工作目标，因此，对中职学校的评价也应该遵循教育教学规律。而校社合作过程中的中职学校服务力的发挥则需要将服务社区的内容与绩效纳入评价准则之中。也就是说，中职学校理应注重先进文化的引领与传播、科学技术的推广与应用等方面的社会效益评价。如此，学校主流文化与学生个体认知之间的差距便在校社合作的过程中得以弥合，学生的学习内驱力也随着专业体验性的不断丰富得以提升。

第二节　重视中职学生内生需求，增强多维支持

提升中职学生的学习内驱力就需要重视学生个体思想与情

---

❶ 何向荣，邱开金. 建设教育服务型高校的实践与思考 [J]. 浙江工贸职业技术学院学报，2009，9（3）：1-6.

感的内生需求,借助信息技术实现优质资源与先进知识的共享,为每一位中职学生提供共享泛在的教育资源、创造自主交互的学习空间、开展精准适宜的情感关怀与思想指导,以此来实现中职学生在思想态度、情感观念等内源性需求的精准提升。为此,中职教育要充分借助信息技术,提升对中职学生的关怀,实现全面性、全员性和全程性的思想情感关怀。其中,全面性是指借助于文化学、社会学、教育学等多学科的联动,实现对中职学生在文化发展、专业成长、职业养成等方面的关怀;全员性是指要关注每一个中职学生的个体思想与情感发展的内生需求,不仅要关注学习内驱力不足的学生,还要关注学习内驱力充足的学生;全程性是指要关注中职教育中每一个阶段学生的思想状态,如入学阶段关注学生的思想适应问题,实习阶段关注学生的思想转向问题等。由于中职学生是中职教育最直接的利益相关者,而学生的内在情感需要满足与否是影响学习内驱力的直接因素,所以关注学生思想与情感的内生需求是提升中职学生学习内驱力的核心所在。

一、满足学生情感关爱需要的家庭支持

由于自身文化资本的缺乏,不少中职学生家庭期许学校可以承担起更多功能,其中有部分功能甚至是家庭教育理应承担的,这使学校逐渐演变成一些家庭的"托儿所"。然而在现实中,中职学校对学生的教育与管理存在很多明显的局限性。一是教育管理方面存在盲区,缺乏系统化管控。如在周末和节假日等时间会

产生管理时间上的中断，导致教育管理往往因缺乏连续性而成效不足。二是教育方式不合理，影响学生知识习得。部分教师为完成教学任务，将学习后进、缺乏家庭管教等学习内驱力不足的学生看作问题学生，对其或是漠不关心，或是采用简单的暴力管教方式，忽视学生的情感需要、尊重需要、自我实现需要等。可以说，现有学校无法给予中职学生身心健康成长和健全发展上的所有帮助与关怀，无法弥补其因远离家庭而遭遇的关爱与亲情缺失。由此，通过家校互动与情感支持来释放家庭教育的育人功能将成为提升学生学习内驱力的重要途径。

（一）提供充分的亲情关爱

家庭教育对于人一生的发展都是至关重要的，不恰当甚或缺位的家庭教育会使儿童心理和精神上的需求得不到充分满足，容易导致儿童出现性格上的孤独自闭、心理上的焦虑不安和认知上的偏激极端等问题。父母责任缺失、事实监护失效等家庭教育主体缺失问题使家庭教育功能处于残缺状态，无法为学生营造温暖和有爱的家庭教育氛围，使学生出现严重的"亲情饥渴"状态。

可以说，在整个社会支持系统中，家庭教育支持发挥着重要的基础作用。学生父母以及事实监护人作为家庭教育的主要社会支持主体，在孩子成长早期承担着特殊角色。但对于中职学生家庭来说，有限的家庭文化资本或是变动的家庭结构会使家庭社会支持出现缺乏或不足。布迪厄将家庭文化资本分为具体化、客观化和制度化三种状态形式。其中，具体化家庭文化

资本主要通过家长身体力行的示范,转化为学生的个人习性;客观化家庭文化资本是指拥有类似家庭书籍等具有教育意义的文化物品的数量,形成积极的家庭文化氛围;制度化家庭文化资本是指父母所积累的以文化资格和学术能力为代表的证书,其给予拥有者一种具有合法保障、经久不变的价值,这种价值可以间接使父母起到榜样的作用。❶ 换言之,对一些中职学生的家庭社会支持来说,家庭文化资本不足的父母所产生的思想态度、教育观念等对家庭教育功能缺乏科学的认识,忽视了孩子身心成长发育中的心理疏导,使孩子不易内化父母的意见与期望,不利于建立互信的、正向的亲子关系。❷ 家庭结构的失衡也使这些学生对家庭文化资本的积累往往因缺少固定施教者而中断。这些家庭的父母往往会选择一方或双方外出务工,这样虽然可以为子女提供充足的物质支持,却也使子女失去了身体健康支持、情感支持、亲密与陪伴支持等方面的关注。可以说,家庭社会支持对于学生的成长具有重要基础作用,必须要通过营造爱护型家庭教育氛围,发挥家庭教育的功能来弥补学生在关爱与情感方面的缺失。

(二) 重塑良好的教育观念

家庭教育的成功需要革新学生家长的教育观念和教育方式,

---

❶ 包亚明.文化资本与社会炼金术:布尔迪厄访谈录[M].包亚明,译.上海:上海人民出版社,1997:57—70.
❷ 赵红霞,樊俊霞.家庭文化资本在教育公平中的作用分析:基于实证研究的讨论[J].黑龙江高教研究,2014(12):10-13.

使其树立科学的教育理念和育儿方式，进而为学生营造良好的家庭成长环境，激发学生的学习兴趣和学习动机。在教育观念上，家长应端正教育理念与送教态度，立足于学生的全面发展与长远利益，尤其要摒弃"读书无用论"等教育功利性思想。在教育过程中，家长应加强对教育知识的了解与学习，充分认识到学生的身心发展规律与特点，因材施教，建立平等、和谐与民主的交流方式，改变传统的"唯分数论"的教育理念，重视学生思想品德、个性特质和综合素质等的全面发展。科学的家庭教育理念要求家长承担起真正的抚育责任，为子女创造必要的学习条件，给予子女精神上的鼓励和心灵上的呵护。然而，家长忙于工作或学生寄宿生活所造成的关爱缺失的现状，使家长对子女萌生一种"补偿心理"，并主要体现为物质补偿。但是这种物质补偿不仅无法填补学生长期远离父母造成的关爱缺失，还有可能为其不良行为的养成提供便利条件，如沉迷于游戏娱乐、吸烟、喝酒等。所以，物质满足对学生的健康成长的帮助有限，家长需更进一步关注子女的心理发展、亲情缺失等深层次的关怀需要，以情感关怀和科学的教育理念帮助学生健康成长。

此外，在教育方式上，家长还要警惕两个极端：一是过度溺爱的自由教育方式，二是过度严苛的打骂教育方式。换言之，家长应与子女建立民主、平等的新型亲子关系，营造良好、和谐的家庭氛围，以助力子女良好行为习惯的习得。在此基础上，家长应主动了解一些科学的教育知识与教育方法，保证家庭教育方式随着子女的身心发展而做出相应改变，做到不同阶段有不同的教育方式。在实践中,家长应尝试去了解、倾听和满足子女内心深处的诉求,同时也应以身作则,切实引导与鼓励子女习得良好的行为习惯,并逐渐消除不当行为及其影响。尤其要注意的是,这一实践过程中家长教育方式应保持时间纵向以及成员横向的一致性,避免因差异性要求造成教育成效的折扣。

(三) 建立和谐的亲子关系

家长要充分认识到家庭结构的完整性对子女的成长和发展有着举足轻重的作用,从而处理好外出务工和亲子沟通之间的平衡关系,"无论缺乏父爱还是缺乏母爱,都可能给处在社会化关键阶段的儿童带来终身难以愈合的心理创伤,使孩子在认识角色、结识伴侣、承担职责和适应社会的过程中出现一定的偏差,甚至导致越轨行为"❶。故而,父母应根据实际情况合理安排、灵活调整外出务工的形式,尤其是在双方外出务工时,应尽最大努力将子女携带在身边,给子女构建一个完整的家庭结构与和谐的家庭氛围,以维系亲子沟通纽带。父母应积极学习迁入地的政策文本,在忙于工作的同时给予子女学业、行为、心理情绪等适应层面的支持,在为子女争取优质教育资源的同时及时关注子女的学业负担与心理压力。父母还可以通过日常的言传身教,发挥榜样作用,以鼓励、信任和欣赏的心态监管子女的成长与教育,还应特别关注青春期孩子的情绪和情感

---

❶ 张学浪. 新时期农村留守儿童家庭教育纽带构建: 现实困境与破局之策 [J]. 农村经济, 2016 (6): 124-129.

问题。

从建立稳定、和谐的亲子关系的角度来说，父母中留守的一方要重视自身作为亲子沟通桥梁的作用，而外出一方要意识到其与子女的沟通频率、沟通范围和沟通方式等都是建立亲密亲子关系的关键因素。更进一步地说，父母中外出一方要加强与留守子女的沟通与交流，可以通过网络、电话等通信工具进行直接联系，也可以通过子女的事实监护人、学校教师、同伴等了解子女成长近况，还可以通过不定期团聚争取更多的亲情互动时光，做到缺席不缺位，使留守子女体会到父母全方位的亲情关怀。值得注意的是，与父母分离总是会给子女的心理带来一定的消极影响，所以，无论是父母哪一方外出务工，都务必要提前为子女做好心理疏导，增强子女的心理承受能力、自我调节能力与深层次沟通交流能力，引导子女建立一种积极向上、健康乐观的心态，从而帮助他们在生活和学习生活中健康顺利地成长。

监护人应掌握科学合理的教育方法和教育理念，突破"重养轻教"的养育方式。具体表现为，对子女的教育既不放任自流也不娇纵溺爱，而是以一种平等、尊重的心态进行监管，并适当地给予子女鼓励、信任和欣赏，对子女进行持续的情感交流与心理疏导。特别是对于青春期的孩子，要关注并及时消除其成长过程中形成的心理问题。

与此同时，监护人应积极配合学校教育方针，使得家庭教育与学校教育能够共同发挥关爱作用。具体来说，事实监护人应主动参加学校举办的家长会、亲子活动等各种项目，及时了

解子女的生活、学习和情绪等成长动向，辅导子女及时完成家庭作业，帮助子女养成良好的学习习惯。此外，事实监护人还应与学校教师保持密切联系。一方面，事实监护人可以实时了解教师眼中子女的任何变化，以防子女的心理、品行发展出现问题；另一方面，事实监护人还可以向教师多学习一些先进的育人理念与方法，以走进子女的内心世界，使子女在爱的关怀中健康成长。

二、促进学生心理健康发展的社会支持

作为中职学生社会支持主体的核心，学校是中职学生知识习得、技能获得、情感满足、心理发展和社会化实现的重要场所，其所提供的社会支持主要通过教育这一中介作用得以实现。学校的社会支持主体地位可以通过学校组织、教师群体等多种形式体现出来，其中，学校组织的党政组织和各种职能部门相互配合，围绕中职学生的学习问题与心理问题协调校内外各种社会力量，制订和实施相关教育支持计划。教师群体则可以进一步为中职学生提供更具体的支持，具体来说，一是为中职学生提供主要的学习支持。由于长期的寄宿制生活，中职学生的学习时间与学习行为主要在学校展开，学校教师理所当然成为中职学生解决学习问题的主要指导者。二是为中职学生提供情感关怀支持。寄宿制生活使中职学生的父母缺席子女成长、无法提供充足的情感支持，而教师在一定程度上就起到了弥补亲情的作用。教师可以通过教学过程、班级活动、特别关怀等途径取得学生信任,及时关心其心理状态,疏导其心理问题,以基于爱的教育模式引导学生优秀品德的养成。三是为中职学生提供价值肯定支持。教育过程中,教师的及时肯定与鼓励可以提升学生各方面的自信心,增强其表达和沟通能力,非常有利于学生的身心健康与全面发展。质言之,作为中职学生社会支持的核心,学校应通过树立关怀型教育理念来发挥重要支持力量,这对于学习内驱力不足的中职学生和心理压力大的教师群体来说都至关重要。

(一) 注重政府协调作用

中职学生的学习内驱力不足问题需要政府动员全社会力量参与解决,以帮助学生度过寄宿生活危机而顺利完成社会化过程。可以说,"现代文明社会的良性运行、协调发展是靠政府行为来实现的,单靠个人行为和小集体行为都会形成社会的短期行为和无序状态,没有政府的重视、支持及参与,即使是良性行为也难以运行和持久"❶。因而,政府在学生的社会支持系统中承担着引导责任,应该制定各种有关政策,建立一个政府、学校、家庭、社区、同伴"五位一体"、协调共生的社会支持体系。具体来说,在政府支持层面加强顶层驱动,构建引领型制度环境;在学校支持层面发挥核心功能,树立关怀型教育理念;在家庭支持层面强化基础作用,营造关爱型家教氛围;在社区

---

❶ 许传新. "留守儿童"教育的社会支持因素分析 [J]. 中国青年研究, 2007 (9): 24-28.

第五章　提升中职学生学习内驱力的治理策略

支持层面提高参与水平，搭建衔接型支持平台；在同伴支持层面增强互助力量，构筑共情型交往关系。

从根本上来说，政府要优化社会环境，强化社会共识。具体措施包括以下几个方面：一是进一步优化法治政策环境，不断完善相关法律和政策。要加大对中职寄宿学生的法律保护力度，从法规上规范与完善学生的各项权益保障，强化监护人责任，建立以家庭监护为主，以社区、学校或其他人员监护为保障，以国家监护为补充的监护制度。❶ 二是加强政府职责，调动政府各部门、学校、家庭、社区、媒体等共同参与，切实把学生工作纳入公共服务体系，尤其要确保脱贫生关爱工作能够以政府为主导，以学校为保障，以家庭为基础，社会各界广泛参与。三是革新运行机制，强化关爱效果。中职寄宿学生的关爱与服务体系建设是一项庞大而复杂的系统工程，必须在原有机制基础上不断革新。一方面需要政府建立科学规范、运行有序的责任机制，配足配齐学校的经费投入、师资队伍以及设施设备等教育资源。另一方面则需要政府充分运用法律、政策、行政等各项治理手段，逐步建立政府主导，学校、家庭、社会、同伴四者共同参与和建设的教育监护与服务网络。❷ 也就是说，关爱学习内驱力不足学生的社会支持体系应以政府支持为引领、以学校支持为核心、以家庭支持为基础、以社区支持为衔接、

---

❶ 龚保华．社会转型期的农村留守子女问题探析［J］．社会科学家，2008（5）：40-43，47．

❷ 卢国良．努力构建留守儿童关爱与服务体系［J］．当代教育论坛（综合研究），2010（8）：48-52．

以同伴支持为补充；同时，还应建立政府、家庭、学校、社区、同伴等各社会支持主体之间的联动机制，从而为提升学生学习内驱力提供实质性、互补性的关怀与帮助。

（二）增强心理健康教育

学校应从"预防为先，防治结合"的理念出发，开设符合中职学生身心发展规律的心理健康教育课程，帮助中职学生掌握科学的心理健康常识和一般的心理保健知识，逐渐培养其心理调控能力。学校班主任和任课教师尤其应加强对学习内驱力不足学生的密切关注，记录他们在学校的生活、学习、人际交往等方面的一切表现，并根据这些表现定期对他们开展具有针对性的教育关怀与辅导，以使其在学校感受到来自周围人的关怀。除此以外，学校还应成立专门的心理咨询室，在校内为学生安排足够数量的心理健康专业人员，必要时可以针对学习内驱力不足的学生普遍存在的心理问题开展关怀主题班会，邀请专业心理咨询师为他们提供详尽的心理健康咨询与疏导。[1] 对于已经出现心理问题的学生，针对他们出现的行为偏差和心理障碍，学校应重视心理矫正，找到打开他们内心世界的大门，鼓励他们在日常生活和学习中遇到困惑与难题时勇敢向他人求救、积极配合心理教师进行心理方面的疏导。

同时，学校应定期对任课教师进行儿童心理健康发展方面

---

[1] 李姗泽，谢超香. 社会转型背景下留守儿童教育：现状、问题及对策：以广西为例［J］. 广西师范大学学报（哲学社会科学版），2016，52（6）：117-121.

第五章 提升中职学生学习内驱力的治理策略

的专业知识培训，激励教师主动参与对学习内驱力不足学生的关怀工作。一方面，教师应意识到学生的学习内驱力不足有着原因上的多维性与复杂性，对他们的教育应该更具关怀和耐心，以增强他们提升学习内驱力的主动性和克服困难的信心。另一方面，教师可以利用学到的专业心理健康知识，结合德育课程知识，培养学生良好的生活、学习、行为习惯，重塑学习内驱力不足学生健康、积极、乐观的生存态度。也就是说，教师不仅仅应在学业成绩上多关照学习内驱力不足的学生，以帮助他们建立学业自信心，还应在情感生活上经常与其沟通交流，以化解其心理和精神问题。

与此同时，学校也应开展一些满足学生兴趣爱好的活动，如举办课外实践活动、挫折教育活动、感恩教育活动、安全教育活动等，为学习内驱力不足的学生提供展示自我的社交空间，帮助他们从悲观、失望、无助等负面情绪中转移出来，鼓励他们克服自闭心理，积极参与其中，从而充分激发学习内驱力不足学生的创造思维和动手能力。这样既能使这些学生逐渐获得成功的体验、建立自信心，还可以增进教师与他们的感情，营造和谐友爱的校园氛围，从而提升他们的学习内驱力。

（三）创建情感支持网络

同伴是中职学生在学校生活中接触最多的群体，同伴支持是对学生来说又一重要的社会支持方式。由于父母监护缺位、亲情缺失，长期共同生活的同伴是中职学生共享爱好、畅谈心事、宣泄情绪的主要对象，也是其获得更多亲情关怀和情感鼓励的重要途径。调研发现,学习内驱力不足学生的同伴支持较为薄弱,通常表现为以下几个方面。其一,同伴数量较少且交往对象比较单一,甚至个别学生长期没有关系较好的同伴陪伴;其二,与同伴间互动的内容局限于游戏、娱乐活动,学习、文化交流等方面的互动内容有待加强;其三,处理同伴冲突的能力不足,阻碍其获得健康的人际关系,从而使同伴支持的力量很难得到发挥。[1] 可以说,学会建立亲密同伴交往关系、获得他人帮助是学习内驱力不足学生在学校生活中生存与发展的必要技能,薄弱的同伴支持对他们的学习支持、人际交往、情感需求等方面都产生了消极影响。具体来说,同伴支持薄弱且学习内驱力不足的学生失去了亲密伙伴关系带来的人际支持,同伴关系的不和谐使学习内驱力不足的学生缺乏倾诉、信任、求助的同辈对象,这可能会使其性格更加孤僻、情感缺口更难弥补、心理障碍更难疏导。

作为学生的社会支持主体之一,同辈群体与学生个体共同生活、学习和成长,双方在交往过程中建立起的同伴关系在学生发展中起着非常重要的作用。尤其是对于学习内驱力不足的学生来说,良好的同伴关系是他们获得关爱、陪伴、亲密感、归属感等不同社会需求支持的重要途径,同伴间的交往经验则有助于培养他们与他人相处的社会能力,也可以协助他们的自

---

[1] 张俊强. 提升留守儿童同伴支持的社会工作实务研究 [D]. 昆明:云南大学, 2017.

我认知和人格的健全发展。❶ 更进一步地说,同伴群体可以为学习内驱力不足学生提供情感慰藉、学习帮扶和榜样示范等几个方面的支持内容。❷ 其中,同伴群体能够基于同龄人的理解、尊重和关心在学生倾诉烦恼、分享心事时产生情感上的共鸣,为他们提供满足情感交流需要的情感支持,可以减少学习内驱力不足的学生因父母情感支持不足而产生的内心孤独感、心理压抑感。同伴的鼓励、支持和理解可以促使学习内驱力不足的学生的情感朝着积极的方向发展,换言之,学生之间的同伴交往并不仅限于表层关系,更多的是身临其境和心理换位理解、关心和劝慰对方。从一定程度上来说,学习内驱力不足的学生从同伴处获得的生活陪伴、情绪关心和心理慰藉等情感支持,能够激励他们在成长过程中朝正确的方向发展。

同时,同伴群体还可以为学习内驱力不足的学生提供学习支持。从传统意义上来看,教师是学生学习支持的主要提供者,但缺乏自信心、主动性的学习内驱力不足学生碍于教师的权威,在遇到学业困境时更倾向于向同等地位、距离感弱的同伴群体请教与讨论,从而获得实际的学习帮助与引导。在这些帮助与引导过程中,同伴群体良好的学习态度、习惯对学习内驱力不足学生起到榜样示范作用。此外,教师支持对同伴支持有直接的正向影响作用,"在现实的教师和学生的关系中,学生往往不

---

❶ 古吉慧,殷堰华.以同伴支持促留守儿童的心理健康发展 [J].宜宾学院学报,2011,11(3):114-117.

❷ 卢德生.留守与流动儿童受教育的社会支持研究 [M].北京:人民出版社,2017:110-113.

中职学生学习内驱力影响因素及提升策略研究

是以孤立的个体和教师进行互动，而常常是作为学生群体中的成员，并在这个群体的影响下，与教师进行互动的"❶。也就是说，同伴支持与教师支持在一定程度上具有紧密的关联性，教师的班级工作有利于推动学习内驱力不足的学生获得同伴支持。

对此，可以将班级学习生活作为同伴支持轴心，以此搭建学习内驱力不足学生的同伴情感支持网络，同时以教师支持力量来推动同伴支持发挥效用。一方面，充分挖掘和利用课堂教学活动，营造相互支持的同伴交往氛围。课堂是中职学生同伴交往的重要场域，利用课堂共处时间可以培养学生的人际交往技能。❷有研究表明，在同伴群体中人际交往能力、社会接纳水平越高的学生，越能获得较高质量的同伴友谊、体会到较强的群体归属感，从而可以缓解其内心孤独感。❸因此，可以通过课堂教学展开更多的小组合作学习，使学习内驱力不足的学生在与同伴共同解决问题的过程中形成良好的人际交往能力，引导学生在相互支持的同伴群体中发展高质量的同伴友谊。同时，应重视训练学习内驱力不足的学生与其同伴的换位思考与共情能力，使同伴群体里的成员能够真正做到认真聆听、尊重彼此的心声，以此形成同心协力、互相帮助、共同进步的学习氛围

---

❶ 龚浩然，黄秀兰. 班集体建设与学生个性发展［M］. 广州：广东教育出版社，2000：329.

❷ 陆芳. 农村留守儿童同伴关系与心理安全感关系及教育应对［J］. 当代青年研究，2019（6）：78-84.

❸ 孙晓军，周宗奎，汪颖，等. 农村留守儿童的同伴关系和孤独感研究［J］. 心理科学，2010，33（2）：337-340.

第五章 提升中职学生学习内驱力的治理策略

以及融洽的同伴关系。❶

另一方面,应开展有利于学习内驱力不足学生交往的课外活动,如书法比赛、演唱比赛、演讲比赛、运动会等,创设良好的交友机会与氛围,增强学习内驱力不足学生的交友意识。值得注意的是,在组织课外同伴交往活动的同时,还应注重满足学习内驱力不足学生的亲情弥补、情感关怀、心理疏导等方面的需求,从交往教育的角度科学设计、组织各种课外实践活动。丰富多彩的课外实践活动不仅可以增加学习内驱力不足的学生同伴交往的可能性,而且还可以挖掘其兴趣与特长,从一定程度上促进学习内驱力不足学生的全面健康发展,进而提升其学习内驱力。

三、改善学生文化不利地位的教育支持

多元文化教育理念提倡尊重各类文化的风俗习惯,鼓励各文化的交往互动,通过对不同文化背景的学生因材施教,在缓解学校文化冲突、提升学生学习内驱力等方面发挥积极作用。具体来说,可以通过开展文化补偿教育、重塑文化平等关系、畅通文化沟通途径等策略来改善学生的文化不利地位,保证文化优势群体与弱势群体在平等的条件下竞争。在师生间深入的文化沟通过程中,形成从浅表性的知识传递到交互性的文化交

---

❶ 陆芳.农村留守儿童同伴关系与心理安全感关系及教育应对[J].当代青年研究,2019(6):78-84.

往的转变,促进学习内驱力不足学生的校园文化融入,以逐步提升他们的学习内驱力。

(一)开展文化补偿教育

教育作为维护社会公平与稳定的调和手段,对于促进文化传播、人才培养、阶层流动具有重要作用。然而,学生长期的寄宿生活以及家庭教养角色的缺位导致学生在认知水平、心理状况、学习动机等方面呈现出低下的迹象与趋势。❶ 尤其对于家庭文化资本较为薄弱、社会资源较为匮乏的学生而言,他们的原生文化难以融入学校文化,这种文化弱势处境使他们逐渐发展出一种"反学校文化",以团体性的活动来反抗学校主流文化的价值体系、行为规范和管理制度。由此可以发现,"反学校文化"群体在不断复制其弱势阶层文化的同时,也在加速着自身弱势处境的再生产。❷ 与此相对的是更为温和的学习内驱力不足的学生群体,其自身所背负的弱势阶层文化被各种符号暴力所排斥,进而使其加深了"读书无用"的思想。可以说,弱势阶层家庭学生在学校进行文化再生产的同时,也催化着其阶层再生产。❸ 从这个角度看,改变中职学生的教育思想,改善其教育处境,是破解其学习内驱力不足等问题的关键。对弱势阶层家

---

❶ 范先佐,郭清扬. 农村留守儿童教育问题的回顾与反思 [J]. 中国农业大学学报(社会科学版),2015,32(1):55-64.

❷ 李涛. 底层的"少年们":中国西部乡校阶层再生产的隐性预演 [J]. 社会科学,2016(1):82-92.

❸ 马洪杰,张卫国. 文化再生产抑或文化流动:中国中学生学业成就的阶层差异研究 [J]. 教育与经济,2019(1):25-34.

庭的学生加强文化补偿教育，有助于这些学生尽快跟上学校课程进度并融入学校主流文化，在学校内部形成拉力，减轻其因学习困难导致的挫败感。通过文化补偿的方式能帮助学生增强自尊感和提升自我效能感，减少对学校文化的抵触或对抗。另外，加强文化补偿教育有助于破解现存的学生学习内驱力不足问题，在关怀学生原生文化背景的基础上，保障各类群体的受教育公平，促进社会各阶层的合理流动。

"文化补偿"意味着受教育主体在教育处境、权利享有、资源分配中原本处于不利地位，通过帮扶的方式来补全这种隐性的亏欠，是文化补偿教育的出发点。学习内驱力与学业水平的差距不仅取决于学生个人的心智水平或努力程度，关键还在于学校文化中存在结构性的、制度性的不公平。❶所以，文化补偿教育的目的在于通过帮扶弱势阶层文化群体，以缩小其与主流文化群体的受教育水平差距，进而促进教育的实质公平。通过对学生受教育过程的分析，文化补偿教育工作的对象应包括原生文化家庭、传递文化的学校、承载文化的学生，因此，文化补偿要为家庭教育提供文化指导，使学校教师破除文化偏见，帮助学生形成新的文化惯习。其中，应重点关注家庭教养思维中"局限性"和"非科学性"的部分，有针对性地促进亲子沟通，以家校互联等方式了解家长面临的家庭教育困难以及

---

❶ 朱丽．是"补偿性策略"而非"资本"：再议"底层文化资本"概念的局限性[J]．清华大学教育研究，2022，43（4）：71-81．

教育需求，[1] 通过构建家庭教育学习共同体，以开办家长教育会等形式，改善家庭的教育理念与教养方式，提升学生的学习内驱力。[2] 同时，学校文化氛围与教师文化观念应尊重各阶层的文化，树立多元智能观，走向文化觉醒。[3] 这就要求教师具备文化补偿能力，能洞察符号暴力背后的阶层意志；能秉持多元学生观合理地评价班级内的学生，破除"唯成绩论"的单一评价观念；能坚持多元文化观平等地对待不同文化背景的学生。具体而言，教师应更加关注学生的文化背景，不断挖掘当地文化中的教育资源并融入课堂教学，将主流文化与当地文化相结合，帮助学生更好地融入学校课程文化以防止文化偏见；应考察不同学生的文化基础与行为习惯，帮助其形成个性化的学习方法；[4] 应帮助每一位学生形成融入学校文化的惯习，以学术型惯习代替其在原生环境中形成的实用型惯习，进而习得正确的学习方法与校园行为规范。

文化补偿教育的开展，需要改良家庭的教养方式、提高教师的文化补偿能力、引导学生的文化建构意识，从而促进多元文化教育观的普及，防止弱势阶层文化再生产。因此，要变革

---

[1] 鞠佳雯，袁柯曼，田微微. 我国社区家庭教育指导服务体系的现状及提升策略：基于我国9个省（自治区、直辖市）的调查结果［J］. 中国电化教育，2022（5）：13-18.

[2] 朱玉成，石连海."寒门学子"抗逆力的构建与提升：实现更高质量教育公平的文化研究路径［J］. 教育发展研究，2022，42（12）：16-22.

[3] 朱新卓，王欧. 教师的阶层文化与教育的文化再生产：西方学者论阶层文化对教育公平的影响［J］. 教育研究，2014，35（12）：133-142.

[4] 王坤. 论民族地区教师多元文化教育素养的基本维度与实践路径［J］. 民族教育研究，2021，32（1）：122-128.

家庭教育中功利化的价值取向或育人理念，建立由教育部门牵头，各社会力量协同参与的家庭教育指导服务中心，配合家长委员会来落实对家长的文化指导责权，通过向家长传递正确的生活习惯、学校规范、教育理念，提高家庭教育的水平以弥补家庭文化资本不足的现状。[1] 在此过程中，应充分尊重各家庭的文化差异，用家长能理解的方式来激发家庭的受教育动力，通过家庭教育指导的方式来传递新型家庭教育观念，借助集体辅导的形式来开展家庭教育理论学习，在教育公众号或沟通软件上普及教育理念。[2] 另外，要培养具有文化补偿能力的教师，面向师范生或在职教师进行多元文化职前培养与职后培训，增强教师对本地区的文化情怀，开发教师文化再生产的能力，培养教师平等对待不同文化、灵活解决文化冲突、公正评价不同学生的能力，以促进师生间不同文化的理解。[3] 这就要求教师对不同文化背景、阶层的学生因材施教，通过整合多元文化的课程内容并配合多元文化相关的教育教学法，针对学生的人生志向、心理健康、人文素养、科学素养、审美素养进行指导，[4] 从而补偿因文化隔阂导致的文化差距。除此之外，应引导学生自我文化建构的能力，充分观照学生在原有文化环境中习得的惯习，

---

[1] 邵晓枫，郑少飞. 新形势下的家校社协同育人：特点、价值与机制 [J]. 现代远程教育研究，2022，34（5）：82-90.

[2] 邢晖. 班主任有效指导家庭教育的策略 [J]. 教学与管理，2020（2）：14.

[3] 傅建明，余海燕. 职前教师多元文化技能的培养：日本和芬兰的经验及启示 [J]. 外国中小学教育，2014（6）：51-55.

[4] 毕诚. 家校社协同育人的文化思考 [J]. 人民教育，2021（11）：61-63.

提供适应其能力或基础的课程内容以帮助其跟上学习进程,❶ 通过赞赏、肯定的评价方式帮助学生正确认识自己在学校中的形象,阻碍其"反学校文化形象"自我认同的加深,使其客观积极地评价自我。

(二) 重塑文化平等关系

文化平等蕴含着一种普遍的平等观,包含了人们在文化交流、文化生产、文化分配、文化习俗等方面的平等地位,是建构我国多元共生文化局面的关系纽带。❷ 然而,随着文化偏见、文化傲慢、文化优越感等心理倾向在相关群体内的蔓延,文化不平等的问题在学校场域里被不断放大。尤其是中职学生在原生家庭习得的劳工文化被学校知识体系中的主流文化所排斥,以抽象思维、精致型符码、纪律约束为基础的学校文化构建了一种文化不平等的教育格局,这种不平等加剧了学生在学校里的挫败感,进而催生了"读书无用论"的思想与学习内驱力不足的行为。习近平总书记指出,"每一个国家和民族的文明都扎根于本国本民族的土壤之中,都有自己的本色、长处、优点。我们应该维护各国各民族文明多样性,加强相互交流、相互学

---

❶ 姜添辉. 文化再生产模式与文化流动模式的争辩:惯习在不公平教育结果的角色 [J]. 当代教育与文化, 2018, 10 (6): 1—10.
❷ 何包钢, 秦丹. 文化平等之辩 [J]. 华中师范大学学报 (人文社会科学版), 2014, 53 (3): 51—60.

第五章 提升中职学生学习内驱力的治理策略

习、相互借鉴,而不应该相互隔膜、相互排斥、相互取代"❶。可见,尊重各民族、各阶层文化是促进文化多元、文化平等的基本准则。创设文化平等的校园氛围,有助于建构学生的多元文化视域,让学生在充分认识原生文化局限性的前提下,以积极学习的心态去接纳其他文化,在文化的平等交流中形成文化认同的最大公约数,从而加强文化认同。完善具有文化平等性质的学业评价标准,则有助于课程评价方式由标准化到差异化的转变,并增强教育评价的客观性、理解性、公平性,保证文化优势群体与弱势群体在平等的条件下竞争,解决因文化差异而造成的教育不公平问题。❷

文化平等要解决的问题之一是来自其他地区的流动学生文化融入困难,及其引发的学习内驱力不足问题。文化平等的要求是加强不同阶层文化之间的交流与互动,使不同文化能以平等的姿态进行交往,破除文化隔阂导致的偏见与排斥。文化平等体现了一种接纳多元、包容差异、理性批判继承的文化态度,所以,文化平等的实现就需要以多元文化理念为价值基础,以文化自信为内生动力。具体而言,多元文化理念以开放的文化边界鼓励文化间的交流互动,在尊重和理解的基础上整合彼此

---

❶ 习近平.从延续民族文化血脉中开拓前进 推进各种文明交流交融互学互鉴:在纪念孔子诞辰2565周年国际学术研讨会暨国际儒学联合会第五届会员大会开幕会上的讲话(2014年9月24日)[J].党建,2014(10):4-7.
❷ 伍远岳,程佳丽.文化理解视角下的教育评价[J].中国考试,2022(2):31-38.

文化中的共性,从而优化彼此文化间的交往方式。❶ 多元文化理念作为学校教育教学的重要理念,辅之以多元学生观、教学观、课程观为基础的教师多元文化教学观,能够有效促进各类文化的平等沟通,是创设文化平等环境、重塑文化平等关系的重要基础。同时,文化自信与文化传承作为促进文化平等的内生动力,可以理性地对原生文化批判继承,进而培养学生的文化理性态度。通过庆祝地方民俗文化节日来增进学生的乡土文化情结,不断加强学生对原生文化的认同感,进一步提高学生的校园融入感以及跨文化交流的能力。❷ 通过对文化平等内容的分析,可以发现其较为强调文化差异性、回应性等特点。文化平等所追求的并不是一种机会或权利的完全平等,而是一种尊重文化差别的平等,通过包容文化间的差异性来追求文化平等竞争的环境。

概言之,重塑学校文化平等关系需要学校、教师、学生多方发力,协同促进。学校要营造文化平等的生态环境,教师要树立多元文化的评价取向,学生要强化文化自信的学习心态。首先,学校要摒弃文化霸权的思路,树立文化平等观念,使学校课程文化与乡土文化以平等的姿态进行交流,破除文化隔阂导致的偏见与排斥。营造多元文化共存的校园文化环境,就需要破除"好班""差班"的文化分层制度,破除原有的文化隔

---

❶ 袁梅,孙杰远.多元文化的现代语境与教育选择[J].当代教育与文化,2019,11(6):23-30.
❷ 王瑜,陈晓琪."文化自信"观照下民族文化进校园的文化内涵及路径[J].民族教育研究,2019,30(1):12-18.

第五章　提升中职学生学习内驱力的治理策略

离形式以实现文化突围，减轻中职学生文化弱势的刻板印象，帮助其实现"去污名化"，各类学校活动需保证城乡学生的参与名额，以保障其在校文化活动的参与机会平等。❶其次，教师作为维护校园文化平等的践行者，需要秉持多元文化学生观、教学观与评价观。教师评价应在尊重不同学生文化背景的基础上，了解不同文化哺育出的具有不同风俗习惯、行为方式、学习风格的学生，改标准化为差异化的评价方式，对"底线文化标准"与"个性文化标准"分别赋予不同的权重分数，在此基础上结合质性评价，洞察学生成绩背后的文化原因，以此支撑教师的多元文化评价观。同时，教师应在不脱离其本土文化或民族文化的基础上因材施教，课堂教学内容的编排应使各阶层的学生感到自己被接纳。教师还应以多元文化教学能力维护不同文化学生间尊重、平等的关系，培养学生跨文化交往的平等意识。❷最后，学生作为本土文化的传承者，需秉持文化自觉的文化传承意识，加强对本土文化的深刻认同并树立文化自信，积极学习文化选修课程中的传统文化知识，广泛参与文艺会演等文化活动，加深对自身文化的情感共鸣，从而更好地构建文化平等关系。❸在此过程中，应减少对学生的社会性规训，不应将他们规训为肉体上"温顺"与精神上"听话"的人，而应在尊重学

---

❶ 戎庭伟. 农民工随迁子女在校融入问题及其对策：基于福柯的"权力分析"视角［J］. 教育发展研究，2014，33（6）：11-17.
❷ 王伟，虞嘉琦. 随迁子女"他者化"问题破解的跨文化教育逻辑：兼与王涛博士商榷［J］. 全球教育展望，2022，51（9）：40-53.
❸ 吕备，姚瑶，于姝，等. 学生文化自信的生发逻辑及培育路径［J］. 教学与管理，2019（30）：67-70.

生主体地位的基础上提高学生文化平等的意识，使学生理解多元文化理念，在原生文化与他者文化交融的共生环境中构建平等的文化自主意识，从而突破文化的阶层性区隔。

（三）畅通文化沟通途径

随着学习内驱力不足学生群体中"反学校文化"现象的不断显现，学生对学校文化的抵触方式从"公开对抗"演变成"隐晦逃避"，学生以闲聊、发呆、睡觉偷懒等非听课行为逃避着学校文化的灌输。由此，这些学生既不用听课，又可以避免因公开对抗学校而遭受制裁。❶通过对这种学生在校接受文化教育却又拒绝沟通的问题进行分析可以发现，学校在主动传递主流文化的过程中，往往以文化霸权的姿态来改造学生在原生环境中孕育的乡土文化，学生则通过拒绝文化沟通等"反学校文化"行为来获得自尊补偿感，并被动地陷入了与学校文化灌输的"冷战"之中。对此，加强学校文化与学生原生文化的沟通是化解"反学校文化"的重要手段。加强文化沟通有助于缓解师生间的文化冲突，巩固师生的协助、引导关系，在帮助学生形成正确学习方式的同时加强与学生精神文化方面的交往，促进学生原生文化与学校文化的深度融合，打破学校里沉默的文化对抗局面。在这一过程中，教师以协助者的身份来搭建学生文化沟通的桥梁，从而实现"文化育人"的教育使命。另外，

---

❶ 徐清秀．"读书有用论"下的辍学迷思：基于自我认同视角［J］．北京社会科学，2020（9）：43-54．

第五章 提升中职学生学习内驱力的治理策略

师生间深入的文化沟通有助于促进知识由表及里的建构，通过"对话式教学"来回应学生的文化背景与生活经验，在"你来我往"的文化互动中帮助学生建立文化内涵与生活意义的联系，使学生在体悟学科精神的基础上生发出文化理念与文化行为，形成从浅表性的知识传递到交互性的文化交往的转变，实现从知识符号殖民到文化精神培植的转变。❶ 因此，畅通文化沟通渠道对于破解学生学习内驱力不足难题和防止文化再生产具有积极作用。

通过对跨文化沟通所需的"信息通道、沟通主体、信息"三项基本要素进行分析，可知畅通文化沟通渠道需要在师生双方主体有沟通意愿的情况下，使二者处于"文化场"的沟通环境中，辅之以相似的知识信息以实现编码和解码。❷ 首先，平等交互的环境是文化沟通的实践基础，而批判继承、兼容并蓄的校园文化氛围则是文化沟通的重要依托。为实现从"文化灌输的霸权姿态"到"文化交往的平等关系"变革，以及从"规训学生身心"到"共享多元文化"的培育思路转变，文化沟通环境不能对学生原生文化进行简单的肯定或否定，而应在校园文化共同体中平等地交流讨论，理性地批判反思，并民主地创生一种共识性的文化，以此来帮助学生正确认识学校教育的文化交往方式，养成规范、合乎道德的文化行为并建构互助的师生

---

❶ 张莹.从知识传递到文化交往：深度教学的路径审思[J].当代教育科学，2021（2）：47-52.

❷ 李晶.文化"精准扶贫"中的跨文化沟通方法与策略[J].图书馆论坛，2017，37（11）：41-47.

共同体结构。❶ 其次,文化觉醒的师生是文化沟通的行动主体,教与学是一个双向互动的过程,需要师生承认自身文化沟通的主体身份,并彼此形成对文化理解、反思的觉醒意识。所以,教师需要了解学生在进入课堂之前就掌握的原生文化,在帮助学生正确认识自身原生文化的基础上,对课堂中的不同文化进行批判与继承,努力瓦解内隐于学科知识中的阶层性文化阻碍,使师生在理性承载多元文化的同时实现文化沟通。❷ 最后,多元共生的取向是文化沟通的价值方向,多元性与包容性的文化理念是学校文化发展的价值依托,充分意识到学校文化中整体与各部分之间的紧密关联,认识到学校、家庭、社区在文化补足上的互助关系,❸ 在整合与共生的文化建构中消解彼此文化的偏见与排斥,加强多元文化间知识逻辑与文化内涵的表达,有助于实现文化沟通的多元共生局面。

通过对文化沟通特点的梳理,可知畅通文化沟通渠道包括文化沟通环境的建构、文化沟通主体的觉醒以及文化沟通理念的生成。所以,良好的文化沟通环境应促使社区、学校、家庭三方联结为学习共同体,为教师文化、学生文化、家长文化的交融提供良好的氛围。❹ 这种文化场应以各方的文化需求为切入

---

❶ 易丽. 近年来关于学校文化变革的研究综述［J］. 现代教育科学,2008（3）:1-5.

❷ 张金运,张立昌. 基于文化素养养成的课程知识理解:课程知识的文化性及其实现［J］. 中国教育学刊,2017（1）:50-55.

❸ 王丽琴. 建构教育文化资源共享新格局［J］. 江西教育,2020（Z1）:50-51.

❹ 史根林. 交往场建设:提升学校文化品质的思考与抉择:"校长—教师—学生"文化主体际交往之探析［J］. 江苏教育研究,2019（1）:13-16.

第五章 提升中职学生学习内驱力的治理策略

点，努力提高各方文化交流的意愿、动机，并融合学习认知、入学观念、知识取向等多种层面来保障交流时文化解码与文化编码的方式趋同。同时，学校文化评价要在交流的基础上进行合理、包容的评价，评价者要通过对话协商、深入情境来洞察学生成绩背后的文化因素，以深入、翔实的质性评价方法解释学生的学业成绩，在评价工具、评价标准、评价内容的制定上秉持多元文化理念，在尊重文化差异的基础上平等地对话。❶ 另外，以师生为主的沟通主体在文化互动中应采用"文化回应性教学"与"对话式教学"策略，这就要求教师能融入当地的文化性格并在课堂中给予文化回应，能认可且褒扬不同学生的文化身份，将课本知识与地方性知识相结合，将教学环境拓展到自然环境与生活环境之中，使学生在已有生活经验的基础上知行合一。教师除了要回应学生现实的生活状态，还要拓展学生对广阔知识空间的认识，加强学生对其自身文化身份的反思，使学生在充分认识原生文化的同时，能够理性反思工业文明、主流文化的偏见，不断加深对多元文化的理解与体验，实现文化觉醒。❷

（四）打造文化和谐生态

在城乡差异的既存事实下，中职学生身上的劳工文化被学

---

❶ 伍远岳，程佳丽. 文化理解视角下的教育评价［J］. 中国考试，2022（2）：31-38.

❷ 全晓洁，蔡其勇，谢霁月. 回归与回应：乡村振兴战略中我国乡村教育建设的未来走向［J］. 华东师范大学学报（教育科学版），2022，40（12）：63-72.

285

校知识体系中的主流文化所排斥,这种以抽象思维、精致型符码、纪律约束为基础的学校文化创设了一种文化不平等的教育局面,而这种内隐的文化排斥会降低学生的受教育动机,进而加剧中职学生学习内驱力的降低趋势。来自农村家庭的学生在接受学校课程文化时,往往难以将课程文化与自身的原生文化进行融合,进而在学习中失衡地被围困在两种文化中间,导致前后文化的断裂,而这恰恰是中职学生学习内驱力不足的文化根因。❶ 从这个视角上看,农村场域文化与学校主流文化的冲突致使农村家庭子女出现学校适应困难问题。学校教育通过精密的学术编码实行"文化专制",裹挟中职学生进入主流文化预设中,即教育犹如一个媒介,假以特定授课内容、教学形式等灌输学生特定知识、思考方式和意识形态样式的方式来形成主导阶层的文化壁垒。

因此,如何平衡好学校主流文化与弱势阶层文化之间的关系显得尤为重要,这就要求政府应当为每一位中职学生的多元文化适应能力发展提供积极的文化平台与环境,鼓励持有不同文化因子的社会群体学会从自身文化语境中抽离出来去倾听他人,在全社会打造一种尊重群体差异性、包容文化多元性的积极教育生态。具体而言,政府应以学生人格的完整发展为价值取向,通过爱的关怀、教育权利的平等以及成就的赞许三种积极形式,促使每一位学生充分且自主地去习得知识和技能。也

---

❶ 沈洪成. 民族地区青少年辍学的文化解释:以云南芒市傣族教育为个案 [J]. 青年研究, 2013 (1):20-28, 94.

第五章 提升中职学生学习内驱力的治理策略

就是说,政府要以保证爱的关怀这一最基本的承认形式为前提,以关爱为基础尊重每个学习内驱力不足学生的独特性和个性价值,营造情感接纳、包容鼓励、信任他者的人性化育人空间,帮助其从担忧、孤独的心理中解脱,以一种基于关爱的信任感培养学生逐渐形成自主学习能力,进而提升学习内驱力不足学生的学业自信心。此外,考虑到"人的完整性取决于从其他人那里感受到的赞扬和尊敬"❶,政府应摒弃等级式教育评价标准,开放式地肯定每位学生的自我实现形式价值,保障他们都拥有因独特性和个性价值而获得不同内容的认可和赞许的平等机会,且引导他们将这种"自我价值感"归因于自身,从而逐渐让他们形成一种学业自信力去对抗学业无助感,提升学习内驱力。

同时,学校应为每一位学生都搭建起具有正义的教育文化生态,理性审视教育交往过程中主流文化与其他亚文化之间的差异性和同一性规范,通过对学生在校行为的正向激励来减轻其学业挫败感,坚持以多元文化评价观来考评学生的学业成绩,通过编排学校特色课程以填补学生在语言习惯、思维方式、知识结构上的文化差异,从而使学习内驱力不足的治理不断回归教育本质。具体而言,为实现学习内驱力不足的学生从边缘到主体、从被动到主动、从他建到自建的内生转变,中职学校应构建饱含情感性的生活空间和生活性的学习空间。在情感性生

---

❶ 霍耐特,赵琛. 完整性与蔑视:基于承认理论的道德概念原则 [J]. 世界哲学,2011(3):68-77.

活空间建设方面，应提供符合中职学生身心发展规律的心理健康教育课程与咨询服务，帮助学生掌握科学的心理保健知识并具备一定的心理调控能力。在此过程中，教师应在学生树立学业自信心方面给予足够的指导与关怀，并在情感生活上与学生保持平等、尊重的沟通方式。与此同时，为学生搭建良好的同伴情感支持网络，并以教师的班级管理工作来推动同伴情感支持发挥效用。在寄宿制下长期共同生活的同伴是中职学生共享爱好、畅谈心事、宣泄情绪的主要对象，他们可以从同伴处获得亲情弥补、情绪关心和心理慰藉等情感支持。要想避免这种同伴情感支持失陷于手机网络的虚拟世界中，就需要教师通过营造相互支持的课堂交往氛围、创设丰富多彩的交友活动机会等教学工作进行正确引导。在生活性学习空间建设方面，应充分开发和利用中职学校所在地的文化特色和产业资源，加大在地化课程建设。通过与当地企业、地方产业的有机融合，深度挖掘具有区域特色的专业课程，努力建设适应当地经济社会发展的专业课程体系，不断增强学生专业学习的职业性与价值感。同时，应建设学校—社区的育人实践共同体，增强课程生活性与学生体验性。作为地方社会的基本单元，中职学校与社区的育人合作可以有效打破人才培养周期性与教育价值滞后性的局限，持续推动中职人才培养的供给转型和教育服务的理念更新。在中职学校为社区提供服务的过程中，学生在学校习得的间接经验得以具体化，并且在真实生活场景中感受到专业的实用性与学习的意义。

参考文献

中文著作

[1] 阿尔都塞. 哲学与政治：阿尔都塞读本［M］. 陈越，编译. 长春：吉林人民出版社，2004.

[2] 霍耐特. 为承认而斗争：论社会冲突的道德语法［M］. 胡继华，译. 上海：上海人民出版社，2021.

[3] 阿普尔. 教育与权力［M］. 曲囡囡，等译. 上海：华东师范大学出版社，2008.

[4] 艾丽斯. 正义与差异政治［M］. 李诚予，刘靖子，译. 北京：中国政法大学出版社，2017.

[5] 拉鲁. 不平等的童年：阶级、种族与家庭生活［M］. 宋爽，张旭，译. 北京：北京大学出版社，2018.

[6] 威利斯. 学做工：工人阶级子弟为何继承父业［M］. 秘舒，等译. 南京：译林出版社，2013.

[7] 鲍尔德温. 文化研究导论［M］. 陶东风，等译. 北京：高等教育出版社，2007.

[8] 鲍尔斯,金蒂斯. 美国:经济生活与教育改革 [M]. 王佩雄,等译. 上海:上海教育出版社,1990.

[9] 伯恩斯坦. 阶级、符码与控制 [M]. 王瑞贤,译. 台北:联经出版事业股份有限公司,2007.

[10] 博克斯. 公民治理:引领21世纪的美国社区 [M]. 孙柏瑛,等译. 北京:中国人民大学出版社,2012.

[11] 布尔迪厄,华康德. 反思社会学导引 [M]. 李猛,李康,译. 北京:商务印书馆,2015.

[12] 包亚明. 文化资本与社会炼金术:布尔迪厄访谈录 [M]. 包亚明,译. 上海:上海人民出版社,1997.

[13] 布尔迪约. 再生产:一种教育系统理论的要点 [M]. 邢克超,译. 北京:商务印书馆,2002.

[14] 车文博. 心理咨询大百科全书 [M]. 杭州:浙江科学技术出版社,2001.

[15] 陈工孟. 中国职业教育年鉴 [M]. 北京:经济管理出版社,2015.

[16] 杜威. 人的问题 [M]. 傅统先,邱椿,译. 南京:江苏教育出版社,2006.

[17] 费孝通. 乡土中国 [M]. 上海:上海人民出版社,2006.

[18] 戈夫曼. 日常生活中的自我呈现 [M]. 冯钢,译. 北京:北京大学出版社,2008.

[19] 龚浩然,黄秀兰. 班集体建设与学生个性发展 [M]. 广州:广东教育出版社,2000.

[20] 顾明远.世界教育大系：职业教育［M］.长春：吉林教育出版社，2000.

[21] 郭静晃.儿童少年与家庭社会工作［M］.台北：扬智文化事业股份有限公司，2011.

[22] 黄庭康.批判教育社会学九讲［M］.北京：社会科学文献出版社，2017.

[23] 金生鈜.规训与教化［M］.北京：教育科学出版社，2004.

[24] 李洪玉，何一粟.学习动力［M］.武汉：湖北教育出版社，1998.

[25] 卢德生.留守与流动儿童受教育的社会支持研究［M］.北京：人民出版社，2017.

[26] 马尔科姆·沃特斯.现代社会学理论［M］.杨善华，李康，等译.北京：华夏出版社，2000.

[27] 马克思恩格斯选集：第1卷［M］.北京：人民出版社，2012.

[28] 福柯.规训与惩罚［M］.刘北成，杨远婴，等译.北京：生活·读书·新知三联书店，2012.

[29] 欧力同.孔德及其实证主义［M］.上海：上海社会科学院，1987.

[30] 皮连生.学与教的心理学［M］.上海：华东师范大学出版社，1997.

[31] 钱理群，刘铁芳.乡土中国与乡村教育［M］.福州：福建教育出版社，2008.

[32] 特纳. 社会学理论的结构 [M]. 邱泽奇, 张茂元, 译. 北京：华夏出版社, 2006.

[33] 石伟平. 时代特征与职业教育创新 [M]. 上海：上海教育出版社, 2006.

[34] 石中英. 知识转型与教育改革 [M]. 北京：教育科学出版社, 2001.

[35] 王晓峰, 高俊波, 孔繁荣. 英汉人工智能辞典 [M]. 上海：上海交通大学出版社, 2019.

[36] 薛晓源, 曹荣湘. 全球化与文化资本 [M]. 北京：社会科学文献出版社, 2005.

[37] 袁振国, 翟博, 杨银付. 共和国教育公平之路 [M]. 上海：华东师范大学出版社, 2019.

[38] 袁振国. 教育研究方法 [M]. 北京：高等教育出版社, 2000.

[39] 袁桂林. 农村初中学生辍学问题研究 [M]. 长春：东北师范大学出版社, 2003.

[40] 罗尔斯. 正义论 [M]. 何怀宏, 等译. 北京：中国社会科学出版社, 1988.

[41] 张春兴. 教育心理学 [M]. 杭州：浙江教育出版社, 1998.

[42] 珍妮·H. 巴兰坦. 教育社会学：一种系统研究的方法 [M]. 朱志勇, 译. 南京：江苏教育出版社, 2005.

[43] 郑也夫. 吾国教育病理 [M]. 北京：中信出版社, 2013.

［44］朱新卓. 中国农村教育阶层再生产功能的文化分析［M］. 上海：上海三联书店，2015.

［45］张文新. 青少年发展也理学［M］. 济南：山东人民出版社，2002.

［46］赵中建. 教育的使命：面向二十一世纪的教育宣言和行动纲领［M］. 北京：教育科学出版社，1997.

中文期刊

［1］霍耐特，胡大平，陈良斌. 承认与正义：多元正义理论纲要［J］. 学海，2009（3）.

［2］霍耐特，赵琰. 完整性与蔑视：基于承认理论的道德概念原则［J］. 世界哲学，2011（3）.

［3］安永军. 中西部县域的"去工业化"及其社会影响［J］. 文化纵横，2019（5）.

［4］毕诚. 家校社协同育人的文化思考［J］. 人民教育，2021（11）.

［5］常宝宁，李录琴. 基于自我认知的普通高中学生辍学意愿研究［J］. 中国教育学刊，2022（8）.

［6］陈鹏，李蕾. 职业启蒙教育的内涵探源与维度界分［J］. 中国职业技术教育，2018（27）.

［7］陈鹏，庞学光. 大职教观视野下现代职业教育体系的构建［J］. 教育研究，2015，36（6）.

［8］陈秋怡. 基于证据：教育政策研究的新趋势［J］. 现代

教育管理, 2017, 327 (6).

[9] 陈胜祥. 农村中职免费政策失灵：表现、成因与对策：基于浙、赣、青三省的调查 [J]. 教育科学, 2011, 27 (5).

[10] 陈胜祥. 中职生源相对减少的经济学分析 [J]. 职教通讯, 2015 (9).

[11] 陈时见, 刘雨田. 乡村学校在地化教育的价值与路径 [J]. 湖南师范大学教育科学学报, 2021, 20 (5).

[12] 陈佑清. 体验及其生成 [J]. 教育研究与实验, 2002 (2).

[13] 褚宏启, 杨海燕. 教育公平的原则及其政策含义 [J]. 教育研究, 2008 (1).

[14] 丁念金. 学习兴趣源之探讨 [J]. 教育学术月刊, 2012 (7).

[15] 鄂甜. 中职、专科高职和应用技术本科教育人才培养目标分层解析 [J]. 职业技术教育, 2015, 36 (1).

[16] 范先佐, 郭清扬. 农村留守儿童教育问题的回顾与反思 [J]. 中国农业大学学报（社会科学版), 2015, 32 (1).

[17] 范先佐, 唐斌, 郭清扬. 70年学生资助工作的系统回顾与经验总结 [J]. 华中师范大学学报（人文社会科学版), 2019, 58 (5).

[18] 方葳. 激发中职生学习计算机课程的学习动机策略研究 [J]. 科技风, 2020 (21).

[19] 傅建明, 余海燕. 职前教师多元文化技能的培养：日本和芬兰的经验及启示 [J]. 外国中小学教育, 2014 (6).

[20] 高建伟.农村初中生隐性辍学问题及应对策略［J］.现代中小学教育,2017,33（2）.

[21] 高良连.基于内驱力降低理论的中学生自主写作教学策略研究［J］.语文教学与研究,2022（9）.

[22] 高宣扬.论布尔迪厄的"生存心态"概念［J］.云南大学学报（社会科学版）,2008（3）.

[23] 高宣扬.论布尔迪厄关于"象征性实践"的概念［J］.哲学研究,2016（3）.

[24] 宫留记.场域、惯习和资本：布迪厄与马克思在实践观上的不同视域［J］.河南大学学报（社会科学版）,2007（3）.

[25] 龚保华.社会转型期的农村留守子女问题探析［J］.社会科学家,2008（5）.

[26] 古吉慧,殷堰华.以同伴支持促留守儿童的心理健康发展［J］.宜宾学院学报,2011,11（3）.

[27] 郭秀.浅议学生学习动机的激发［J］.教育理论与实践,2004（12）.

[28] 韩永敏,徐学莹.教育民主化视野下的法国基础教育改革［J］.教学与管理,2012,36（12）.

[29] 何包钢,秦丹.文化平等之辩［J］.华中师范大学学报（人文社会科学版）,2014,53（3）.

[30] 何向荣,邱开金.建设教育服务型高校的实践与思考［J］.浙江工贸职业技术学院学报,2009,9（3）.

[31] 洪贞银.高等职业教育校企深度合作的若干问题及其

思考［J］.高等教育研究，2010，31（3）.

［32］胡金木.教育正义的多维审视：资源分配、文化承认抑或自由发展［J］.教育学报，2022，18（1）.

［33］黄彬，焦小英，林世俊.中高职课程衔接存在的问题及其解决路径［J］.职业技术教育，2012，33（35）.

［34］黄忠敬.从"智力"到"能力"：社会与情感概念史考察［J］.教育研究，2022，43（10）.

［35］简泓，黄煜翔.基于学习动机理论的中职课程教学策略研究：以中职 PHOTOSHOP 课程教学为例［J］.广西农业机械化，2021（6）.

［36］姜立利.期望价值理论的研究进展［J］.上海教育科研，2003（2）.

［37］姜添辉.文化再生产模式与文化流动模式的争辩：惯习在不公平教育结果的角色［J］.当代教育与文化，2018，10（6）.

［38］金金，柳海民."为承认而斗争"：论教育场域中"蔑视"的祛除［J］.教育科学，2019，35（2）.

［39］金生鈜.承认的形式以及教育意义［J］.教育研究，2007（9）.

［40］鞠佳雯，袁柯曼，田微微.我国社区家庭教育指导服务体系的现状及提升策略：基于我国9个省（自治区、直辖市）的调查结果［J］.中国电化教育，2022（5）.

［41］蓝江.数码身体、拟-生命与游戏生态学：游戏中的玩家—角色辩证法［J］.探索与争鸣，2019（4）.

[42] 李刚. 走向教育的循证治理 [J]. 教育发展研究, 2015, 35 (23).

[43] 李红婷. 城区学校农民工子女文化适应的人类学阐释 [J]. 湖南师范大学教育科学学报, 2009, 8 (2).

[44] 李煌. 代际流动的模式：理论理想型与中国现实 [J]. 社会, 2009, 29 (6).

[45] 李江静. 青少年"隐性辍学"现象探析 [J]. 广西青年干部学院学报, 2009, 19 (2).

[46] 李晶. 文化"精准扶贫"中的跨文化沟通方法与策略 [J]. 图书馆论坛, 2017, 37 (11).

[47] 李娜. 基于权威接受理论的教师权威内涵研究 [J]. 辽宁大学学报（哲学社会科学版），2019, 47 (4).

[48] 李姗泽，谢超香. 社会转型背景下留守儿童教育：现状、问题及对策：以广西为例 [J]. 广西师范大学学报（哲学社会科学版），2016, 52 (6).

[49] 李素敏，杨曙民，赵鹏燕. 学生学业倦怠、核心自我评价对隐性辍学表现率的影响 [J]. 现代预防医学, 2011, 38 (20).

[50] 李涛，邬志辉. 座次、身份认同与职业选择：中国西部底层乡校再生产的日常研究 [J]. 社会科学, 2017 (9).

[51] 李涛. 底层的"少年们"：中国西部乡校阶层再生产的隐性预演 [J]. 社会科学, 2016 (1).

[52] 李涛. 网络游戏为何流行于乡童世界：中国西部底层乡校再生产的日常研究 [J]. 探索与争鸣, 2020 (2).

[53] 李晓光, 刘无霜, 冉运涛. 普职分流之后: 学校到职场的联结强度及其收入效应 [J]. 青年探索, 2023 (4).

[54] 李亚培, 于海波. "城中村校"随迁儿童文化适应的困境分析与超越: 基于赣北地区南郊小学的个案研究 [J]. 教育学术月刊, 2021 (2).

[55] 李永占. 父母教养方式对高中生学习投入的影响: 一个链式中介效应模型 [J]. 心理发展与教育, 2018, 34 (5).

[56] 林克松, 沈家乐, 刘红. 脱贫攻坚与控辍保学: 贫困地区职校学生"非贫困性辍学"的推拉效应 [J]. 中国职业技术教育, 2020 (27).

[57] 林祖彬, 陈观寿. 中职生流失严重的原因分析与对策措施 [J]. 职业, 2011 (35).

[58] 刘精明. 教育与社会分层结构的变迁: 关于中高级白领职业阶层的分析 [J]. 中国人民大学学报, 2001 (2).

[59] 刘晓, 黄卓君. 青少年儿童职业启蒙教育: 内涵、内容与实施策略 [J]. 中国职业技术教育, 2016 (23).

[60] 龙宝新, 李海英. "双减"背景下家校共育思维的转变与落地 [J]. 苏州大学学报 (教育科学版), 2022, 10 (3).

[61] 卢国良. 努力构建留守儿童关爱与服务体系 [J]. 当代教育论坛 (综合研究), 2010 (8).

[62] 卢丽珠. 法国"教育优先区"政策改革新探索 [J]. 比较教育研究, 2019, 41 (9).

[63] 陆芳.农村留守儿童同伴关系与心理安全感关系及教育应对[J].当代青年研究,2019(6).

[64] 罗生全,吴志敏."双减"背景下学校课程治理的内容体系及优化机制[J].现代教育管理,2023(2).

[65] 罗云,钟景迅,曾荣光.进城务工人员随迁子女教育公平问题的分配正义与关系正义之考察[J].北京大学教育评论,2015,13(2).

[66] 吕备,姚瑶,于姝,等.学生文化自信的生发逻辑及培育路径[J].教学与管理,2019(30).

[67] 吕鹏.生产底层与底层的再生产:从保罗·威利斯的《学做工》说起[J].社会学研究,2006(2).

[68] 马洪杰,张卫国.文化再生产抑或文化流动:中国中学生学业成就的阶层差异研究[J].教育与经济,2019(1).

[69] 马雷军.论我国教育法的法典化[J].教育研究,2020,41(6).

[70] 马小强.国外教育经济学视野内的辍学问题研究:借鉴与启示[J].北大教育经济学研究,2004(6).

[71] 蒙培元.人是情感的存在:儒家哲学再阐释[J].社会科学战线,2003(2).

[72] 孟宪云,刘馥达.走向具身教学:学业负担问题消解的逻辑与路径[J].课程·教材·教法,2022,42(2).

[73] 聂劲松,万伟平,聂挺,等.校企合作:从利益共同体到治理新格局[J].职教论坛,2018(12).

［74］彭洪莉，朱德全. 职业教育服务乡村振兴：多维演进与未来图景［J］. 教育发展研究，2022，42（19）.

［75］乔为. 学徒课堂：职业教育课堂教学的基本样式［J］. 职业技术教育，2019，40（1）.

［76］乔为. 职业教育课程目标：二维结构框架［J］. 职业技术教育，2016，37（22）.

［77］秦玉友，王玉姣. 新时期"读书无用论"的重新解释与破解逻辑［J］. 教育发展研究，2020，40（20）.

［78］全晓洁，蔡其勇，谢霁月. 回归与回应：乡村振兴战略中我国乡村教育建设的未来走向［J］. 华东师范大学学报（教育科学版），2022，40（12）.

［79］戎庭伟. 农民工随迁子女在校融入问题及其对策：基于福柯的"权力分析"视角［J］. 教育发展研究，2014，33（6）.

［80］邵晓枫，郑少飞. 新形势下的家校社协同育人：特点、价值与机制［J］. 现代远程教育研究，2022，34（5）.

［81］沈国民. 中职生学习内驱力的培养：以美术教学为例［J］. 教育，2015（43）.

［82］沈洪成. 民族地区青少年辍学的文化解释：以云南芒市傣族教育为个案［J］. 青年研究，2013（1）.

［83］沈建. 体验性：学生主体参与的一个重要维度［J］. 中国教育学刊，2001（2）.

［84］石中英. 教育公平政策终极价值指向反思［J］. 探索与争鸣，2015（5）.

[85] 史根林. 交往场建设：提升学校文化品质的思考与抉择："校长—教师—学生"文化主体际交往之探析[J]. 江苏教育研究, 2019 (1).

[86] 史秋衡, 黄蕴蓓. 我国大学生学习收获的结构性问题及战略导向[J]. 教育发展研究, 2022, 42 (23).

[87] 宋立华. 社会学视野下的课堂座位分析[J]. 中国教育学刊, 2013 (8).

[88] 苏德, 薛寒, 刘鸣宇. 西部地区职业教育协同促进农村共同富裕的理论框架与实证测度[J]. 清华大学教育研究, 2022, 43 (6).

[89] 苏启敏. 教育现代化进程中教育质量概念的历史、逻辑与结构[J]. 教育研究, 2020, 41 (7).

[90] 孙晓军, 周宗奎, 汪颖, 范翠英. 农村留守儿童的同伴关系和孤独感研究[J]. 心理科学, 2010, 33 (2).

[91] 唐芹, 方晓义, 胡伟, 等. 父母和教师自主支持与高中生发展的关系[J]. 心理发展与教育, 2013, 29 (6).

[92] 王封. 中职学生语文学习内驱力激发策略初探[J]. 黑龙江工业学院学报（综合版）, 2022, 22 (5).

[93] 王坤. 论民族地区教师多元文化教育素养的基本维度与实践路径[J]. 民族教育研究, 2021, 32 (1).

[94] 王坤. 中职生英语学习内驱力激发策略研究[J]. 现代农业, 2019 (1).

[95] 王丽琴. 建构教育文化资源共享新格局[J]. 江西教育, 2020 (Z1).

[96] 王萍,曾家延,李慧芬.循证教育视域下的社会情感学习研究:体系框架与应用路径[J].现代远距离教育,2022(3).

[97] 王松.从利益共同体到情感共同体:职业教育校企深度合作的着力点分析[J].中国职业技术教育,2021(1).

[98] 王伟,虞嘉琦.随迁子女"他者化"问题破解的跨文化教育逻辑:兼与王涛博士商榷[J].全球教育展望,2022,51(9).

[99] 王玮.利用中职机电专业学生学习内驱力提升教学质量的策略[J].试题与研究(教学论坛),2020(15).

[100] 王星霞,牛丹丹.农村初中毕业生的教育选择:基于某省两个县的调查[J].教育发展研究,2020,40(6).

[101] 王轶伟.手机游戏社交化传播及问题探析:以腾讯游戏《王者荣耀》为例[J].传播力研究,2017,1(5).

[102] 王瑜,陈晓琪."文化自信"观照下民族文化进校园的文化内涵及路径[J].民族教育研究,2019,30(1).

[103] 王瑜,叶雨欣.广西边境地区普通高中优质生源流失的问题、成因与对策:基于贫困文化视角[J].民族教育研究,2020,31(6).

[104] 邬志辉.农村义务教育质量至关重要[J].教育研究,2008(3).

[105] 吴康宁.教育究竟是什么:教育与社会的关系再审思[J].教育研究,2016,37(8).

[106] 伍远岳,程佳丽.文化理解视角下的教育评价[J].

中国考试，2022（2）.

[107] 习近平.从延续民族文化血脉中开拓前进 推进各种文明交流交融互学互鉴：在纪念孔子诞辰2565周年国际学术研讨会暨国际儒学联合会第五届会员大会开幕会上的讲话（2014年9月24日）[J].党建，2014（10）.

[108] 肖索未.社会阶层与童年的建构：从《不平等的童年》看民族志在儿童研究中的运用[J].湖南师范大学教育科学学报，2011，10（2）.

[109] 谢爱磊."读书无用"还是"读书无望"：对农村底层居民教育观念的再认识[J].北京大学教育评论，2017，15（3）.

[110] 谢爱磊.精英高校中的农村籍学生：社会流动与生存心态的转变[J].教育研究，2016，37（11）.

[111] 邢晖.班主任有效指导家庭教育的策略[J].教学与管理，2020（2）.

[112] 熊春文，谢彤华.不平等的童年：基于流动儿童游戏文化的田野考察[J].东南大学学报（哲学社会科学版），2017，19（2）.

[113] 熊静，单婷，钱梦菊.农村青少年的辍学行为研究：基于家庭文化资本的视角[J].中国青年研究，2016（3）.

[114] 熊易寒.底层、学校与阶级再生产[J].开放时代，2010（1）.

[115] 徐国庆.作为现代职业教育体系关键制度的职业教育高考[J].教育研究,2020,41(4).

[116] 徐清秀."读书有用论"下的辍学迷思:基于自我认同视角[J].北京社会科学,2020(9).

[117] 徐瑞,郭兴举.文化资本理论视阈中的教育公平研究:皮埃尔·布迪厄的教育社会学思想撷拾[J].教育学报,2011,7(2).

[118] 许传新."留守儿童"教育的社会支持因素分析[J].中国青年研究,2007(9).

[119] 许可.论英国中小学的校际合作[J].教育评论,2010(4).

[120] 薛二勇,李健,田士旭.循证教育政策研究:一个应然命题的实然问题[J].教育研究,2022,43(12).

[121] 薛二勇,朱月华.美国促进移民子女教育公平政策研究[J].比较教育研究,2016,38(3).

[122] 薛海平,孟繁华.中小学校际合作伙伴关系模式研究[J].教育研究,2011,32(6).

[123] 杨慧,厉丽,黄若彤.民族地区困境青少年隐性"辍学"问题的社会工作介入研究:基于云南省N乡的调研[J].民族教育研究,2019,30(6).

[124] 杨慷慨.中国共产党发展职业教育的百年考察与未来展望[J].教育与职业,2021(16).

[125] 杨小敏.精准扶贫:职业教育改革新思考[J].教育研究,2019,40(3).

[126] 杨依光.中职数学教学模式的探究［J］.新课程（下），2012（9）.

[127] 叶敬忠.农村留守人口研究：基本立场、认识误区与理论转向［J］.人口研究，2019，43（2）.

[128] 叶澜.终身教育视界：当代中国社会教育力的聚通与提升［J］.中国教育科学，2016（3）.

[129] 易丽.近年来关于学校文化变革的研究综述［J］.现代教育科学，2008（3）.

[130] 尹秋玲.去工业化条件下的职业教育：中西部中职的办学逻辑与未来出路［J］.文化纵横，2022（4）.

[131] 尹秋玲.学校再造与就业分层：职业教育如何生产农二代新阶层［J］.探索与争鸣，2022（10）.

[132] 余宪泽，赵枫.云服务环境下虚拟实验室在中学物理教学中的应用模式构建［J］.课程教学研究，2017（9）.

[133] 袁梅，孙杰远.多元文化的现代语境与教育选择［J］.当代教育与文化，2019，11（6）.

[134] 张健.对中高职课程有机衔接的思考［J］.教育与职业，2012（2）.

[135] 张金运，张立昌.基于文化素养养成的课程知识理解：课程知识的文化性及其实现［J］.中国教育学刊，2017（1）.

[136] 张力跃.对农民职业教育选择行为的理性视角分析［J］.清华大学教育研究，2011，32（5）.

[137] 张明炜.中职电子技术应用专业学生学习内驱力激发

的策略研究：以 Protel99se 课程教学为例［J］. 农业工程与装备，2022，49（6）.

［138］张学浪. 新时期农村留守儿童家庭教育纽带构建：现实困境与破局之策［J］. 农村经济，2016（6）.

［139］张莹. 从知识传递到文化交往：深度教学的路径审思［J］. 当代教育科学，2021（2）.

［140］张永，张艳琼. 家校社合作的反思与重构：基于实践共同体的视角［J］. 终身教育研究，2020，31（3）.

［141］张永. 美国家校社合作的两种层次理论及启示［J］. 全球教育展望，2021，50（3）.

［142］张志强. 校企合作存在的问题与对策研究［J］. 中国职业技术教育，2012（4）.

［143］赵红霞，樊俊霞. 家庭文化资本在教育公平中的作用分析：基于实证研究的讨论［J］. 黑龙江高教研究，2014（12）.

［144］赵家祥. 科学、技术、生产的关系［J］. 贵州师范大学学报（社会科学版），2005（4）.

［145］赵蒙成. 从全人教育视角看普职融合课程的价值定位与实现路径［J］. 教育与职业，2018（23）.

［146］赵明仁，陆春萍. 从外控逻辑到内生逻辑：贫困地区义务教育控辍保学长效机制探究［J］. 教育研究，2020，41（10）.

［147］周利敏，谢小平. 符码实践中的权力逻辑：教育不平等的新解释模型：基于对伯恩斯坦符码理论的研究

[J].当代教育科学,2008(9).

[148] 周潇.反学校文化与阶级再生产:"小子"与"子弟"之比较[J].社会,2011,31(5).

[149] 周雪霞,李艳婷.独特家庭结构下留守儿童社会化问题探析[J].法制与社会,2015(7).

[150] 朱成晨,闫广芬,朱德全.乡村建设与农村教育:职业教育精准扶贫融合模式与乡村振兴战略[J].华东师范大学学报(教育科学版),2019,37(2).

[151] 朱光明.座位的潜课程意义:中小学生座位体验研究[J].教育学报,2006(6).

[152] 朱丽.是"补偿性策略"而非"资本":再议"底层文化资本"概念的局限性[J].清华大学教育研究,2022,43(4).

[153] 朱镕君.城乡之间:底层文化资本生成的空间机制[J].中国青年研究,2021(4).

[154] 朱小蔓,王平.情感教育视阈下的"情感—交往"型课堂:一种着眼于全局的新人文主义探索[J].全球教育展望,2017,46(1).

[155] 朱新卓,刘焕然.农村初中生隐性辍学的文化分析[J].教育科学,2015,31(4).

[156] 朱新卓,王欧.教师的阶层文化与教育的文化再生产:西方学者论阶层文化对教育公平的影响[J].教育研究,2014,35(12).

[157] 朱玉成,石连海."寒门学子"抗逆力的构建与提

升：实现更高质量教育公平的文化研究路径［J］. 教育发展研究，2022，42（12）.

［158］庄西真. 影响欠发达地区中等职业教育发展的文化分析［J］. 职业技术教育，2003（4）.

中文论文

［1］李涛. 底层社会与教育［D］. 长春：东北师范大学，2014.

［2］李跃雪. 初中生辍学行为的类型学研究［D］. 长春：东北师范大学，2016.

［3］吴桂敏. 中职生英语学习动机激发与培养研究［D］. 上海：华东师范大学，2007.

［4］张俊强. 提升留守儿童同伴支持的社会工作实务研究［D］. 昆明：云南大学，2017.

［5］赵磊磊. 农村留守儿童学校适应及其社会支持研究［D］. 上海：华东师范大学，2019.

外文文献

［1］ARNSTEIN S R. A Ladder of Citizen Participation［J］. Journal of the American Institute of Planner，1969（4）.

［2］ATKINSON J W. An Introduction to Motivation［M］. Princeton，NJ：Van Nostrand，1964.

[3] AULETTA K. The Under Class [M]. New York: Vintage Books, 1983.

[4] BERNSTEIN B. Class, Codes and Control (Volume Ⅰ): Theoretical Studies Sociology of Language [M]. London: Routledge, 1971.

[5] PIERRE B, LOIC J D W. An Invitation to Reflexive Sociology [M]. Chicago: The University of Chicago Press, 1992.

[6] PIERRE B. Homo Academicus [M]. UK: Polity Press, 1988.

[7] PIERRE B. Reproduction in Education, Society and Culture (Theory, Culture and Society) [M]. 2nd Edition. London: Sage Publications Ltd., 1990.

[8] RICHARD B, GOLDTHORPE J H. Explaining Educational Differentials: Towards a Formal Rational Action Theory [J]. Rationality and Society, 1997, 9 (3).

[9] BRANZ-SPALL A, WRIGHT A. A History of Advocacy for Migrant Children and Their Families: More than 30 Years in the Fields [J]. Child Advocacy, 2004.

[10] BRIDGELAND J M, DILULIO J J, MORISON K B. The Silent Epidemic: Perspectives of High School Dropouts [M]. Civic Enterprises, 2006.

[11] BRONFRENBRENNER U. Toward An Experimental Ecology of Human Development [J]. American Psycholo-

gist, 1977, 52.

[12] BRUMMELMAN E, THOMAES S. How Children Construct Views of Themselves: A Social-developmental Perspective [J]. Child Development, 2017, 88 (6).

[13] WAIKER B F, HALL R J. School Dropout Rate and Prevention Services and Programs [M]. New York: Nova Science Publichers, Inc., 2012.

[14] LEE C, KRISTINA G, ANDREN J. Dropout Prevention [M]. New York: The Guilford Press, 2014.

[15] PETER C C. Persell, Preparing for Power: America's Elite Boarding Schools [M]. New York: Basic Books, 1985.

[16] FRUYT D F, WILLE B, JOHN O P. Employability in The 21st Century: Complex (Interactive) Problem Solving and Other Essential Skills [J]. Industrial and Organizational Psychology, 2015, 8 (2).

[17] DORN S. Creating the Dropout. An Institutional and Social History of School Failure [M]. Westport, CT/ondon: Praeger, 1996.

[18] DURLAK J A, WEISSBERG R P, DYMNICKI A B, et al. The Impact of Enhancing Students' Social and Emotional Learning: A Meta-analysis of School-based Universal Interventions [J]. Child Development, 2011, 82 (1).

[19] Education, 2003 Wright, Al. Children of the Road: Migrant Students, Our Nation's Most Mobile Population. [J]. Journal of Negro Education, 2003.

[20] BATTLE E S. Motivational Determinants of Academic Competence [J]. Journal of Personality and Social Psychology, 1966 (4).

[21] SCHARGEL F P. Dropout Prevention Fieldbook: Best Practices from the Field [M]. Larchmont, NY: Eye on Education, 2012.

[22] GRUSEC J E, GOODNOW J J. Impact of Parental Discipline Methods on the Child's Internalization of Values: A Reconceptualization of Current Points of View. [J]. Developmental Psychology, 1994, 30 (1).

[23] GLASER B. Theoretical Sensitivity [M]. Mill Valley: The Sociology Press, 1978.

[24] LUNON J K. Migrant Student Record Transfer System: What Is It and Who Uses It? [J]. Computer Oriented Programs, 1986.

[25] RODERICK M. The Path to Dropping Out: Evidence for Intervention [M]. Auburn House: Greenwood Publishing Group, Inc., 1993.

[26] National Research Council. Understanding Dropouts: Statistics, Strategies. and High - Stakes Testing [M]. Washington D. C. : National Academy Press, 2001.

[27] PAPLEONTIOU-LOUCA E. The Concept and Instruction of Metacognition [J]. Teacher Development, 2003, 7 (1).

[28] PETER, COUGH, CATHY, NUTBROWN. A Student's Guide to Methodology: Justifying Enquiry [M]. California: SAGE Publication Inc., 2012.

[29] RAYNOR J Q. Future Orientation in The Study of Achievement Motivation [M] //J W Atkinson, J Q Raynor (Eds), Motivation and Achievement. Washington. DC: Winston, 1974.

[30] ROTHMAN R. In Delaware, Creating Pathways and Opportunities for youth [J]. Phi Delta Kappan, 2017, 99 (3).

[31] TILLY, CHRIS, RANDY, ALBELDA. Family Structure and Family Earnings: The Determinants of Earnings Differences among Types [J]. Industrial Relations, 1994, 33 (2).

[32] TINTO V. Dropout from Higher Education: A Theoretical Synthesis of Recent Research [J]. Review of Educational Research, 1975, 45 (1).

[33] VINCENT T. Leaving College: Rethinking the Causes and Cures of Student Attrituin [M]. Chicago: The University of Chicago Press, 1993.

[34] WEHLAGE G G, RUTTER R A, LESKO N, et al. Reducing the Risk: Schoolsas Communities of Support [M]. Philadelphia: The Falmer Press, 1989.

[35] RUTTER W. Causes of Secondary Vocational School Students Drop Out of School and Educational Countermeasures [J]. International Education Students, 1987: (5).